Mystische Pfade
Schleswig-Holstein

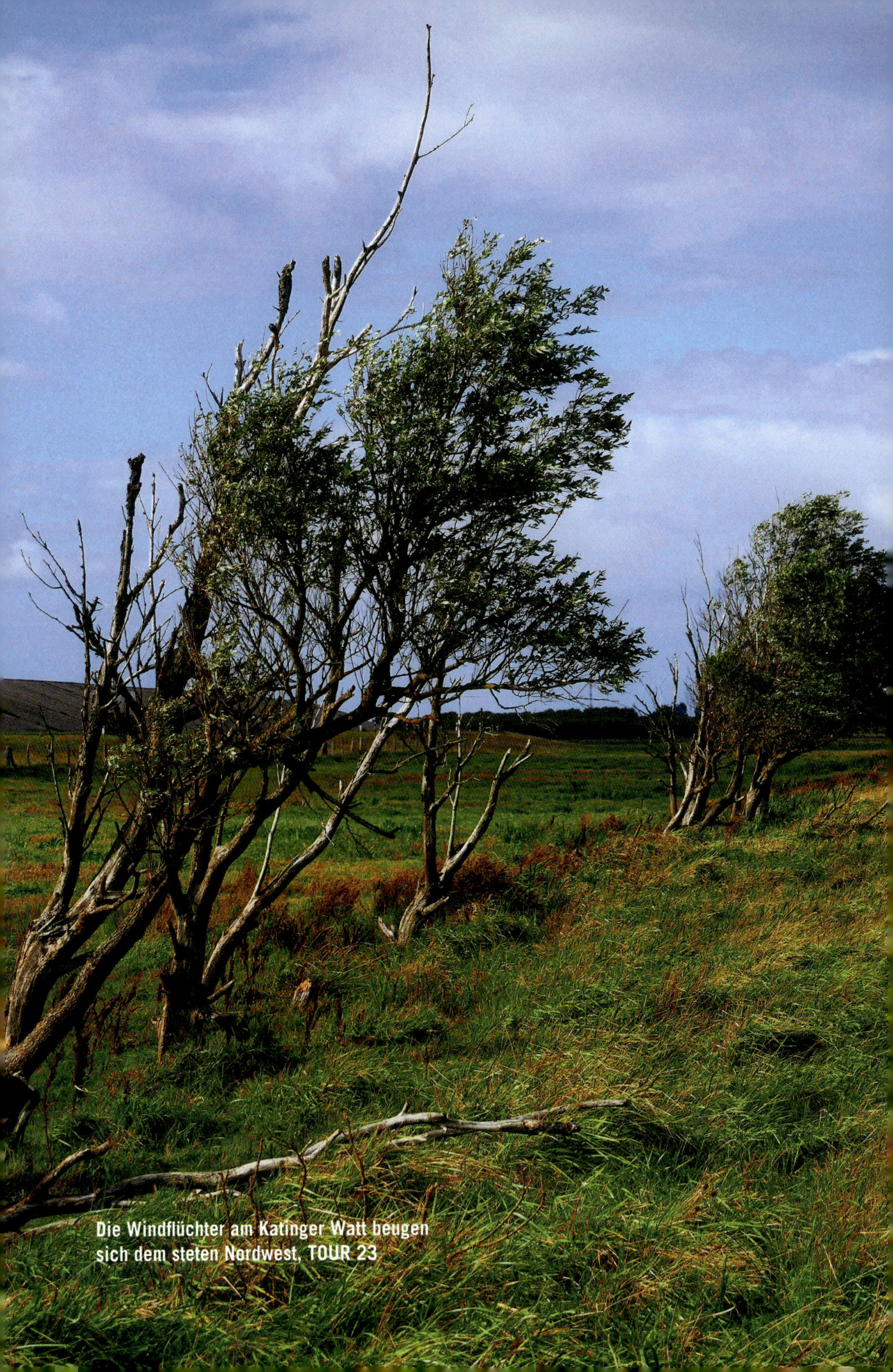

Die Windflüchter am Katinger Watt beugen sich dem steten Nordwest, TOUR 23

Stefanie Sohr und Volko Lienhardt

Mystische Pfade SCHLESWIG-HOLSTEIN

38 Wanderungen auf den Spuren von Mythen und Sagen

BRUCKMANN

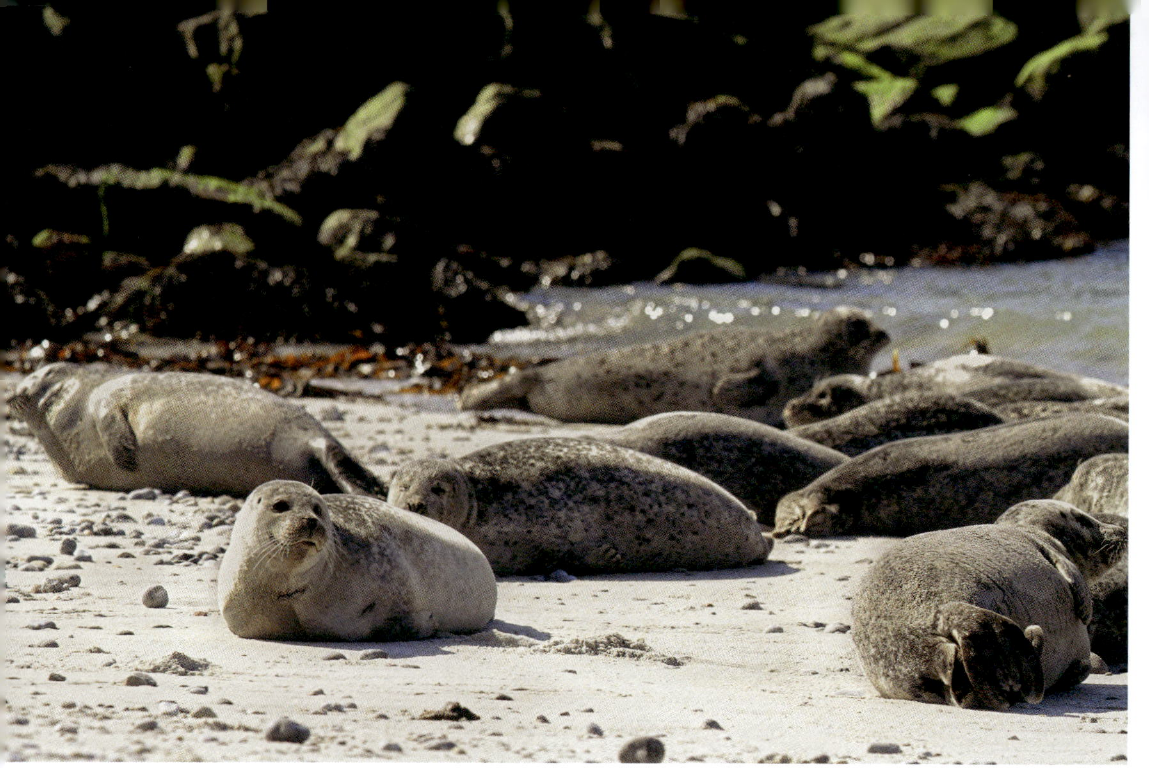

Robben Island: die Düne von Helgoland, TOUR 31

Inhalt

Die Residenzstadt Eutin gilt als Weimar des Nordens, TOUR 16

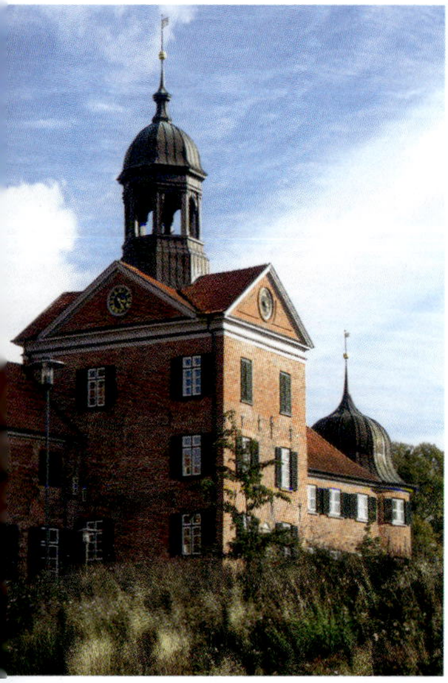

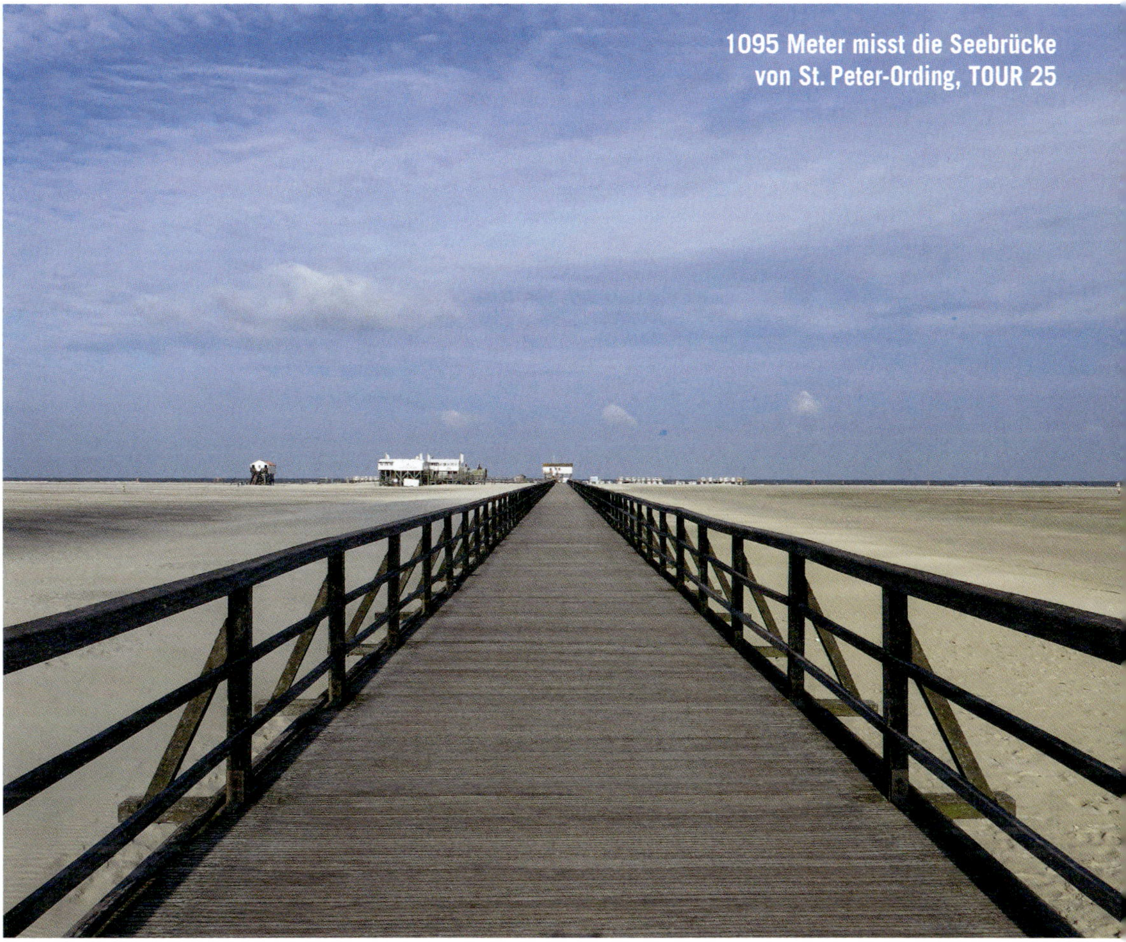

1095 Meter misst die Seebrücke von St. Peter-Ording, TOUR 25

Südliche Osteeküste und Holstein. Schweiz 52

Der nördlichste Punkt Deutschlands liegt auf Sylt, TOUR 38

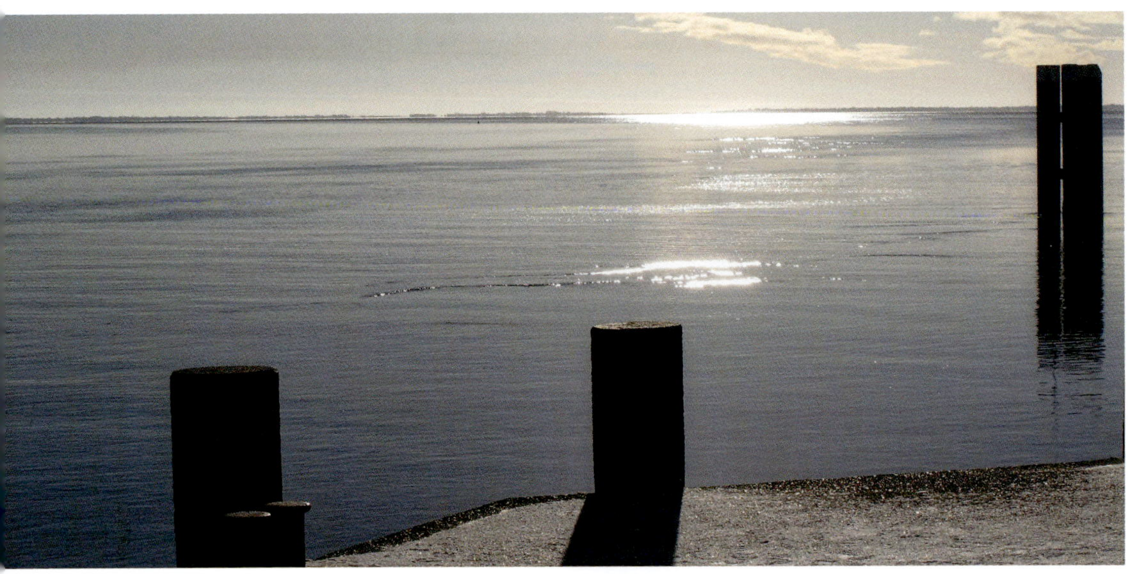

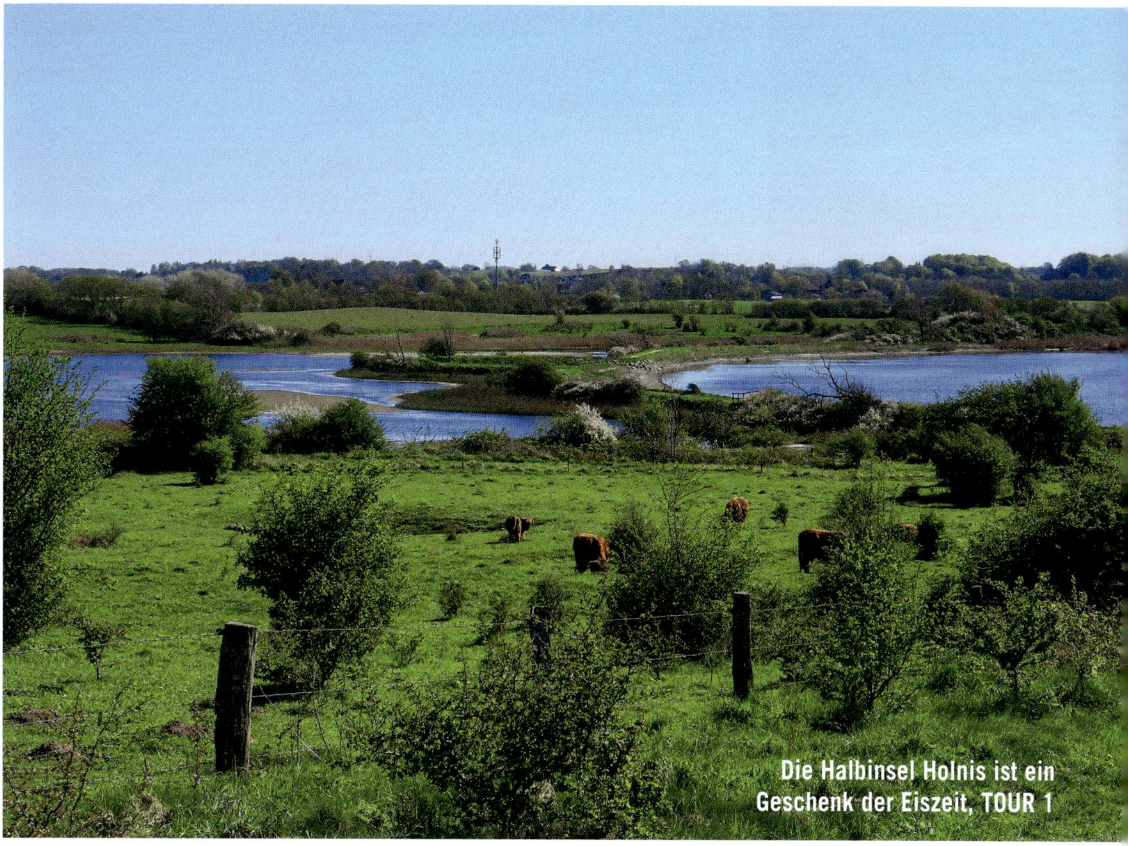

Die Halbinsel Holnis ist ein Geschenk der Eiszeit, TOUR 1

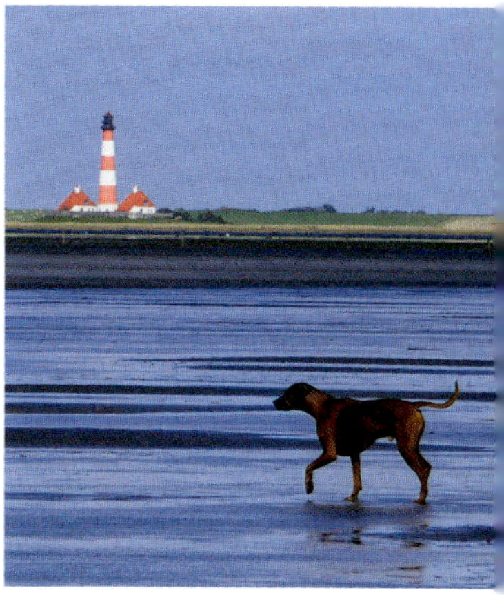

Zum Leuchtturm von Westerheversand führt die TOUR 26.

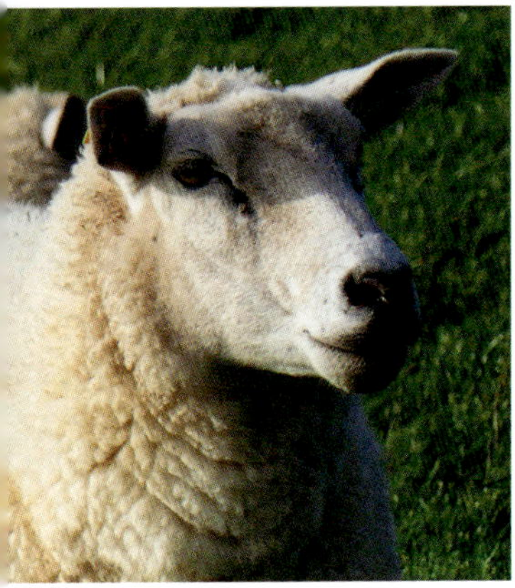

Im Norden teilen sich Wanderer und Schafe die Deiche.

Wer dicht am Wasser wandert, braucht wasserdichte Wanderschuhe, TOUR 18

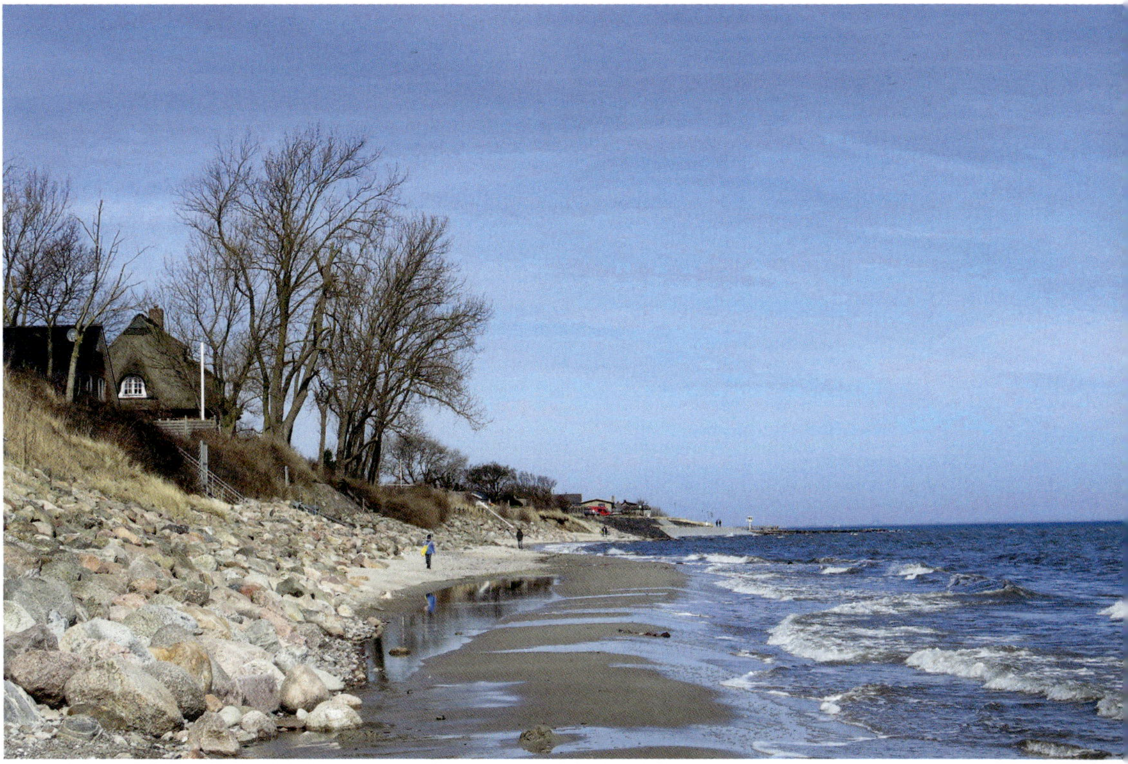

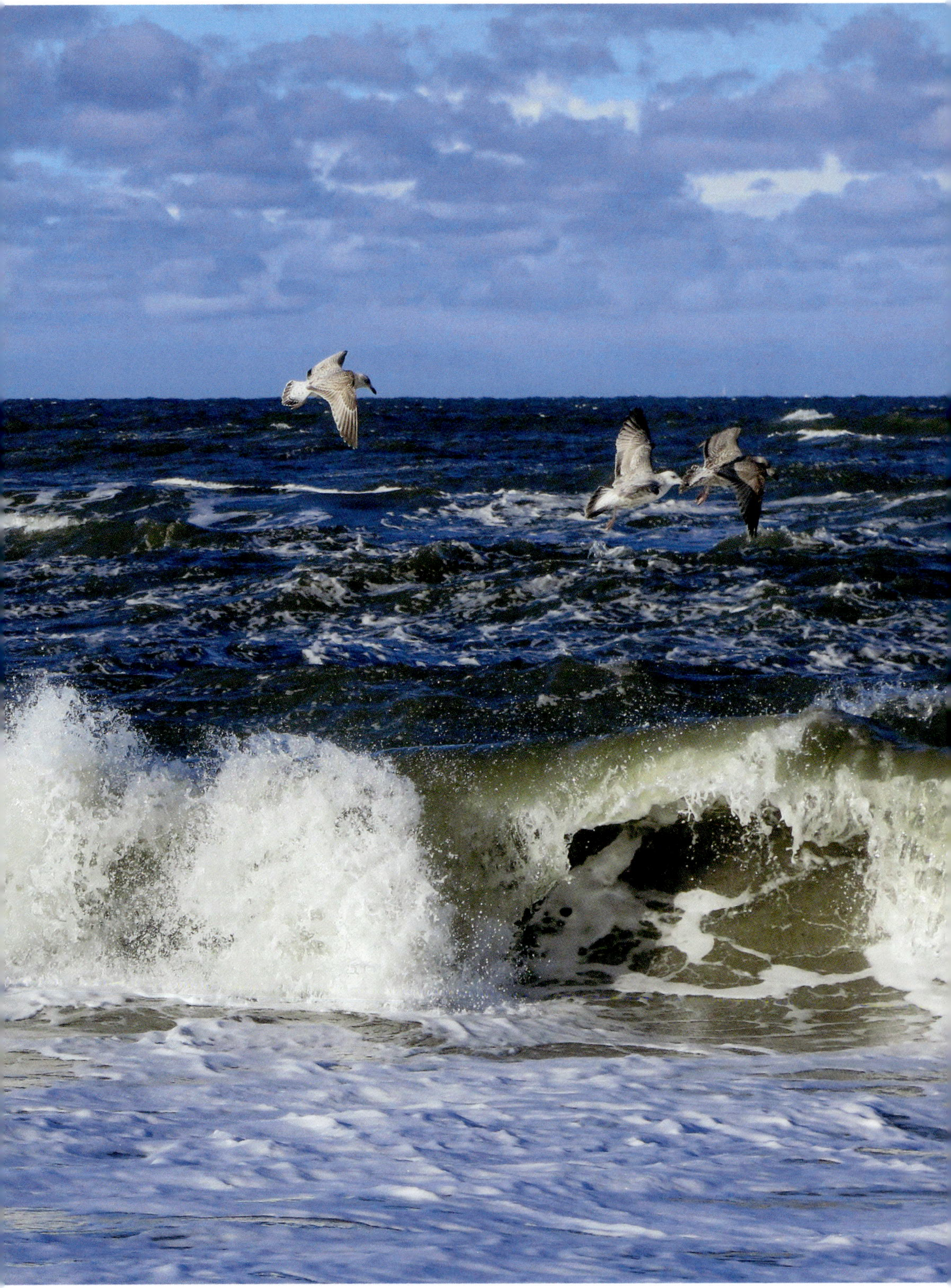

Vorwort

Es war einmal ein Land, sturmzerzaust und meerumschlungen, das gehörte weder zu den größten noch zu den reichsten. Und doch lebten die Menschen nirgends so glücklich und zufrieden wie hier …

So wird man es sich vielleicht in einer fernen Zeit vom heutigen Schleswig-Holstein erzählen. Das zweitkleinste Flächenland Deutschlands steht im Glücksatlas dort, wo es auch geografisch verortet ist: ganz oben. Warum die Nordlichter das Länderranking traditionell anführen, dafür finden Forscher keine objektive Erklärung. Wanderinnen und Wanderer könnten ihnen auf die Sprünge helfen.

Da wären der unendliche Horizont und sanft geschwungene Strände. Grasgrüne Deiche und Klippenpfade. Seeuferwege. Küstenwälder. Knicklandschaften. Da wären das Salz in der Luft und der Wind in den Haaren. Das Rauschen der Wellen und das Möwengeschrei.

Wandern in Schleswig-Holstein ist ein Fest für alle Sinne. Verglichen mit klassischen Wanderregionen auch ein exklusives Vergnügen. »Zweckfreies Gehen« wie die Romantiker es nannten, hat sich im Norden noch nicht zur Massenbewegung entwickelt. Dabei eignen sich die zumeist leichten Wege hervorragend, die Landschaft wahrzunehmen wie Maler, Musiker, Dichter und Philosophen es im ausgehenden 18. Jahrhundert taten.

Zwar zögerlich, doch zunehmend häufiger lassen Norddeutsche und ihre Gäste Räder und E-Bikes auch einmal im Schuppen stehen. Zugegeben: Das Radwegenetz ist deutlich besser ausgebaut als die Wanderpfade und verlässlicher in Schuss gehalten. Doch die erstaunlichsten Naturwunder, die verschwiegensten Strände und stillsten Momente sind Wanderern vorbehalten. Mystisches erlebt man dabei wie von selbst. »Das Meer ist keine Landschaft«, hat Thomas Mann formuliert, »es ist das Erlebnis der Ewigkeit«. Nur gehend findet man zum Gleichtakt mit Wellen und Gezeiten. Und nur wer sich Zeit nimmt, hört aus dem Wind die Sturmlieder heraus. Sie erzählen von Meeresgöttern und Wassergeistern, von untergegangenen Welten und neu entstandenem Land. Von furchtlosen Walfängern und Piraten. Von legendären Seefahrervölkern, die den Norden eroberten oder anderen, die ihn verließen, um auf entlegenen Inseln neue Nationen zu gründen.

Ob an der Nordsee, der Ostsee, auf den Inseln, im größten Nationalpark zwischen Sizilien und dem Nordkap oder am meistbefahrenen Kanal der Welt: Wasser spielt die Hauptrolle im Land zwischen den Meeren. Und in diesem Buch.

Viel Vergnügen beim Entdecken

Stefanie Sohr und Volko Lienhardt

Links:
Tosende Brandung an der Nordsee, TOUR 36.

Unten:
Stille Kulturlandschaften an der Ostseeküste, TOUR 4.

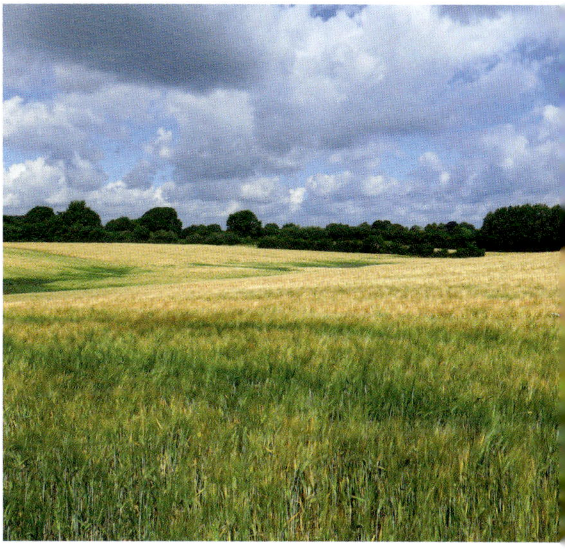

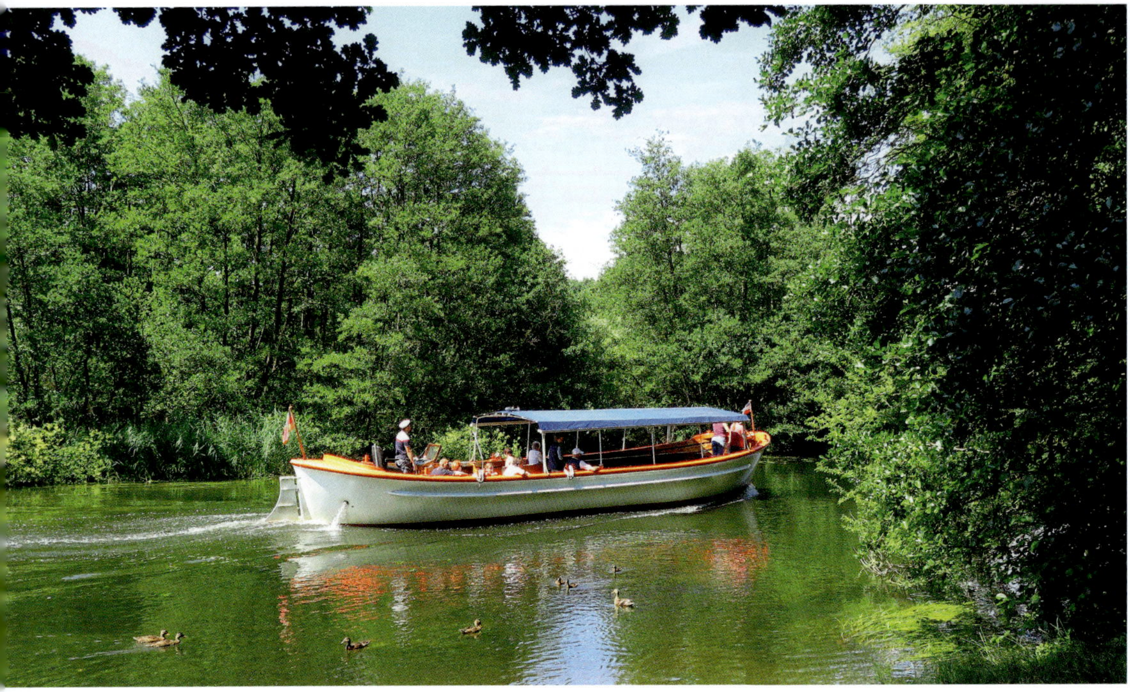

Vom Bungsberg mäandert die Schwentine durch 17 Seen zum Meer, TOUR 10

Einleitung

Schleswig-Holstein ist ein Schätzkästchen. Das wussten schon die Wikinger. Das wussten die Friesen. Die Sachsen. Die Slawen. Die Angeln. Und viele Völker mehr, die alle ihre Spuren hinterlassen haben, ihre Götter, Geister und Geschichten. Angefangen hat es mit Jägern und Sammlern. Sie besiedelten die Küsten nach der letzten Eiszeit. Was die Menschen seitdem erlebten, klingt gar nicht selten fantastischer als das, was sie fabulierten. Das kleine Land zwischen den Meeren ist ein Land großer Extreme. Und gerade daher für Viele auch ein Sehnsuchtsort – bis heute.

Mit dem Bindestrich schmücken sich die Herzogtümer Schleswig und Holstein erst seit 1867. Der Wahlspruch up ewig ungedeelt (»auf ewig ungeteilt«) ist aber schon 400 Jahre älter. Und doch lassen sich noch immer zwei feine Grenzlinien spüren, die wie ein Kreuz über dem Land liegen.

Die waagerechte Linie ist die Eider. Der historische Grenzfluss verlief einst quer durch Schleswig-Holstein von der Ostsee bis zur Nordsee. Südlich der Linie liegt Holstein. Mit weitläufigen Gütern, entzückenden Residenzstädtchen und alten Adelssitzen wirkt es ein wenig lieblicher als das nördliche Schleswig. Dort ist die dänische Vergangenheit noch immer in Architektur, Kultur und Sprache lebendig. Ein guter Teil der Schleswiger entschied sich bei einer Volksabstimmung im Jahr 1920 sogar ganz für die Zugehörigkeit zu Dänemark. Seitdem besteht Schleswig-Holstein in der heutigen Form.

Die andere Linie zieht sich horizontal von Hamburg nach Flensburg durch das Land und macht sich an der Frage fest: Nordsee oder Ostsee? Denn die beiden

Hausmeere könnten gar nicht unterschiedlicher sein.
Die Nordsee ist eine Urgewalt. Sie lässt ihre Wellen an die Strände der Inseln krachen, gibt sich geradezu abweisend am Festland, schickt Sturmfluten weit in die Marsch und kümmert sich nicht um die Menschen. Das Leben an der Westküste hat sich nach ihrem Takt zu richten. Ebbe und Flut, Flut und Ebbe im ewigen Wechsel. Sie ist die Herrin der Gezeiten.
Da scheint ihre kleine Schwester, die Ostsee, sehr viel sanfter. Sie ist ein junges Meer, verspielt und ein bisschen eitel. Mehrmals täglich kleidet sie sich um, stets in den allerschönsten Farben. Von Federgrau bis Helltürkis und in jedem nur möglichen Blauton. Je nach Laune trägt sie Schaumkronen als Schmuck oder Schäfchenwolken, Schwäne oder weiße Segelboote. Womit wir beim wichtigsten Thema für Wanderinnen und Wanderer zwischen den Meeren wären: dem Wetter.

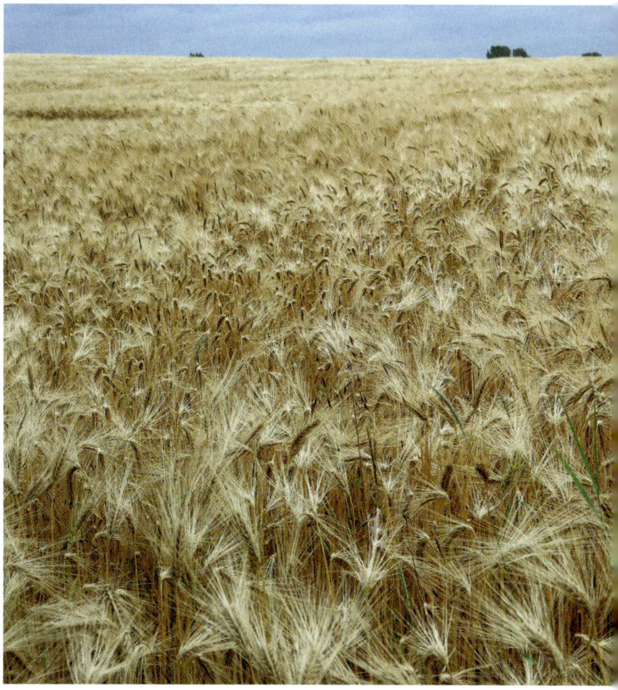

Auf dem Dänischen Wohld lässt Wind die Ähren in sanften Wellen wogen, TOUR 9

Wind & Wetter

Wer plant, in Schleswig-Holstein zu wandern, kommt am Wetter nicht vorbei. Fragt man Einheimische, fällt es nie ideal aus. In der Regel ist es zu kalt, ziemlich oft zu stürmisch und manchmal – selten zwar, aber immerhin – auch zu heiß. Wenn all das ausnahmsweise nicht zutrifft, wird es garantiert regnen.
In Wahrheit wissen die Nordlichter sehr genau um den Zauber jeder Jahreszeit und jeder Wetterkapriole. Den Elementen die Stirn zu bieten, gehört hier nicht nur dazu, sondern ist ein Vergnügen für sich. Wer sich darauf einstellt, alle Jahreszeiten an einem Tag zu erleben, ist an der richtigen Stelle. Nur Schnee, der fällt im Norden eher selten. Unterm Strich eignet sich jede Wanderung in diesem Buch zu jeder Jahreszeit. Genauso läuft aber auch jede vorgestellte Region in einer bestimmten Saison zur Hochform auf.

Eiseskälte kann einen Brandungsangler nicht erschüttern.

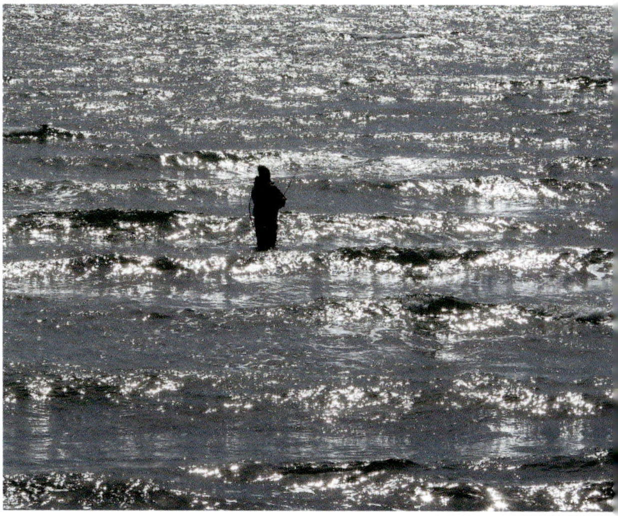

Die Regionen

Die nördliche Ostseeküste

Zwischen Flensburg und Kiel sind die Küsten von Halbinseln, Buchten und Förden ge-

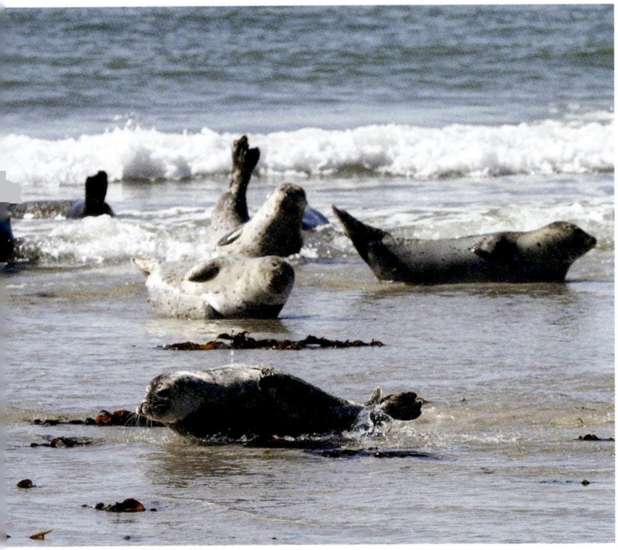

Wer keine Speckschicht hat, steckt die Badesachen ein.

prägt. Die »Töchter der Ostsee«, lange, schmale Meeresarme, ziehen sich weit in die geschwungene Bilderbuchlandschaft hinein. Wenn der Frühling endlich auch den äußersten Norden erreicht, strahlen hellgrüne Buchenwälder mit knallgelben Rapsfeldern um die Wette. Dann machen die Segler ihre Boote flott, und die kleinen Häfen werden zu lebendigen Ankerpunkten. Jenseits davon finden Wanderer dann trotzdem noch Ruhe – sowie malerische Steilküstenpfade, verträumte Naturstrände und Uferwege, manchmal fast zu schön, um wahr zu sein.

Die südliche Ostseeküste

Im Sommer üben die bekannten Seebäder zwischen Kiel und Travemünde einen unwiderstehlichen Sog aus. Wer dann an den feinsandigen Stränden wandern will, muss auf die Morgen- oder Abendstunden setzen. Tagsüber ist es in der Regel zu voll. Doch nur wenige Kilometer ins Hinterland spaziert, gelangt man in das schönste Wandergebiet überhaupt: die Holsteinische Schweiz. Die Eiszeit selbst modellierte das romantische Hügelland vor rund 10 000 Jahren. Hier gibt es abseits der großen Touristenströme idyllische, lichtdurchflutete Wälder, alte Schloss-

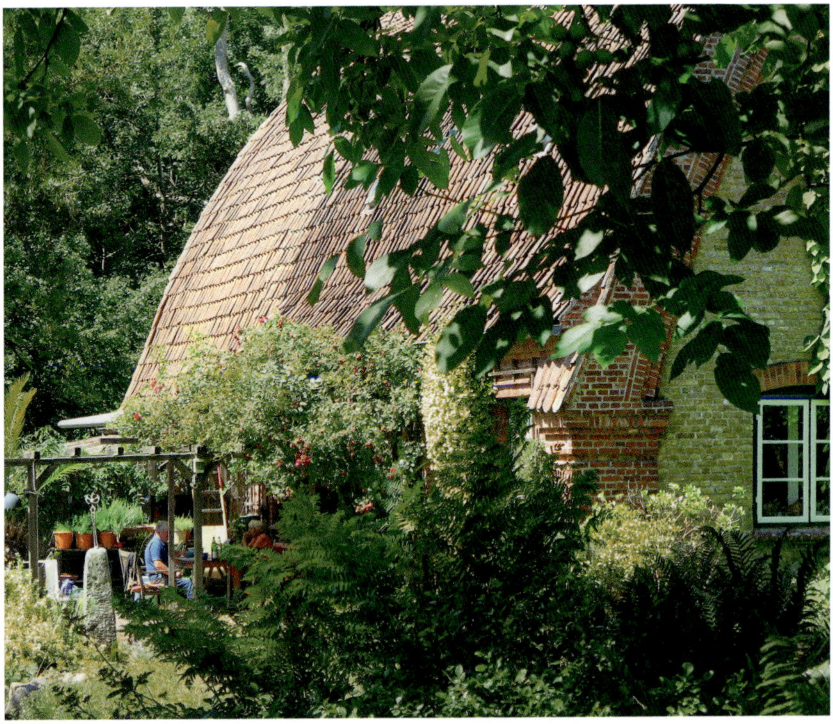

Gutes vom Hof in der »Obstquelle Schuster«, TOUR 9

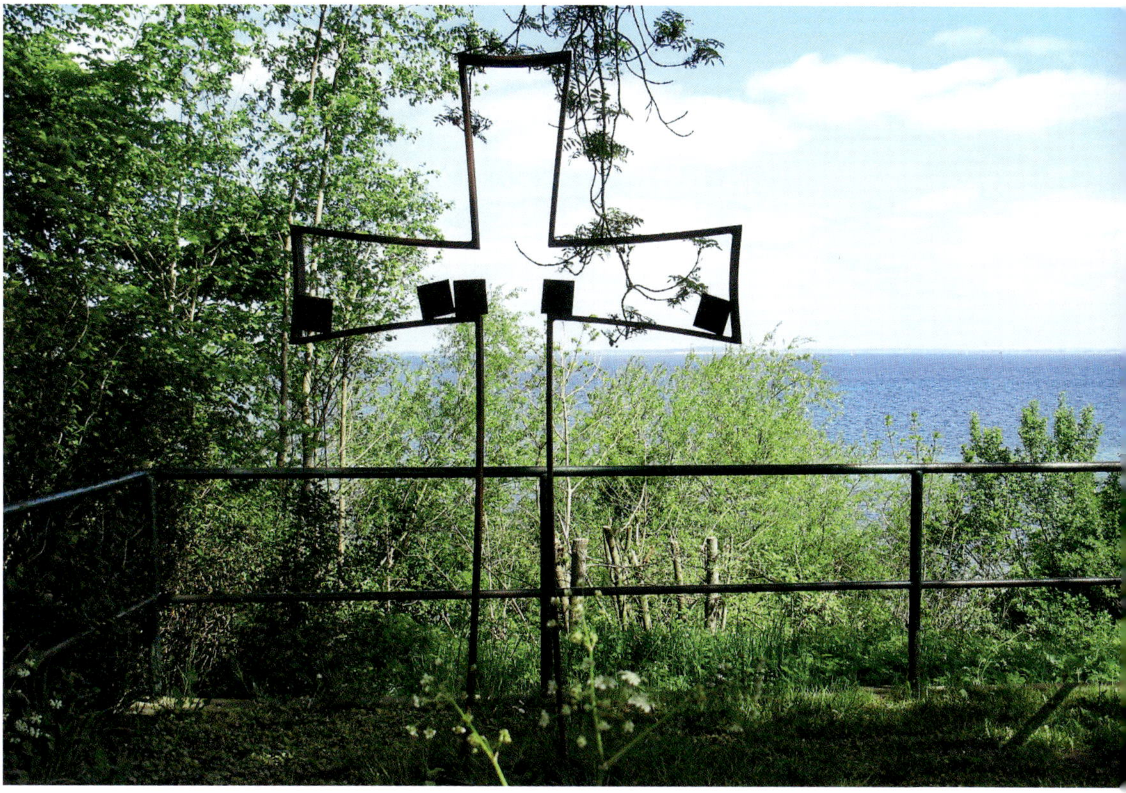

gärten und rund 200 Seen zu entdecken. Und im nächsten Hofcafé beim Seefischer oder einem der urigen Landgasthöfe ist garantiert noch ein Platz frei.

Blick für die Götter in Neukirchen, TOUR 3

Die Nordseeküste

Die Küsten von Dithmarschen und Nordfriesland wirken unspektakulär auf den ersten Blick, beinahe reizlos. Aber man darf sich von der baumlosen, flachen Marsch nicht täuschen lassen. Sie schmiegt sich an den mit Abstand größten Nationalpark Deutschlands. Wer einmal auf feucht-schmatzendem Meeresboden spaziert ist oder zur Zeit der Vogelzüge im Herbst gewaltige Schwärme dicht vor sich aufsteigen sah, wird das Wattenmeer so schnell nicht wieder vergessen. Und die gewaltigen Strände, eigentlich Sandbänke, der Halbinsel Eiderstedt sind sowieso einzigartig an den deutschen Küsten.

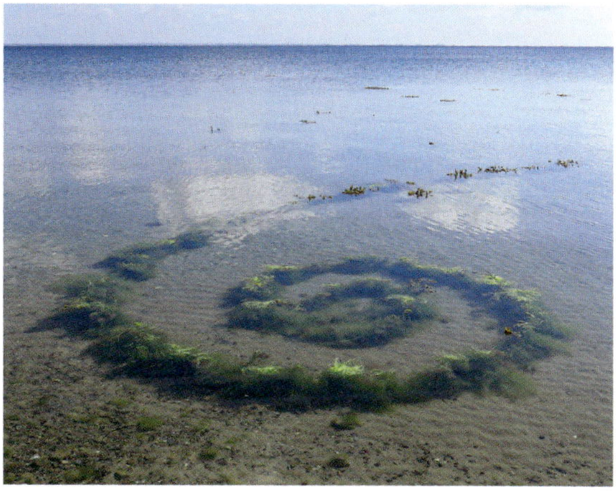

Land Art oder nur ein Tau mit Algen? Herauszufinden auf TOUR 4

Die Nordfriesischen Inseln

Um sich einen ersten Eindruck von Amrum, Pellworm oder Föhr zu verschaffen, reicht ein Tagesausflug. Die Vielfalt von Sylt hin-

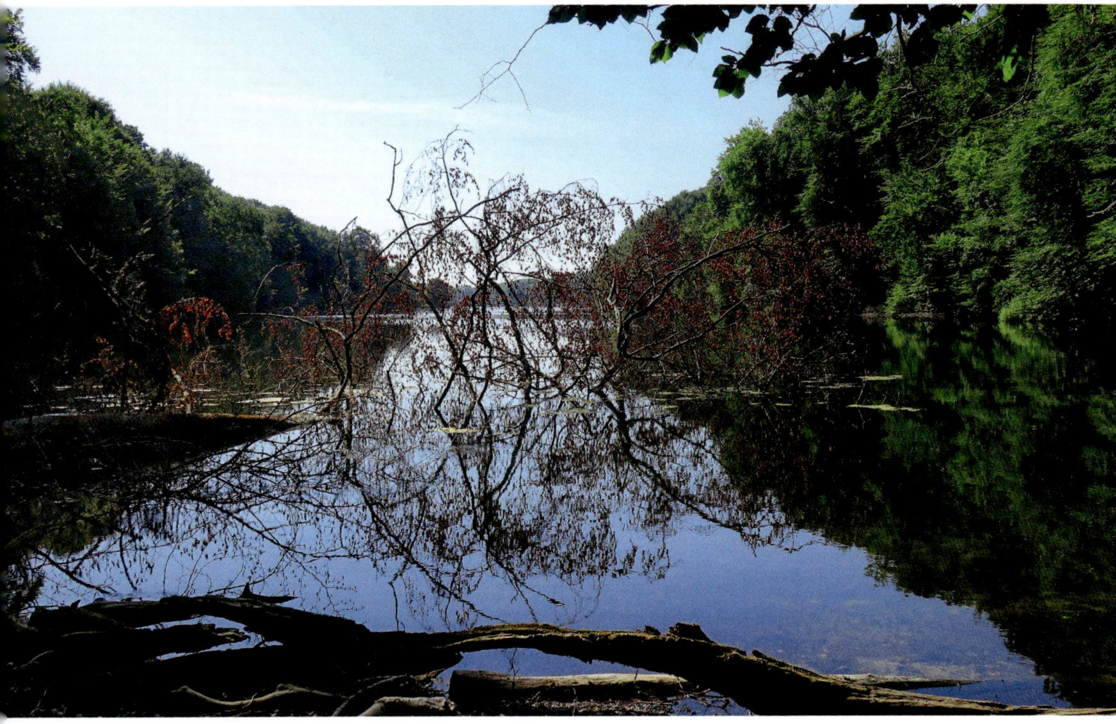

Wie verwunschen: der Wielener See, TOUR 11

gegen braucht einen längeren Aufenthalt. Und auch auf der winzigen Insel Helgoland gehört eine Übernachtung einfach dazu. Doch Vorsicht: Jede Insel ist eine Welt für sich. Jede eine Verführerin. Schon viele Reisende haben sich auf den ersten Schritt verliebt und kamen lebenslang von »ihrer« Insel nicht mehr los. Wird die Beziehung inniger, beginnt man die stillen Winter zu lieben. Dann gehören die Inseln noch sich selbst. Und mit Glück verraten die Einheimischen in einer warmen Gaststube einige ihrer Geheimnisse.

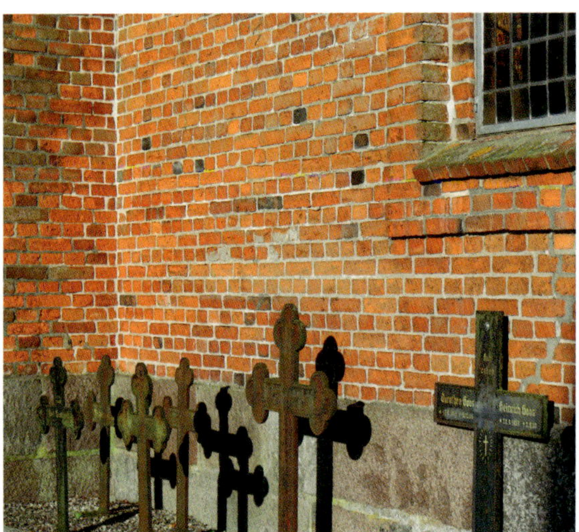

Dreifaltigkeitskirche in Krusendorf, TOUR 9

Wandern mit Meerblick

Bergstiefel benötigen Sie nicht in dem Land, dessen höchste Erhebung gerade mal 168 Meter misst. Ein atmungsaktiver Hikingschuh ist deutlich besser geeignet. Das Wetter ändert sich an den Küsten schnell, Lagenlook ist angesagt. Dabei gehört eine Regenjacke genauso zur Standardausrüstung wie Kopfbedeckung und Sonnencreme – auch im Winter. Badezeug braucht man allerdings nur von Mitte Mai bis Mitte Oktober in den Rucksack zu packen.

Geübten Alpinisten mag Flachlandwandern einfach erscheinen. So ist hier der Schwierigkeitsgrad einer Wanderung in erster Linie von der Länge bestimmt. Oft spüren Strandläufer aber im Nachhinein, was sie geleistet haben. Meeresluft macht müde, und das Gehen im weichen Sand trainiert Muskeln, von deren Existenz man zuvor nie etwas ahnte.

Die Touren

Wo es möglich ist, starten und enden die Touren in diesem Buch an einer Haltestelle des ÖPNV. Mit der Bahn reist man ab zwei Personen am günstigsten mit dem Schleswig-Holstein-Ticket. Die genannten Zeiten sind die reinen Gehzeiten. Wie lang die Pausen mit Meerblick ausfallen, ist eine Typfrage und natürlich auch vom Wetter abhängig. Bei Sonnenschein – wenn man sich von einem bestimmten Strand gar nicht mehr lösen mag – wird aus einer kurzen Runde spielend ein ganzer Tag. Bei Rückenwind läuft es sich wie mit Sieben-Meilen-Stiefeln, so dass selbst ein Gewaltmarsch erstaunlich rasch erledigt ist. Bläst der Wind von vorn, kehrt sich der Effekt um.

Nordische Tierwelt

Schleswig-Holstein liegt an den großen Straßen des Vogelzugs. Zahlreiche Arten kommen auf ihrem Weg von Afrika nach Skandinavien zur Rast, Brut, Mauser oder bleiben gleich den gesamten Winter über. Als Drehscheibe zwischen Mittel- und Nordeuropa trägt das Land eine große Verantwortung. Helfen Sie, indem Sie gekennzeichnete Rast- und Brutgebiete umgehen! Auch wenn Sie dafür einen Umweg in Kauf nehmen müssen.

Das Rote Kliff leuchtet besonders in der Nachmittagssonne, TOUR 36

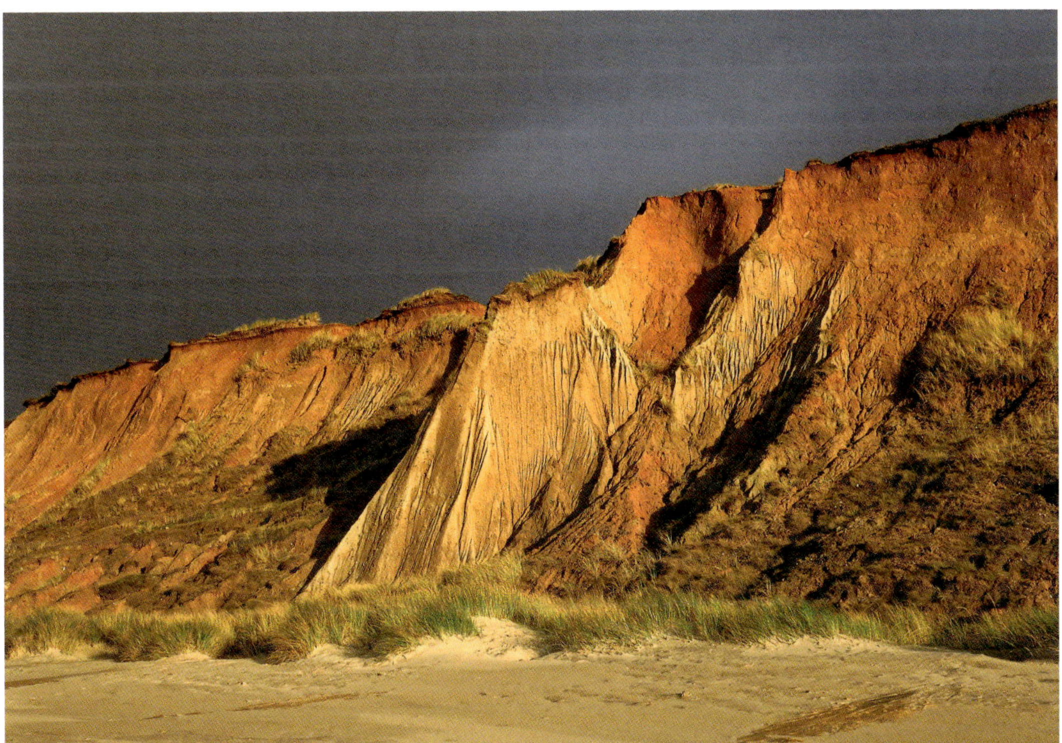

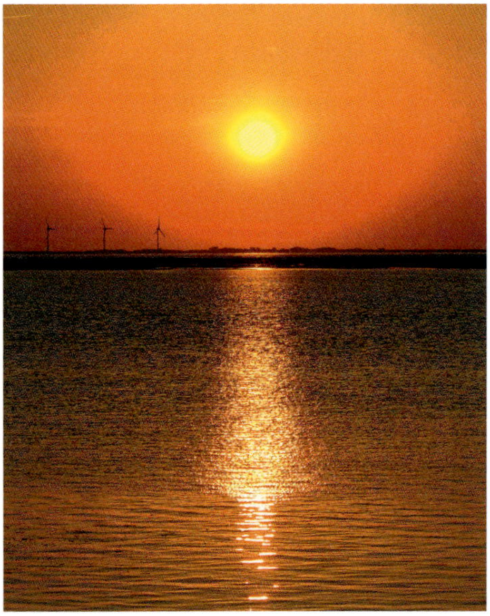

Sonnenuntergang über Pellworm, TOUR 28

Abstand gilt es auch zum größten, freilebenden Raubtier Deutschlands zu halten. Wunderbarerweise gehört die Sichtung von Robben und Seehunden an der Nordsee beinahe schon wieder zur Normalität. Und auch an der Ostsee hat man immer öfter das Glück, die Tiere in freier Wildbahn zu erleben. Dichter als 100 Meter sollte man ihnen aber nicht auf die Pelle rücken. Zur eigenen Sicherheit, wie auch zur Sicherheit des Nachwuchses. Schnell fühlen sich die Tiere bedroht. Im schlimmsten Fall kehren Muttertiere bei Störungen nicht zu ihren Jungen zurück. Das kann für verlassene Heuler den Tod bedeuten. Wenn Sie eine junge Robbe allein am Strand sehen, helfen die örtlichen Ranger, Umweltverbände oder die Polizei.

Die dritte große Gruppe, mit der Wanderer sich die Wege teilen, sind Schafe. Auf den Deichen gilt es unbedingt die allgegenwärtigen Gatter sorgsam hinter sich zu schließen. Ansonsten darf man sich ganz auf die Klugheit der Tiere verlassen. Je nach Charakter schlagen Schafe einen Bogen um Menschen oder setzen sich ganz dicht neben sie ins Gras.

Wassersport an Nord- und Ostsee

Baden und Schwimmen im Meer verlangt ein bisschen mehr Respekt als in Binnengewässern. Ablandige Winde oder Strömungen können gefährlich werden. Immer wieder kommt es zu tragischen Unglücksfällen. Bewachte Strände sind an einer gelb-roten (seltener: grünen) Flagge zu erkennen. Weht die gelbe Flagge am

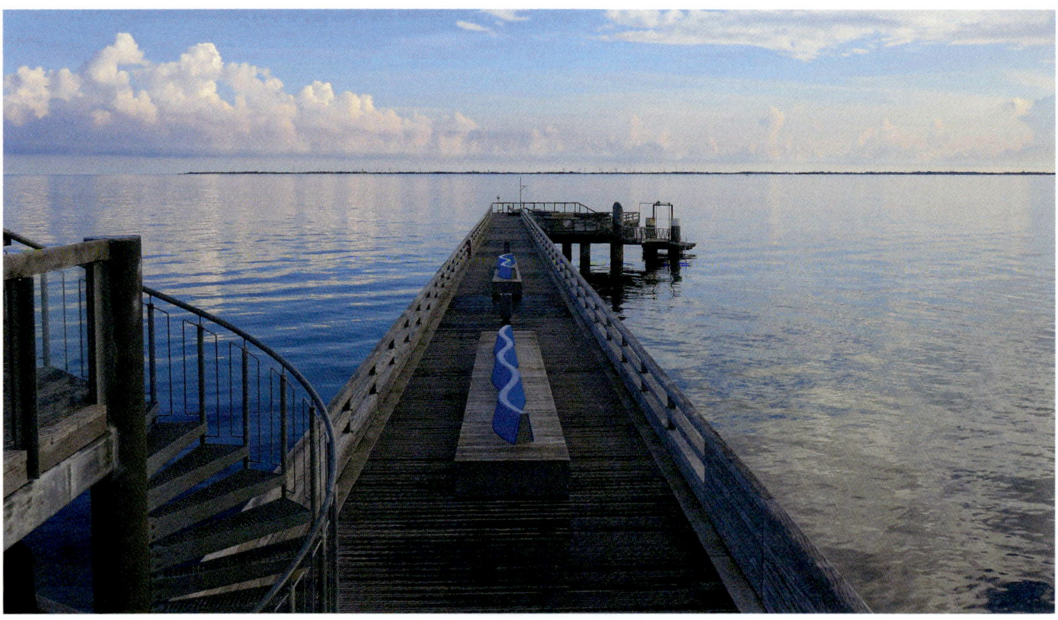

Die Seebrücke von Heiligenhafen, TOUR 17

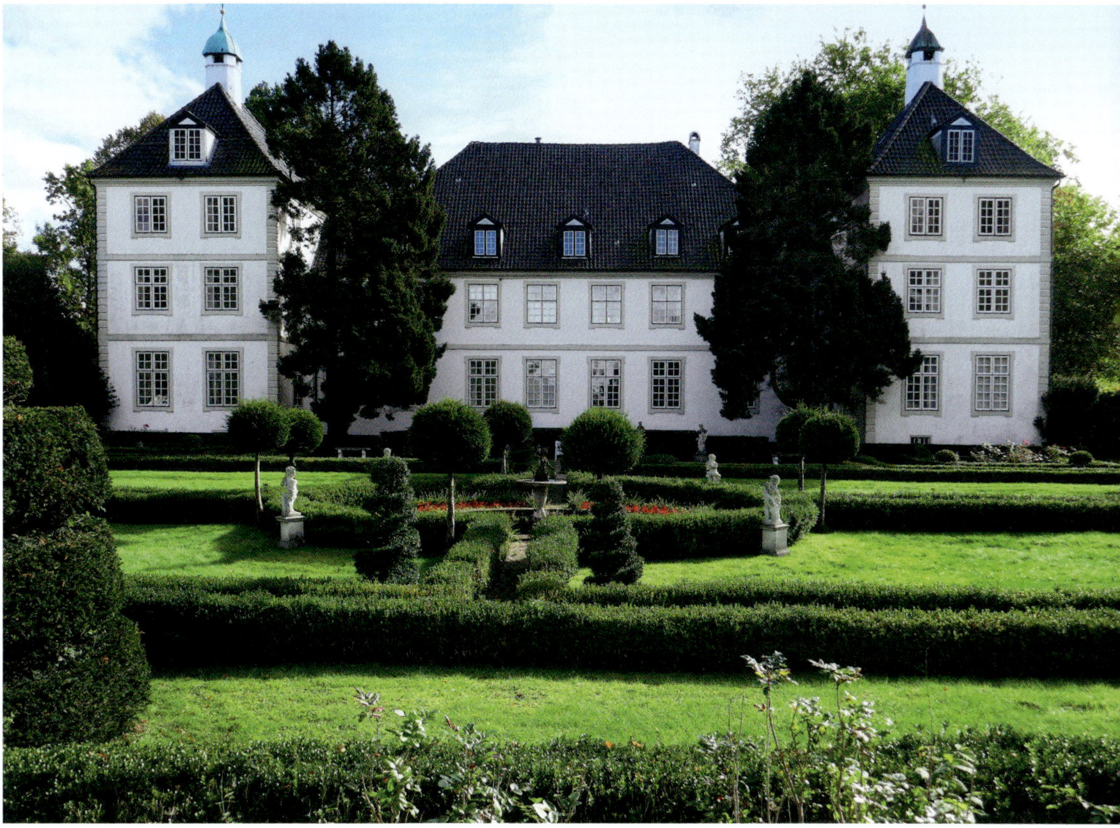

Der italienische Garten am Gut Panker, TOUR 13

Strand, dürfen ungeübte Schwimmer, Kinder und Ältere nicht ins Wasser. Bei roter Flagge herrscht absolutes Badeverbot. Nach einer längeren Wanderung wagt man sich am besten nur mit den Füßen ins Meer.
An der Nordsee lockt bei Ebbe das Watt. Ein paar Schritte darf man sich schon hinauswagen. Aber niemals, wirklich niemals sollte man zu weit hinauslaufen. Senken, Priele, Schlick- und Muschelfelder können ebenso lebensgefährlich werden wie auflaufendes Wasser, Dämmerung, Nebel oder Sturm. Wer eine Wattwanderung unternehmen möchte, findet an jedem Nordseestrand geführte Touren. Das ist gerade für Anfänger auch viel interessanter. Erst mit der richtigen Hintergrundinformation erkennt man in der grauen Weite das gigantische Ökosystem Wattenmeer, eines der größten Feuchtgebiete der Welt.

Plattdeutsch für Anfänger

Nicht lang schnacken, lautet die Devise in Schleswig-Holstein. Dementsprechend wird als Gruß kaum mehr als ein knappes »Moin« erwartet. Wer nicht für seltsam gehalten werden möchte, zieht das Ganze auch nicht unnötig in die Länge. »Moin Moin« geht gerade noch durch. Auf gar keinen Fall darf es aber wie »Mo-jen« klingen. Denn mit dem Morgen hat das Ganze nichts zu tun. »Moin« sagt man zu jeder Tages- und Nachtzeit. Es meint wahlweise: Hallo. Wie geht's? Schön, Sie zu sehen. Guten Tag. Und guten Weg.

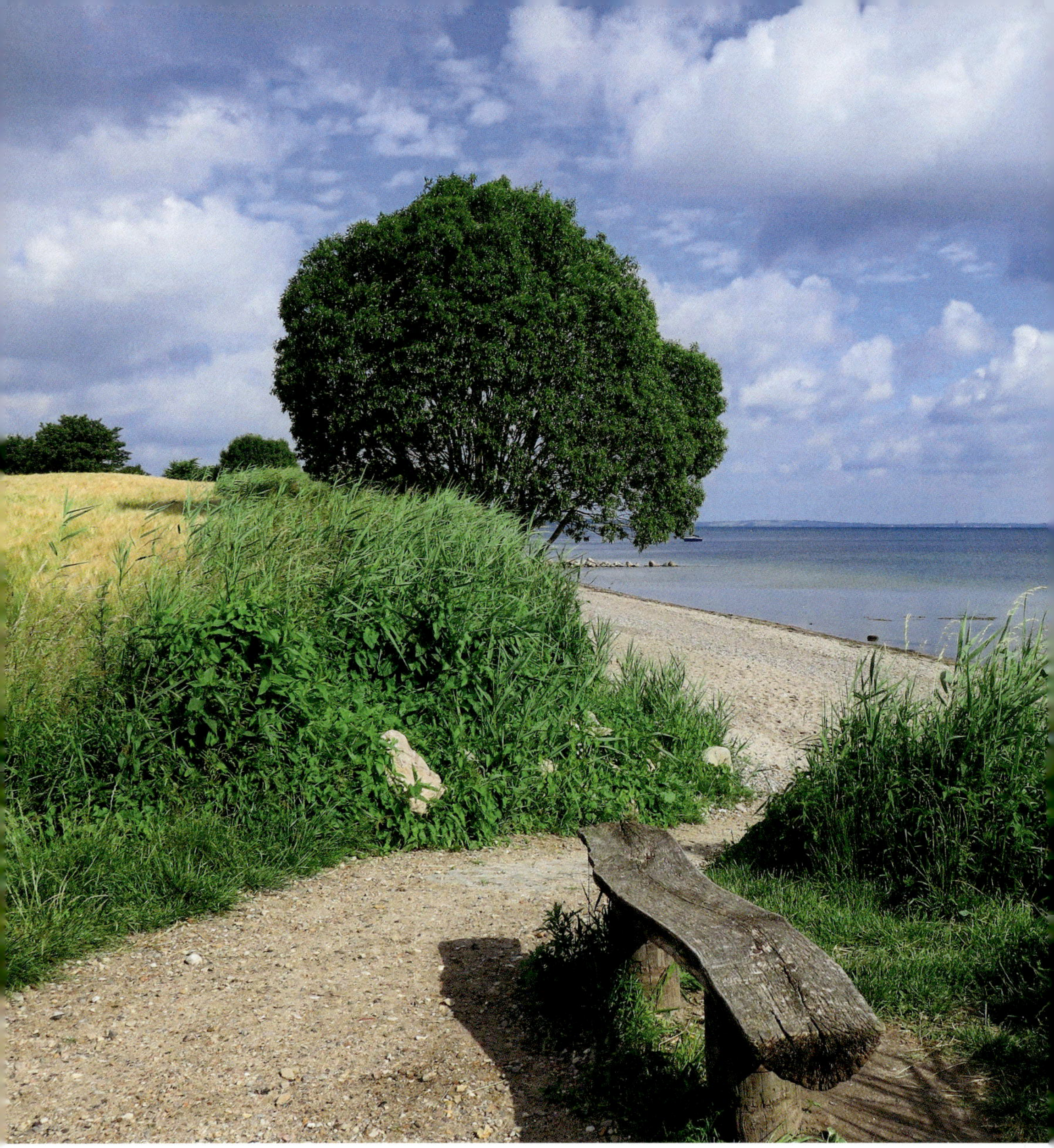

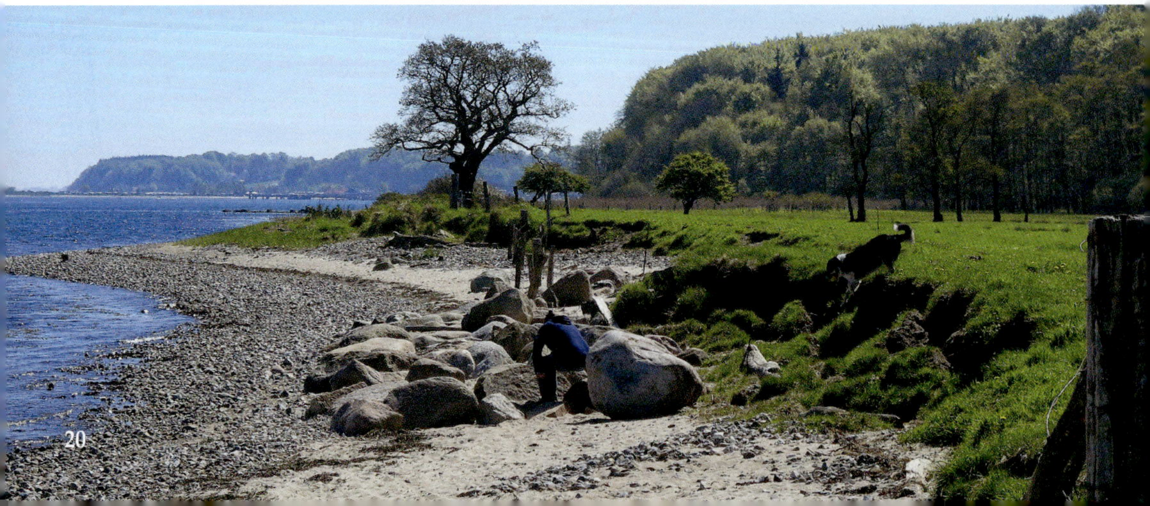

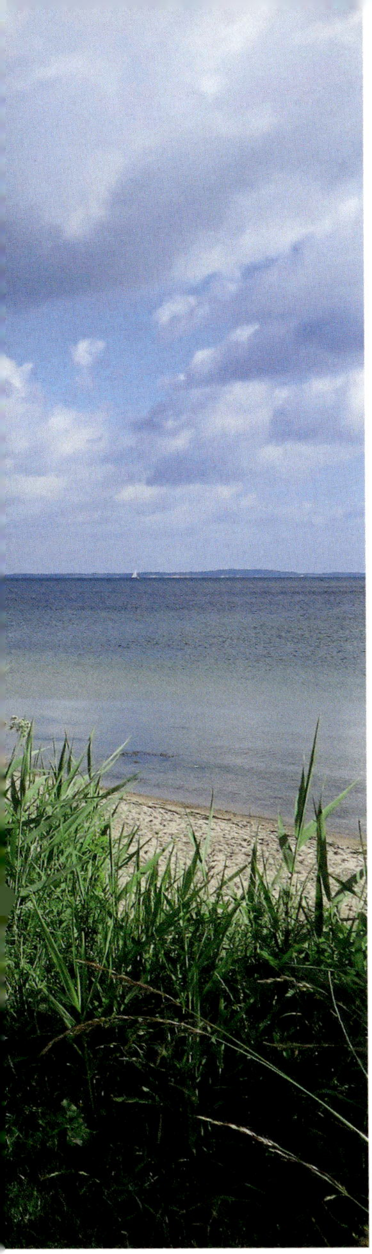

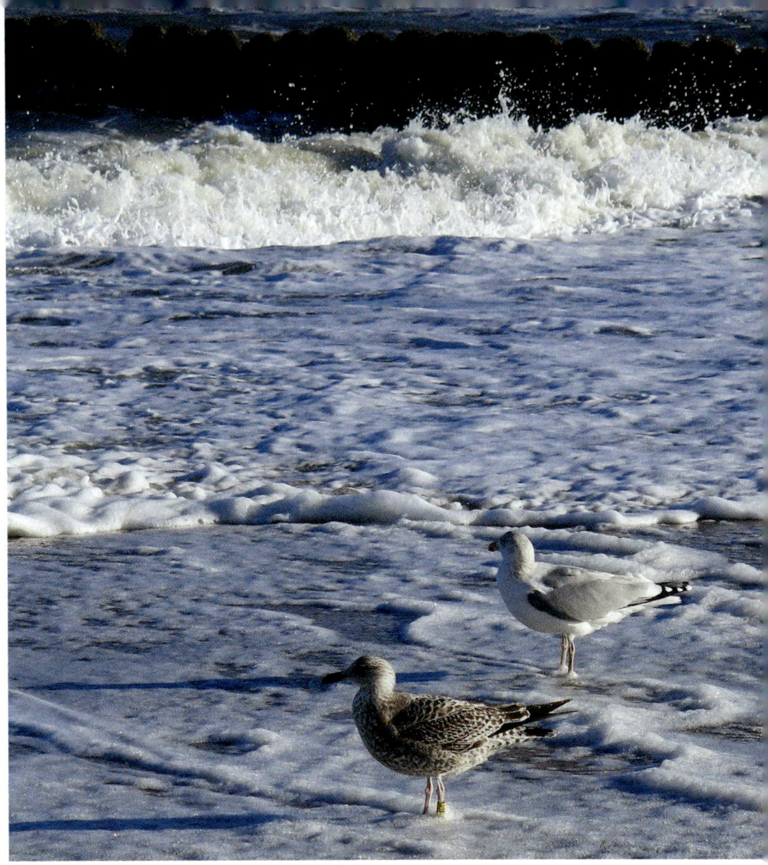

Nördliche Ostseeküste

Die Geltinger Bucht gilt als das Bullerbü von Norddeutschland (o. li.). Alle Möwen heißen Emma. Oder Jonathan (o. re.). Auch im Sommer finden sich noch stille Strände auf dem Dänischen Wohld (u. re.). Gletscher trugen Findlinge ans Ufer der Flensburger Förde (u. li.).

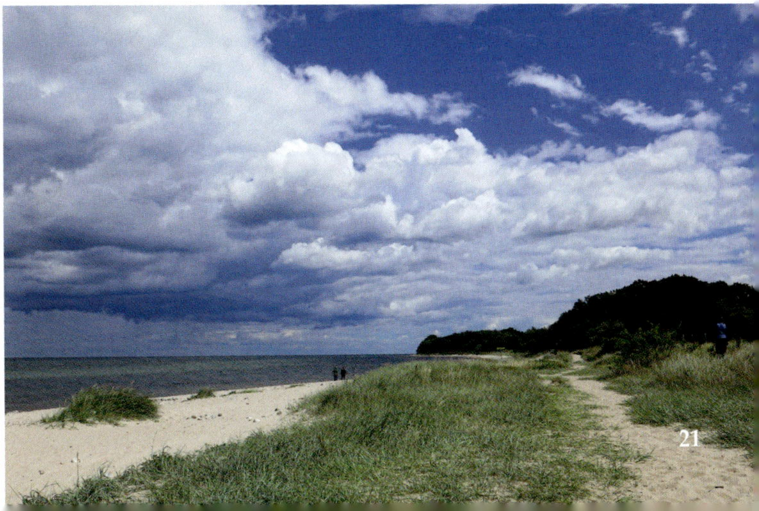

1

Märchenhafte Meerblicke

An der Flensburger Innenförde

Mittel | 22 km | ↑120 m ↓128 m | 5.45 Std.

Tourencharakter
Leichte Streckenwanderung, meist auf Uferwegen und Promenaden, durchgehende Markierung des Fördesteigs. Am schönsten außerhalb der Hochsaison

Ausgangspunkt
Wendeplatz auf der Halbinsel Holnis

Endpunkt
Hafen Flensburg

Anfahrt
Auto: B 199 bis Munkbrarup, weiter nach Bockholm, Holnisser Noorstraße
Bus & Bahn: Bahn bis Flensburg, FördeBus 21 ab ZOB

Einkehr
Zum Start Holnis, Fährhaus. Zur Halbzeit in Glücksburg macht das Café & Bistro Glückselig ebendies, im Strandbistro Sandwig stärkt man sich mit den Füßen im Sand. Am Ende warten Drinks und Fischbrötchen an der Hafenspitze von Flensburg.

Karte
Kompass Wanderkarte Flensburg–Kappeln, 1:50 000, Nr. 707

Information
Tourismus Agentur Flensburger Förde, Tel. 0461/909 09 20, www.flensburger-foerde.de

Hinweis
Wandern am Meer ist leicht. Wer die Tour dennoch verkürzen möchte, kann von Glücksburg mit der »MS Viking« nach Flensburg schippern.

Ist diese Wanderung der Grund, warum Schleswig-Holstein regelmäßig den ersten Platz im Deutschen Glücksatlas belegt? Möglich wäre es. Die Tour vom nordöstlichsten Punkt des Festlands führt über die nördlichste Stadt zum westlichsten Ende der Ostsee meist dicht am Wasser entlang.

Zum Seemannsgrab Von der Bushaltestelle am Ⓐ **Wendeplatz** von Holnis ist es nicht mehr weit bis zur nördlichsten Stelle des deutschen Fest-

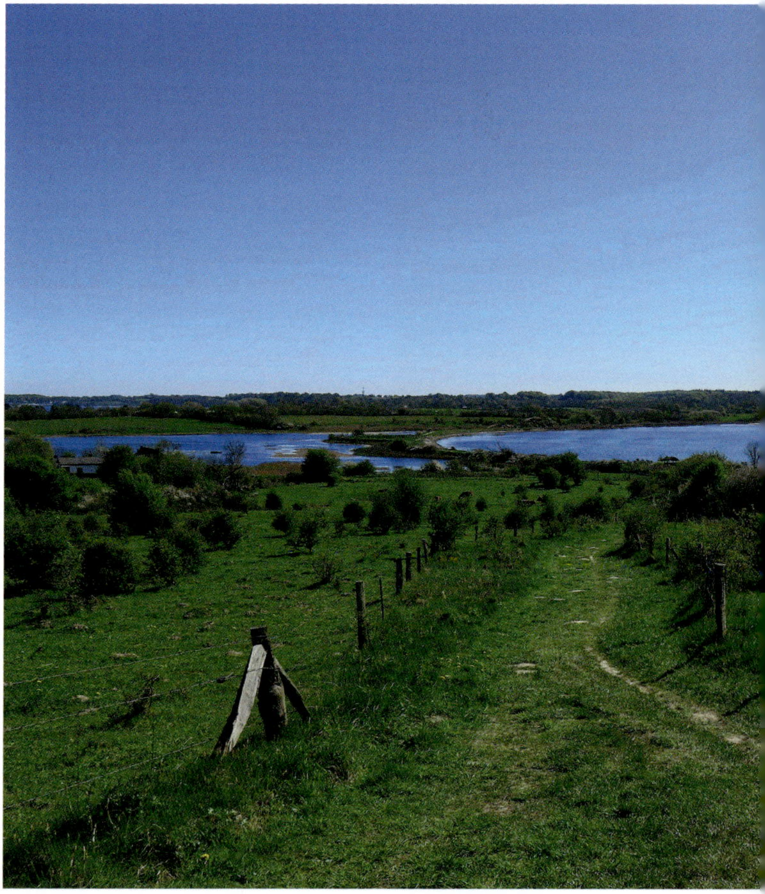

Auf dem Theodor-Fontane-Wanderweg

lands. Der Fontaneweg windet sich am Fährhaus Holnis vorbei zur ❶ **Holnis Spitze**. Sie teilt die Flensburger Innen- von der Außenförde, und Dänemark ist ganz nah. Schon im 12. Jahrhundert legte hier die Fähre ins gegenüberliegende Brusnæs ab. Man mag das für keine große Passage halten, doch Wasser hat keine Balken. Das mussten auch zwei Fährmänner erfahren. Sie erlitten Schiffbruch während eines Unwetters im Jahr 1671. Beide ertranken, aber nur ein Leichnam wurde geborgen. Der Geist des anderen ging noch eine Weile um. Erst als er dem Fährknecht mitteilen konnte, wo seine sterblichen Überreste im dichten Schilf zu finden waren und man ihn endlich begraben hatte, kam er zur Ruhe. Um das nun ausgeschilderte ❷ **Seemannsgrab** handelt es sich aber nicht. Dort wurde der Steuermann Peter Thomsen beigesetzt. Als er an Cholera erkrankt aus Westindien zurückkehrte, verweigerte man ihm die Einfahrt nach Flensburg. Sein Schiff lag Tage vor Anker; Thomsen starb.

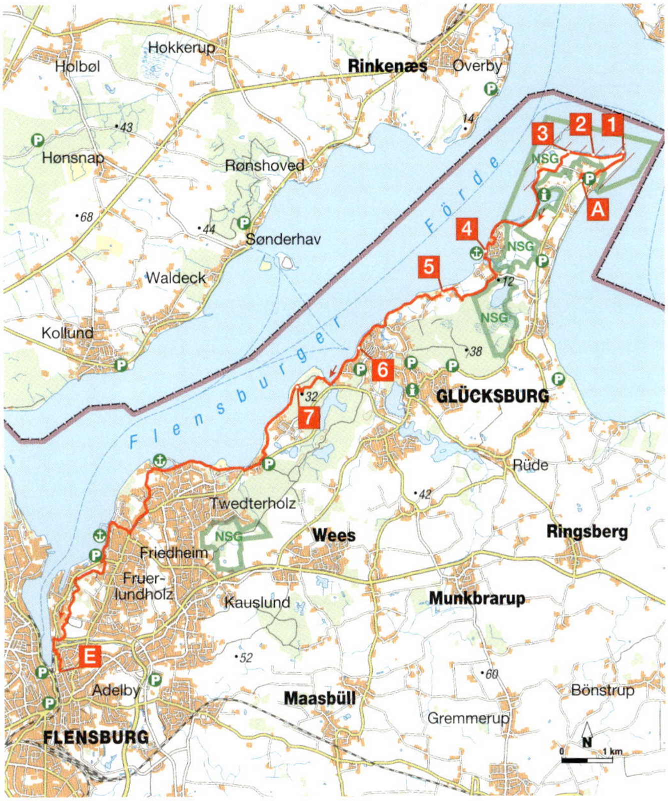

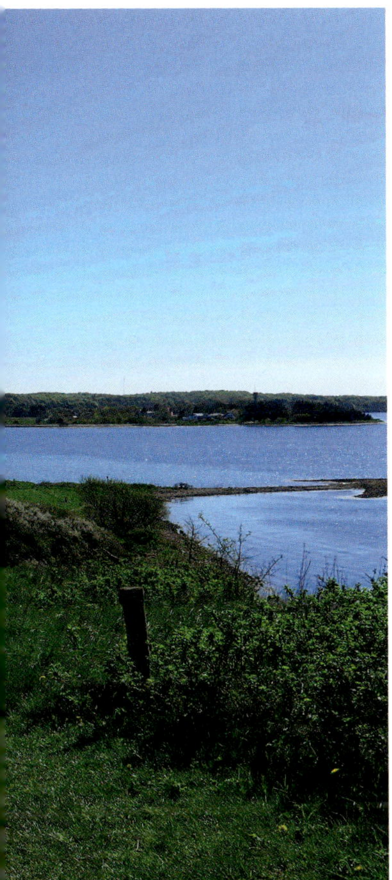

Zum Holnis-Kliff Der vom NABU konzipierte Fördesteig führt ein kleines Stück landeinwärts, um weite Salzwiesen zu umrunden. Sie dienen der Vogelwelt als exklusives Refugium. Jenseits steigt der Pfad zum beeindruckenden ❸ **Holnis-Kliff** an. Der Ausblick auf die Förde ist von dort wirklich prächtig. Der Meeresarm ist nicht das Einzige, was Schleswig-Holsteiner und Dänen eint. Auch viele Märchen und Fabelwesen kennt man in beiden Ländern, etwa

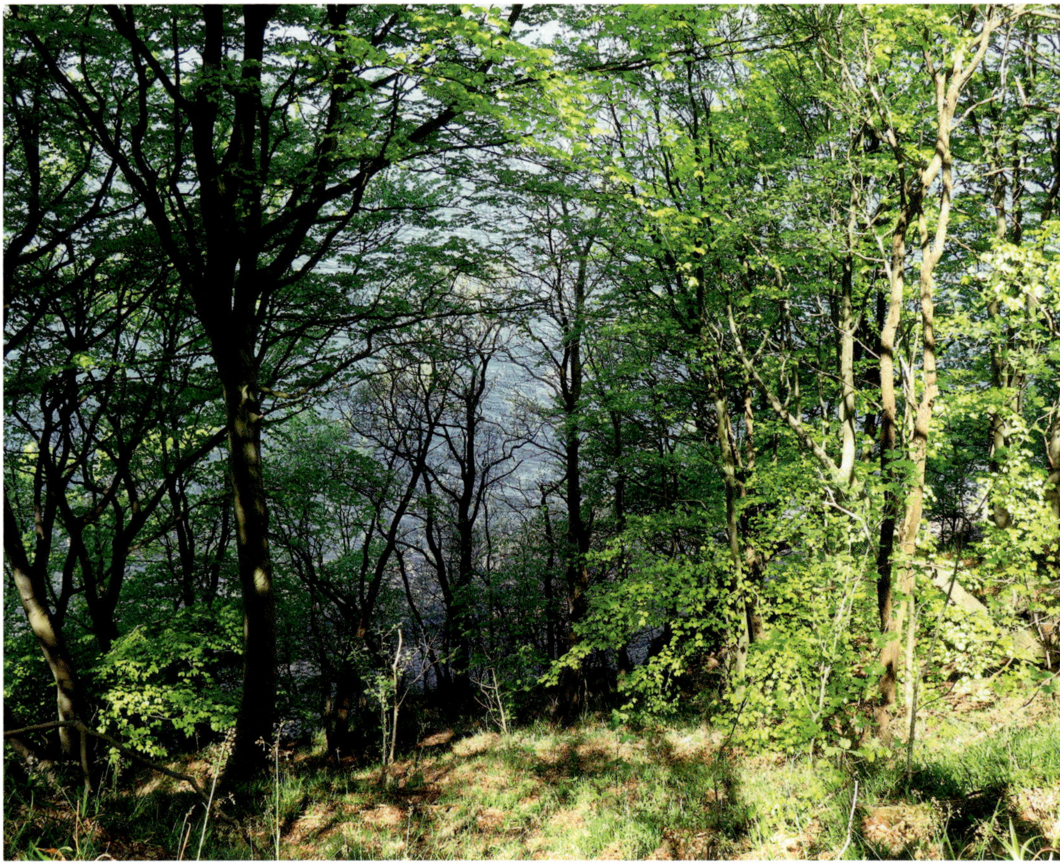

Buchenwälder in Hanglage sind typisch für die Flensburger Förde.

den Kobold Niß. Er schipperte einst mit Dr. Faust, wie der Teufel in der Gegend genannt wird, um die Halbinsel. Aus einem gläsernen Kasten heraus wollten sie Tiefen und Untiefen vermessen. Als der Kasten zu kentern drohte, rief Dr. Faust: »Hol Niß!«, (»Halt Niß!«). So kam Holnis zu seinem Namen.

Zum Leuchtturm Weiter geht es auf einem schmalen Landstreifen zwischen Förde und einem beinahe gänzlich vom Meer abgeschlossenen See. Solche Gewässer nennt man im Norden Noor, vom dänischen Nor. Auch sprachlich ist man sich also nahe. Der ❹ **Leuchtturm Schausende** trägt seinen Namen vom dänischen Skovsende – »Waldende«. Und tatsächlich taucht der Weg hinter dem Sportboothafen bald in die Wälder von Glücksburg ein, der nördlichsten Stadt des deutschen Festlands.

Nach Glücksburg Vom Parkplatz am Yachthafen geht es über die Straßen Am Leuchtturm und Schausende durch dichtes Grün. Nach etwa zwei Kilometern knickt der Weg an einem alten Bauernhaus wieder zur Förde ab. Bald wird der sandige Pfad von einem gepflasterten ❺ **Promenadenweg** abgelöst. Wo sich eine kleine Brücke über die Mündung der Schwennau spannt, lockt die erste Einkehrmöglichkeit am Wasser. Weitere warten am ❻ **Kurstrand Sandwig**. Im Strandhotel hat schon Thomas Mann gern logiert. Hier mag man die Segler bewundern und sich auf

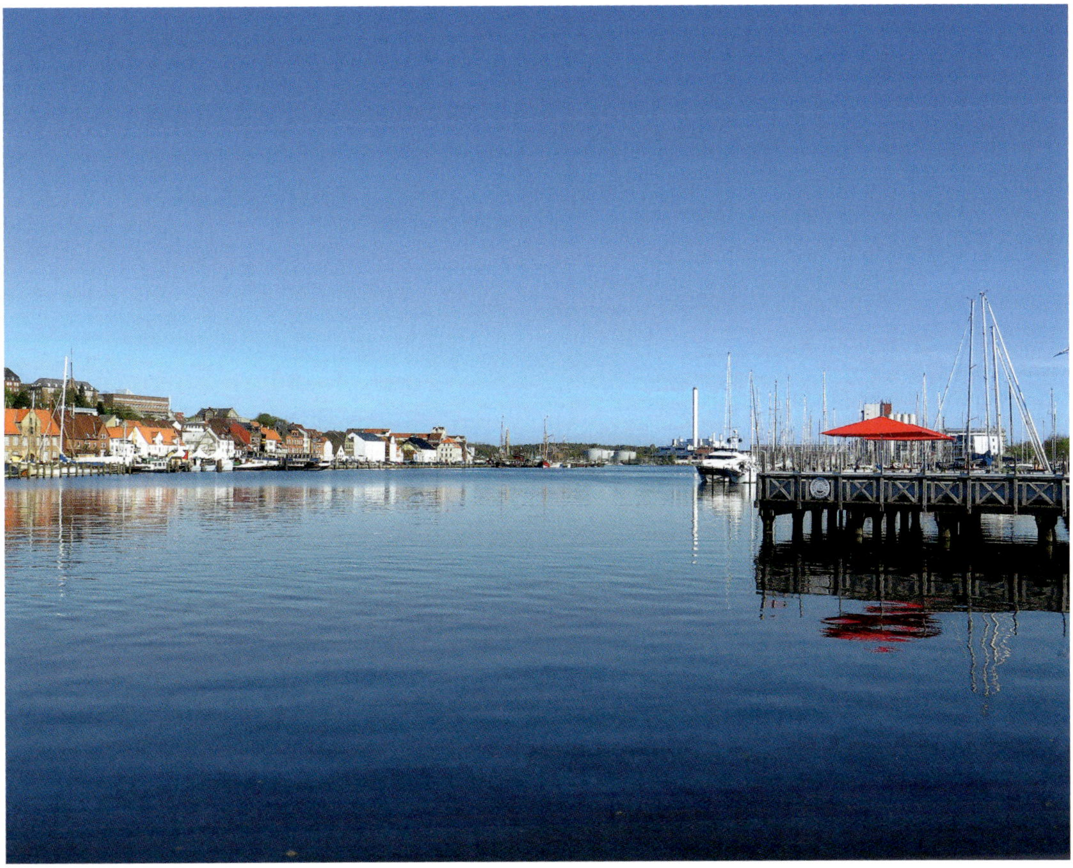

die vorgelagerten Ochseninseln träumen, die zu Dänemark gehören. Der Legende nach handelte es sich ursprünglich um Lehmklumpen. Sie plumpsten einem Riesen von den Stiefeln, als er über die Förde sprang.

Nur wenige Punkte in Flensburg sind so beliebt wie der Endpunkt dieser Tour.

Durch die Einsamkeit nach Flensburg Auf dem Förde-Boulevard geht es über eine weiße Holzbrücke ins Quellental. Hier steigt ein Pfad in den 7 **Forst Wille** auf. Mehr als 20 Baumarten wachsen in dem Steilküstenwald, der auch als Ruheforst dient. Ein besonderer Hingucker sind die vom Wind bizarr geformten Buchen. Der folgende Strand Solitüde gehört schon zu Flensburg und ist bei Badewetter entsprechend gut besucht. Außerhalb der Saison atmet er noch die Einsamkeit, nach der Baron Schack von Brockdorff 1841 seinen Sommersitz benannte. Bei Fahrensodde verlässt der Weg die Förde, um die Marineschule, das »Rote Schloss«, zu umrunden. Danach belohnt der Volkspark noch einmal mit herrlichen Weitblicken über die Förde und Flensburg. Dort endet die Wanderung an der E **Hafenspitze.**

Dornröschens Garten

Das Glücksburger Wasserschloss im Stil der Renaissance gilt als Wiege der europäischen Königshäuser. Eine Besichtigung ist in den Sommermonaten täglich möglich, im Winter nur am Wochenende. Der Besuch des Rosengartens mit Rosarium, Rosencafé und 550 Rosenarten, darunter viele historische Sorten, ist kostenfrei (Infos unter www.gluecksburg-urlaub.de).

2 Die mit den Gletschern kamen

Auf und Ab an der Außenförde

Mittel | 16,5 km | ↑130 m ↓148 m | 4.30 Std.

Tourencharakter
Naturnahe Schleifenwanderung mit kulturellen Highlights und einem lebendigen Knotenpunkt im Fischereihafen

Ausgangs-/Endpunkt
Hafen Langballigau

Anfahrt
Auto: A 7 Flensburg, B 200, B 199
Bus & Bahn: Von Flensburg Buslinie 1602

Einkehr
Kein Mangel. Besonders empfehlenswert ist die Aussichtsterrasse im Bistro Bock 17 auf dem Campingplatz Bockholmwik. Das Café Anna & Meehr in Langballigau steht für fabelhafte Kuchen und Torten. Das Unewatt by Hendrik ist einer der beliebtesten Treffs für Feinschmecker in der Region.

Karte
Kompass Wanderkarte Flensburg–Kappeln, 1:50 000, Nr. 707

Information
Tourismus Agentur Flensburger Förde, Tel. 0461/909 09 20, www.flensburger-foerde.de

Hinweis
Wer das dänische Ufer der Flensburger Förde kennenlernen möchte, sticht im Juli und August mit der »Feodora« in See. Der Ausflugsdampfer startet von Langballigau nach Sonderburg.

Die Flensburger sagen, ihre Förde sei die Schönste der Welt. Auf dieser Schleifenwanderung kann man sich in Hangwäldern, Autälern und an kleinen Stränden davon überzeugen, wie kunstvoll eiszeitliche Gletscher die nördliche Ostseeküste gestalteten.

Am Anfang war ein Eiszeitsee Start dieser Tour ist der **A Hafen von Langballigau**, der einzige Fischereihafen der Flensburger Förde. An der Zufahrtsbrücke führt das Symbol des Fördesteigs zunächst nach rechts (»Am Hafen«) und dann linker Hand zu einer Treppe, die sich die Steilküste hinaufwindet. Der Ausblick auf die Förde ist fabelhaft. Die Natur hat lange daran gewerkelt: Es brauchte Jahrtausende und mehrere Eiszeiten, bis Schleswig-Holstein eine zweite Küste geschenkt bekam. Die heutige Ostsee entwickelte sich von einem Eiszeitsee zu einem Meer und wieder zurück in einen See, bis sie vor rund 7000 Jahren zur heutigen Form fand. Das aufgestaute Wasser des damaligen Ancylussees suchte

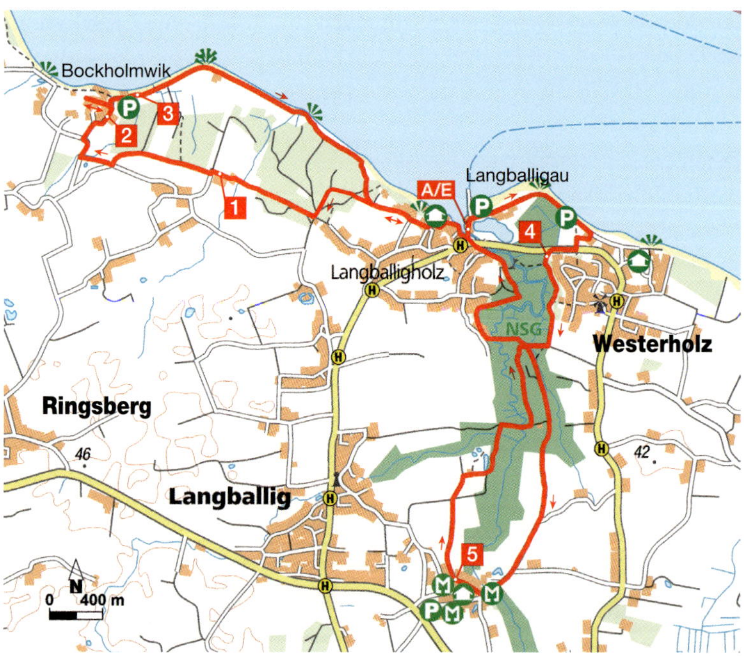

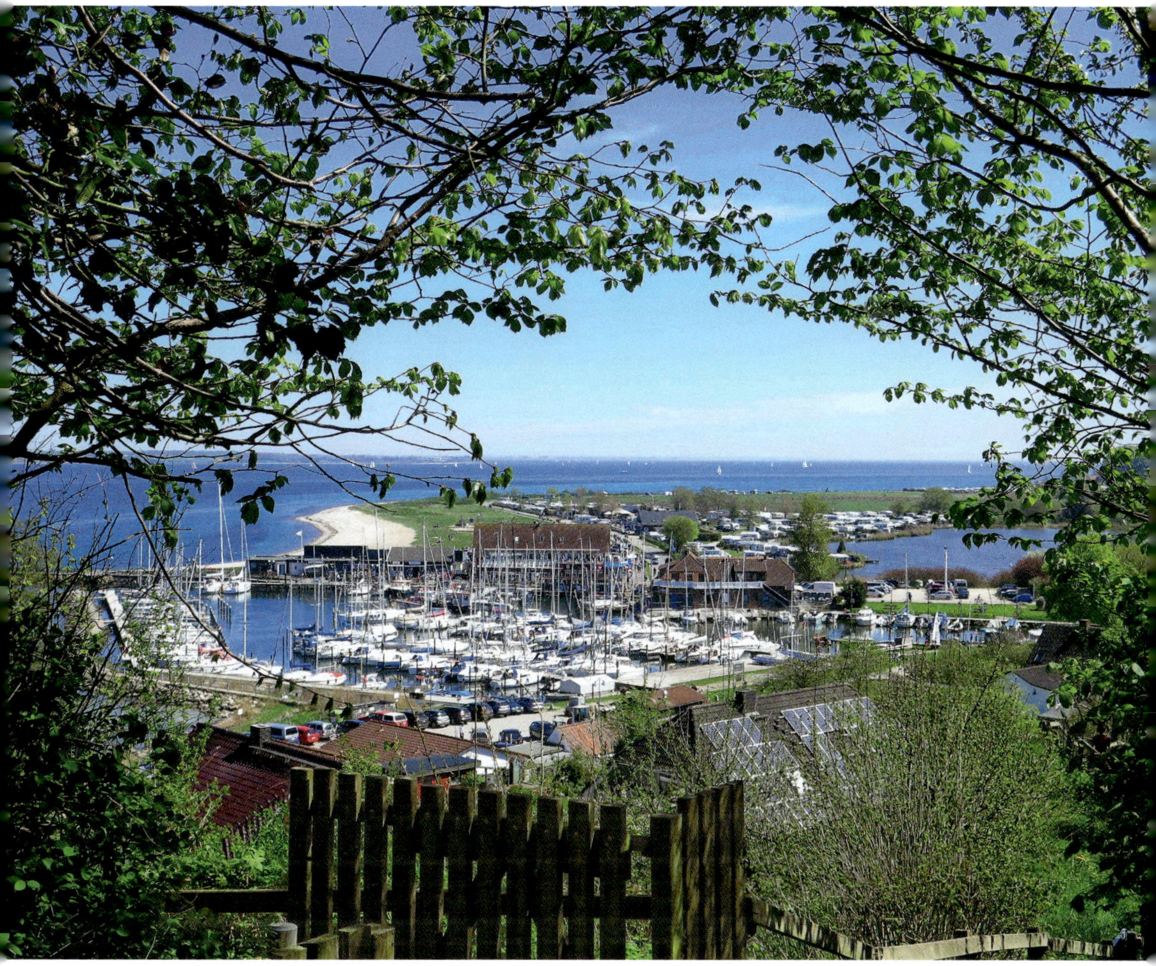

Kleinod an der Förde: Fischerei- und Yachthafen Langballigau

sich seinen Weg durch den Großen Belt von Dänemark und füllte die Urstromtäler mit Salzwasser – so entstanden die Förden.
Bis zum Waldrand geht es noch auf dem Fördesteig weiter, dann aber links auf dem Wanderweg nach ❶ **Siegumlund**. Nachdem das hübsche Dorf durchquert ist, taucht der Weg erneut in den Wald ein und führt nach etwa 700 Metern rechts nach ❷ **Bockholmwik**. Hier thront ein Campingplatz hoch über der Förde.

An der Flensburger Außenförde Den ❸ **Yachthafen Bockholmwik** hat man vom Campingplatz aus schon im Blick. Ein Weg windet sich zwischen den Wohnwagen bis zur Förde hinunter. Nördlich des Yachthafens wird es ein wenig unwegsam. Es gilt über Steine zu balancieren, viele davon sind uralt und weit gereist. Gletscher schoben sie aus Norwegen, Schweden, Finnland, Dänemark und den baltischen Staaten in die Förde. Mineralogen liegt hier die gesamte Erdgeschichte zu Füßen. Die Küste kommt nie zur Ruhe. Wind, Wellen, Regen und Frost nagen daran und brechen ihre Ufer. So entstehen Sandbänke, Nehrungen und Wälle im Wasser, die schließlich zu Lagunen oder Strandseen wachsen. Wo der Weg auf die bewaldete

Piraten in Sicht?

Zum besten Fotospot der Bucht ist ein Abstecher zum Wahrberg nötig. Er ist vom Campingplatz Bockholmwik nach etwa 750 m in nördlicher Richtung erreicht – und natürlich kein Matterhorn. Sein Name erinnert aber immerhin daran, dass man hier schon im 12. Jh. nach Piraten Ausschau hielt. Heute ist die Wahrscheinlichkeit, Tümmler oder Schweinswale zu sichten, größer.

Steilküste zuführt, zeigen herabgestürzte Bäume, dass die Ostsee wild sein kann. Quellaustritte verstärken die Erosion. Der Weg steigt an und tritt etwa dort aus dem Wald heraus, wo er zu Beginn hineinführte. Auf der bekannten Route geht es zurück zum Hafen. Dort finden sich allerlei Einkehrmöglichkeiten für eine ausgedehnte Pause, bevor die zweite Schleife in Angriff genommen wird.

Das Tal der Langballigau Auf dem Strandweg Richtung Norden leitet nach 800 Metern ein Fußpfad rechts zur Haffstraße. Jenseits davon beginnt der gut ausgeschilderte ❹ **Autal-Wanderweg**. Er führt durch stillen Hanglaubwald, der auf einem ehemaligen Kliff wurzelt. Dahinter liegt eines der schönsten Bachtäler der Ostseeküste. Das Tal der Langballigau steht seit 1990 unter Naturschutz. Hinter einer kleinen Brücke führen zwei Wege nach ❺ **Unewatt**. Wer sich für den linken entscheidet, hat das Bilderbuch-Dörfchen nach etwa zwei Kilometern erreicht. Unewatt ist einerseits ein ganz normales Dorf, andererseits auch ein Museum. Die Ausstellungsflächen sind quer über den Ort verteilt. Ein Rundweg verbindet fünf sogenannte Museumsinseln. Dort widmen sich die historischen Gebäude dem früheren Leben in der Region Angeln. In der Ortsmitte bietet sich der Garten im Landhaus Unewatt zur Rast an, direkt daneben rauscht die Langballigau. Auf einer Infotafel ist der Rückweg zum Hafen beschrieben. Er führt zunächst auf Asphalt zu den Klärteichen, dahinter aber schnell wieder in die ursprünglichen Lebensräume des Autals. An der bereits auf dem Hinweg passierten Holzbrücke geht es linker Hand unter dichten Laubbäumen in die Talaue. Seit sie nicht mehr entwäs-

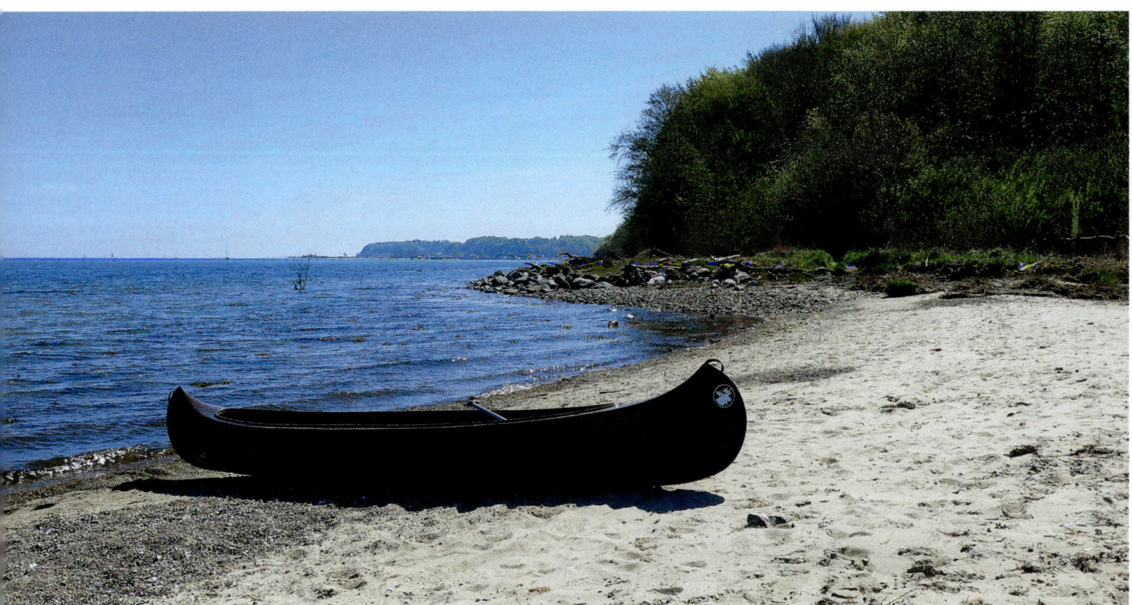

Ruhe jenseits der Yachthäfen

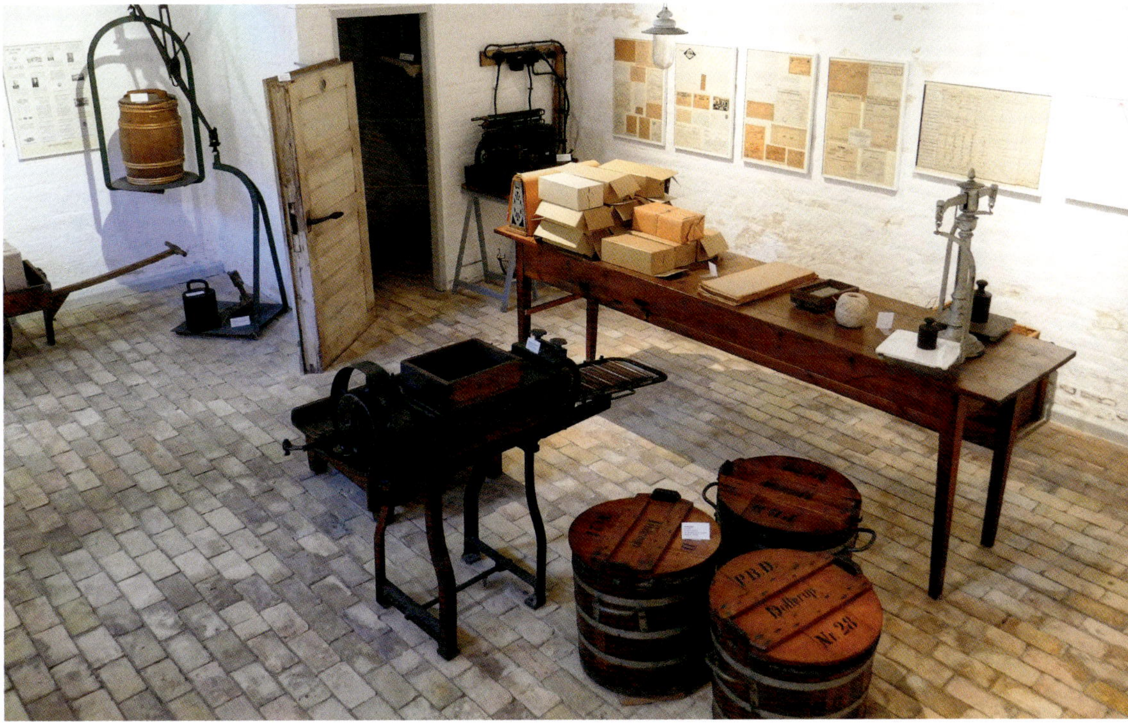

Das Landschaftsmuseum Angeln in Unewatt

sert wird, haben sich Sumpflanzen angesiedelt und Schilfmeere entwickelt. Bohlenwege überbrücken morastige Abschnitte. Nach längeren Regenfällen kann es dennoch matschig werden. Schließlich erreicht man den **E** **Hafen von Langballigau** mit nicht mehr ganz so sauberen Schuhen wie zu Beginn dieser Wanderung.

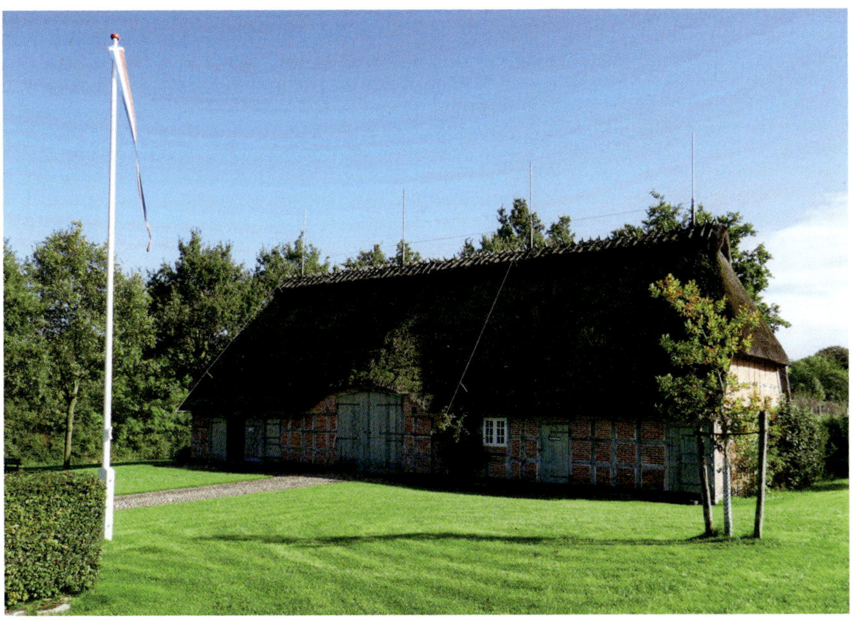

Auf das Dorf Unewatt verteilen sich fünf historische Museumsinseln.

3 Einfach sagenhaft

Rund um die Habernis Huk

Leicht | 12 km | ↑135 m ↓126 m | 3 Std.

Tourencharakter
Landschaftlich vielfältige Runde abseits ausgetretener Pfade mit einer kleinen Schleife als Bonbon

Ausgangs-/Endpunkt
Strand von Norgaardholz

Anfahrt
Auto: A 7 Flensburg, B 200, B 199 über Wees, Steinbergkirche
Bus & Bahn: Nur wochentags, selbst dann kompliziert. Ab Flensburg/Kappeln Buslinie 1605 bis Steinbergkirche. Weiter Linie 1606

Einkehr
Am Start: Zum Schwarzen Raben. Im Winter nur am Wochenende. In den Sommermonaten finden sich Kioske an der Seebadeanstalt Norgaardholz und am Campingplatz Habernis.

Karte
Kompass Wanderkarte Flensburg–Kappeln, 1:50 000, Nr. 707

Information
Ferienland Ostsee – Geltinger Bucht e. V., Tel. 04643/777, www.ferienlandostsee.de

Hinweis
Aufgepasst: Die Bohlenwege im Moor können rutschig sein!

Vorsicht: Auf den Bohlenwegen durch das Moor kann es rutschig werden (rechts).

Im ländlichen Angeln ranken sich selbst um die kleinsten Dörfer große Geschichten. So auch auf dieser Rundtour. Sie führt entlang verschwiegener Strände, durch ein stilles Moor und rund um ein Riff, das die Flensburger Förde von der Geltinger Bucht trennt.

Ins Moor Der Einstieg dieser Tour erfolgt beim Strandlokal Ⓐ **Zum Schwarzen Raben** nahe der Seebadeanstalt Norgaardholz. Hier führt ein Weg die Anhöhe hinauf zur kaum befahrenen Straße Nordstern. Sie zieht sich rechter Hand durch Felder und ein kurzes Waldstück, bevor sie links auf den Mittweg stößt. Er leitet direkt in das größte naturnah erhaltene Auniederungsgebiet der Region Angeln. Durch das ❶ **Moor von Habernis** schlängeln sich gut ausgeschilderte Rundwege. Die blaue Route 8 führt am Waldrand entlang zur Quelle von Wolsroi. Sie speist stündlich 600 Liter Wasser in einen Quelltopf. Das artesische Wasser, jahrhundertelang im Gestein eingeschlossen, ist frei von Schadstoffen. Teils auf Boh-

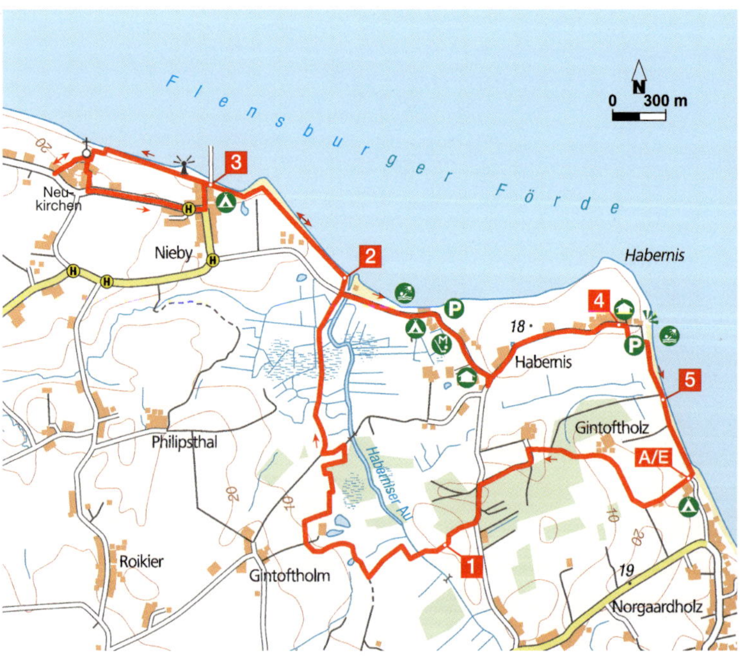

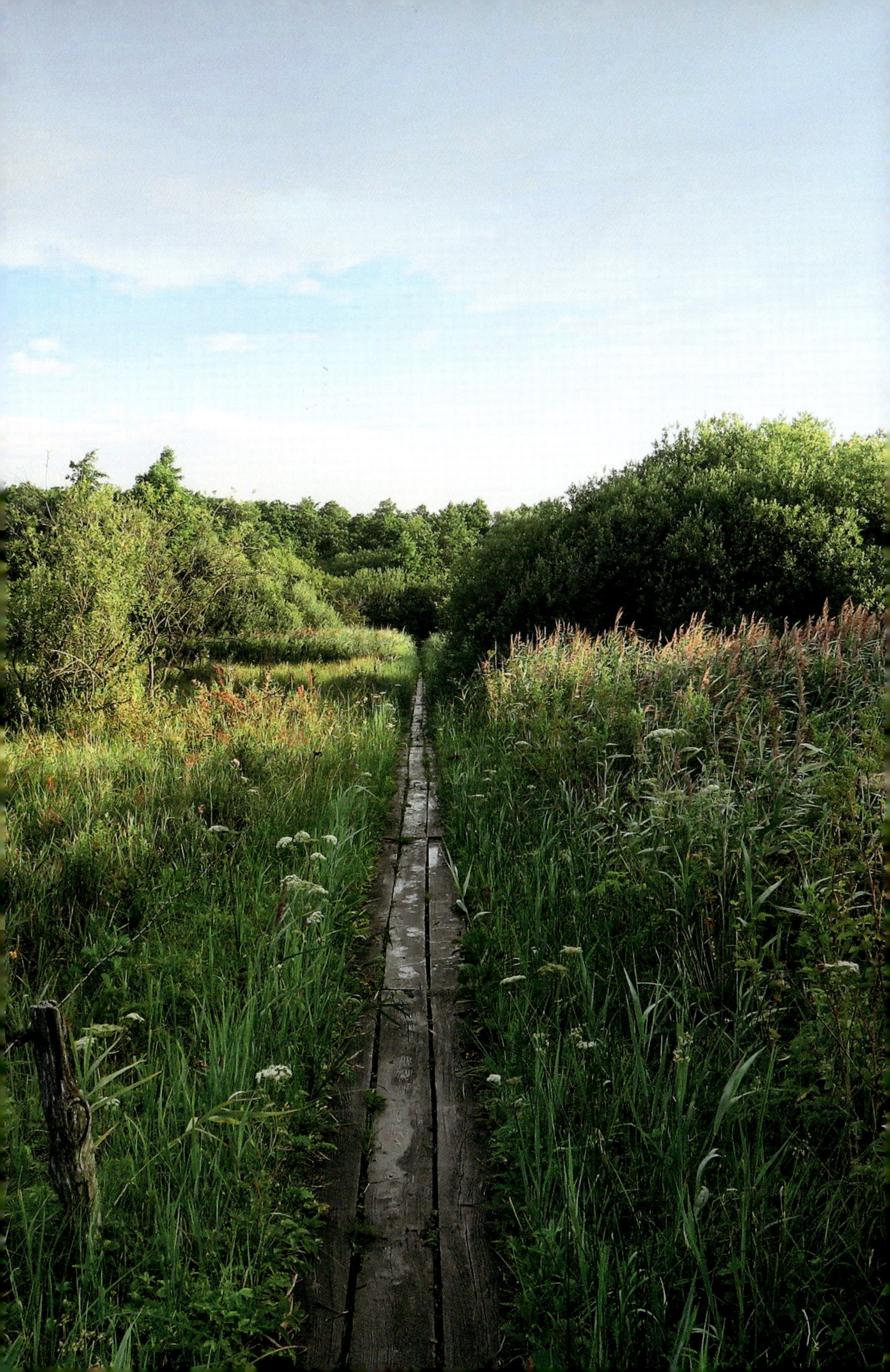

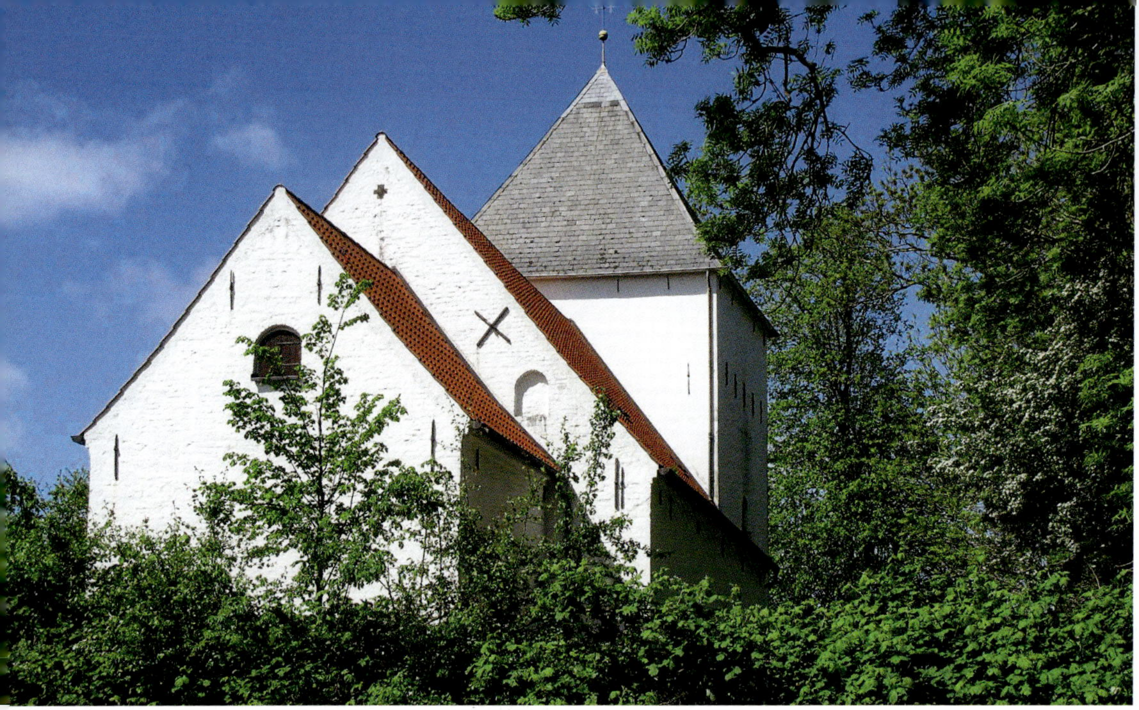

Die Neue Kirche von Neukirchen, Quern

lenwegen, teils auf gewundenen Pfaden geht es durch die Sumpflandschaft, quer über Feuchtwiesen, an Feldern entlang, durch Hohlwege und einen Erlenwald, bis der Rundweg bei der ❷ Schleuse am Strand von Habernis endet. Es kann passieren, dass man auf diesen ersten gut fünf Kilometern keiner Menschenseele begegnet. Solche Ruhe ist selten geworden an den Küsten.

Zum Wunderdoktor Die Naturstrände von Angeln sind deutlich weniger frequentiert als die der gediegenen Ostseebäder – da hüpft das Herz der Wanderer vor Freude auf dem folgenden Kilometer direkt am Wasser entlang nach Norden. Bald zieht der rudimentäre ❸ Anleger von Nieby den Blick auf sich. Bis in die 1990er-Jahre starteten hier die Butterdampfer. Das Ende der beliebten, zollfreien Einkaufsfahrten nach Dänemark war für die Region ein Schlag. Aber zumindest Nieby hat sich wohl davon erholt, jedenfalls wirken die Häuser auf der Steilküste nicht gerade ärmlich. Langfinger sollten sich aber zurückhalten, denn irgendwo in der Gegend befindet sich wohl noch das Schwarze Buch. Ob in Ullekuhl oder beim Schäfer Ast, das kann niemand genau sagen. Doch dass sein ursprünglicher Besitzer, Jakob aus Nieby, nicht bloß ein gewöhnlicher Arzt, sondern ein wahrer Wunderdoktor war, das weiß hier jeder. Wurde in früheren Zeiten jemand bestohlen, brauchte Jakob nur im Schwarzen Buch zu lesen. Dann verlor der Dieb ein Auge.

Weltgeschichte ist überall

Kaum zu glauben, doch in den letzten Tagen des Zweiten Weltkriegs wütete die Weltgeschichte in Norgaardholz. Es lohnt ein Blick auf den Gedenkstein am südlichen Strandzugang. Er dokumentiert die Versenkung von 47 U-Booten und erinnert auf berührende Weise an die Hinrichtung dreier junger Männer durch die Nationalsozialisten zwei Tage nach der Kapitulation im Mai 1945.

Die Wildnis am Strande Einen knappen Kilometer weiter markiert ein mannshohes Holzkreuz am Strand den Abzweig zur Kirche von Neukir-

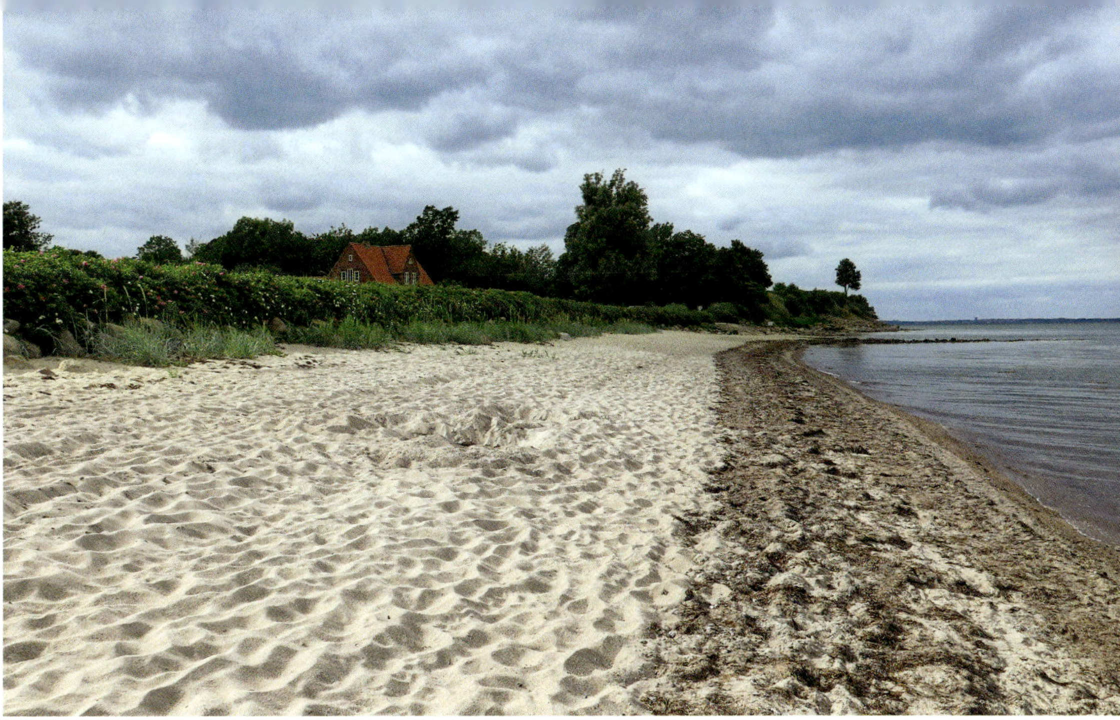

Viele Wolken bedeuten wenig Wanderer.

chen. Eine Treppe führt die Steilküste hinauf zu dem schlichten Gotteshaus im Hygge-Look. Der Kirchhof ist von einer uralten Steinmauer umschlossen. Eingeweiht wurde die Kirche 1622. Sie war Teil eines hochfliegenden Plans: Herzog Johann der Jüngere von Glücksburg wollte in der »Wildnis am Strande« einen Hafen schaffen, der es mit dem von Flensburg aufnehmen sollte. Damals entstand auch das zugehörige Dorf Nieby, das wir schon vom Strand aus gesehen haben. Dorthin geht es nun über die K 99 zurück. Sie trifft nach etwa 700 Metern auf die Dorfstraße, die linker Hand zur Steilküste führt. Der Reißbrett-Charakter von Nieby ist noch deutlich zu erkennen. Unterhalb der Treppe stehen wir wieder am Anleger und gelangen auf dem bekannten Weg bald zurück zu den kunterbunten Booten, die vor Habernis auf den Wellen tanzen.

Über die Habernis Huk Bis 1511 gehörte die Halbinsel Habernis zur Gemeinde Steinbergholz, wurde dann aber aufgrund eines Verbrechens der Gemeinde Quern zugesprochen. Der Sage nach hatte ein Steinbergholzer Hirte einen Querner namens Niß erschlagen. Die Bauern der Umgebung entschieden gemeinsam, dass fortan alles Land als Buße an Quern gehen sollte. »Dat skal de ha' for Niß!« (»Das sollst du für Niß haben!«) wurde zur Ortsbezeichnung Habernis. Beim Campingplatz, wo sich die Straße vom Strand entfernt, müssen auch Wanderer einen Haken schlagen. Zur Seeseite ist an der ❹ **Habernis Huk** nur mit Wathosen ein Weiterkommen. Angler machen das für ihr Leben gern. In den Seegraswiesen vor Deutschlands nördlichstem Riff tummeln sich Meerforellen, Dorsche und Hornhechte. Fußgänger müssen einige hundert Meter mit Asphalt zurechtkommen. Kurz nach der Reitanlage Lindenhof geht es links »Na de Huk« hinauf und an der Spitze wieder hinunter zum ❺ **Strand von Norgaardholz**. Auf dem kleinen Dünengürtel führt ein Fußpfad zum Ⓔ **Ausgangspunkt** der Wanderung.

4

Angeliter Hof-Knicks

Von Hütten und Palästen in der Geltinger Bucht

Leicht | 9,5 km | ↑121 m ↓122 m | 2.30 Std.

Tourencharakter
Entspannter Rundweg zumeist auf Fußwegen und Pfaden

Ausgangs-/Endpunkt
Strandparkplatz Ohrfeldhaff

Anfahrt
Auto: Von Flensburg oder Kappeln über B 199, in Koppelheck/Niesgrau der Straße Ohrfeldhaff zum gleichnamigen Strand folgen
Bus & Bahn: Von Flensburg oder Kappeln Buslinie 1605, Haltestelle Koppelheck/Niesgrau

Einkehr
In Steinberghaff lockt das Strandhotel im Sommer mit einem Biergarten am Meer. Im Winter serviert der Imbiss Fischerkroog in der Fischerstraße Glühwein to go & sit.

Karte
Kompass Ostseefjord Schlei Schleswig, 1:35 000

Information
Ferienland Ostsee – Geltinger Bucht e. V., Tel. 04643/777, www.ferienlandostsee.de

Von einem Haus am Meer zu träumen, gehört beim Wandern an der Küste einfach dazu. Dabei ist es gar nicht so einfach zu entscheiden, wie man leben will. Auf dieser Runde von Steinberghaff nach Ohrfeldhaff scheinen große Gutshöfe ebenso begehrenswert wie die kleinen Fischerhütten.

Über Tollgaard und Oestergaard Wir verlassen den Parkplatz am Strand von **A Ohrfeldhaff** in nördlicher Richtung und biegen an der Lippingau landeinwärts. Ein Fußpfad begleitet die Au zum Gut Oestergaard. Die

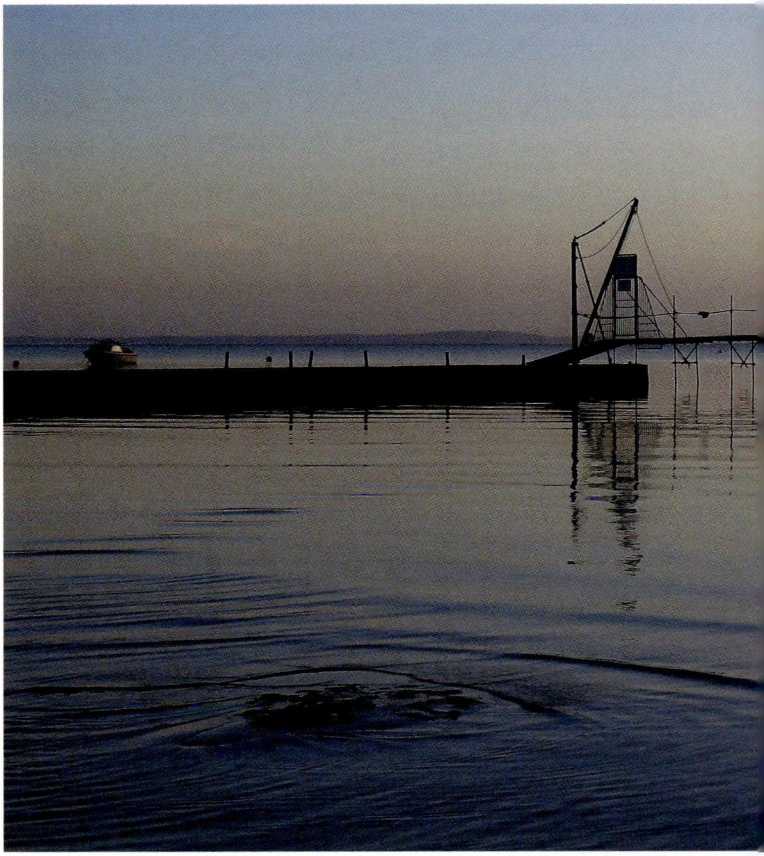

Für den Sonnenaufgang lohnt es sich, ganz früh aufzustehen.

Endung -gaard steht für einen Edelhof, den Wohnsitz eines Adligen oder Ritters. Von ihnen gab es im Mittelalter reichlich. Ihre Ländereien lagen oft weit verstreut, während die Gaarde selbst als küstennahe Verteidigungswälle gegen Seeräuber dienten. Am anderen Ufer der Lippingau, etwa dort, wo heute eine Windkraftanlage ihre Kreise zieht, lag schon 1231 Tollgaard. Die Straße heißt noch immer so, der Hof selbst wurde in der Sturmflut von 1872 zerstört. Überlebt hat, was man sich über die Edel-

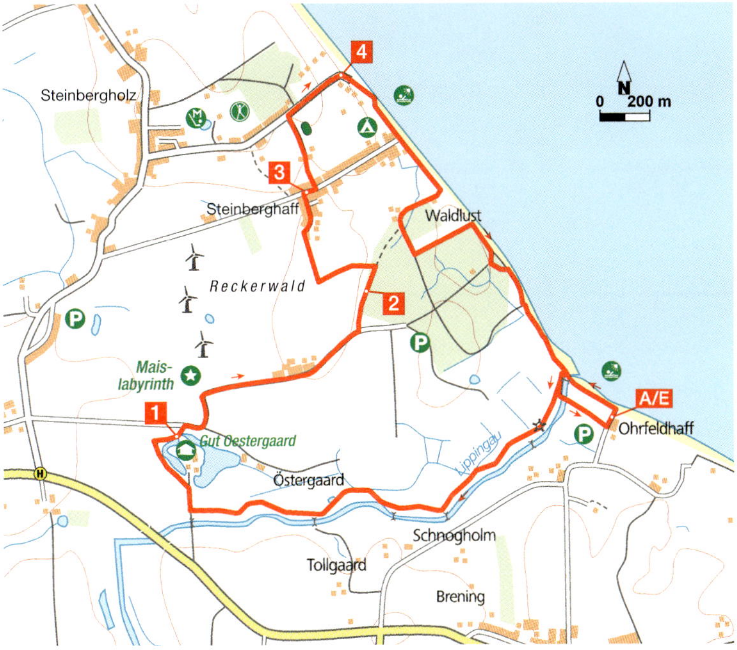

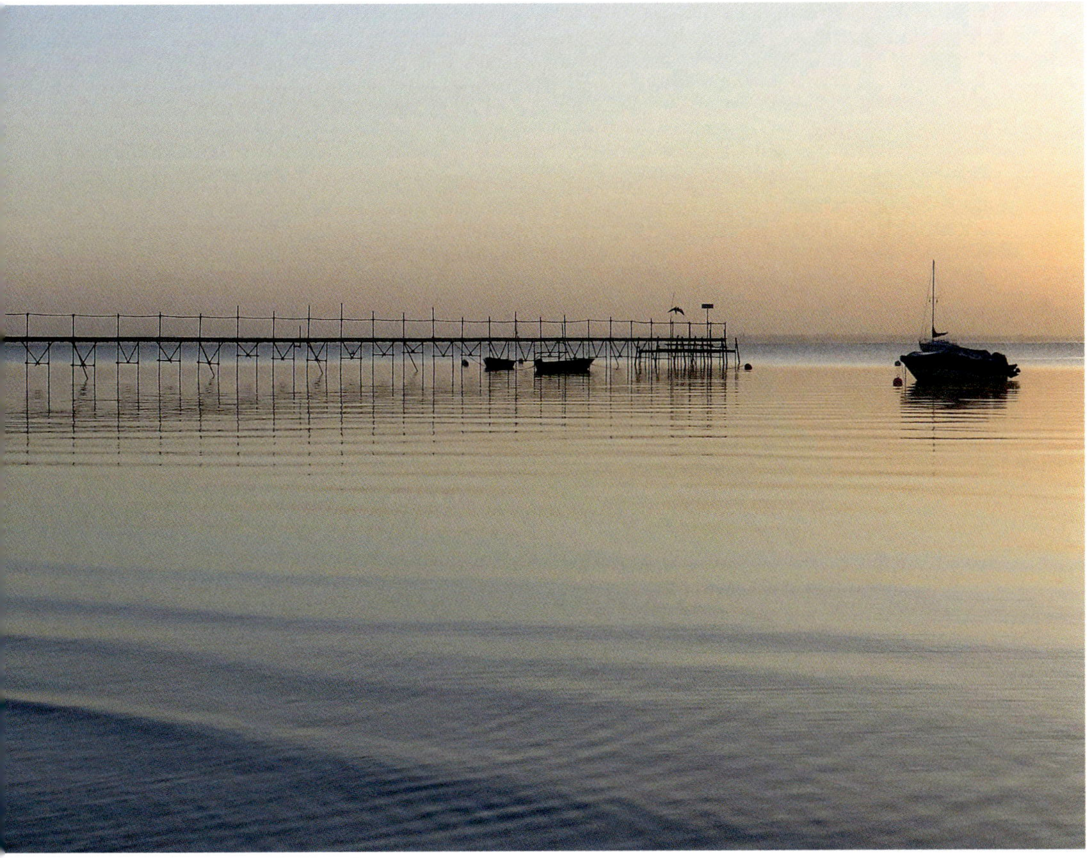

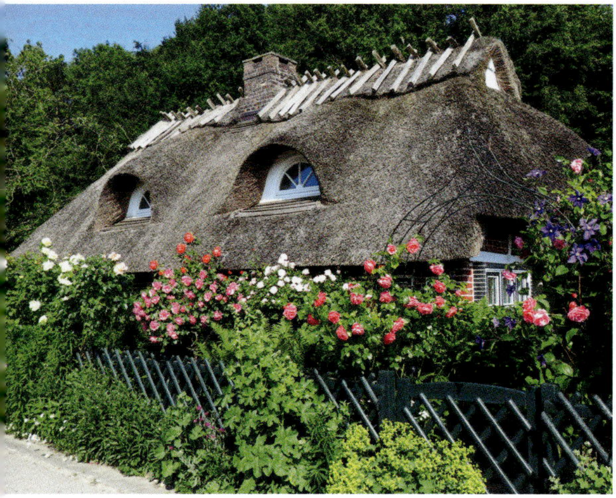

Idyll unter Reet in Steinberghaff

frau Anna Post erzählte. Ihre Unpünktlichkeit brachte den Pfarrer regelmäßig zur Verzweiflung. Denn erst wenn sie im Anmarsch war, durften die Kirchenglocken den Gottesdienst einläuten. Dann hieß es: »Nun kommt sie, nun kommt Anna Post von Tollgaard über Tingvej. Auf ihren vier weißen Schimmeln, mit einigen Rüsten Flachs und Stücken Butter und einem großen Roggenbrot.« Frau Post war sich also ihrer Lässlichkeit bewusst und brachte zur Entschuldigung Geschenke. Längst nicht alle Edelleute konnten auf so viel Verständnis hoffen. In Angeln ließ man sich nicht gern dominieren, und in vielen Geschichten wurden Gutsbesitzer als grausam und mit dem Teufel im Bund beschrieben. Über ❶ **Gut Oestergaard** kursieren allerdings keine Spukgeschichten. Der typische Dreiseithof von 1856 ist nach gut zwei Kilometern erreicht. Blickfang ist das Herrenhaus mit der eisernen Freitreppe. Neben Land- und Waldwirtschaft bilden heute Tourismus und Kultur wichtige Einnahmequellen für das Gut. Konzerte, Märkte und Feste auf Oestergaard lassen sich auch Einheimische nur ungern entgehen.

Vom Fischerwald zum Fischerdorf Wir verlassen Oestergaard über die gleichnamige Straße Richtung Ostsee. Nach etwa 800 Metern ist das ❷ **Fischerholz** erreicht, ein kleiner Wald, der bis ans Meer reicht. Wir lernen ihn später noch besser kennen. Zunächst geht es linker Hand auf dem Pfad am Waldrand weiter und nach ca. 300 Metern noch einmal links in einen Knick. Die für Angeln typischen Wallhecken beste-

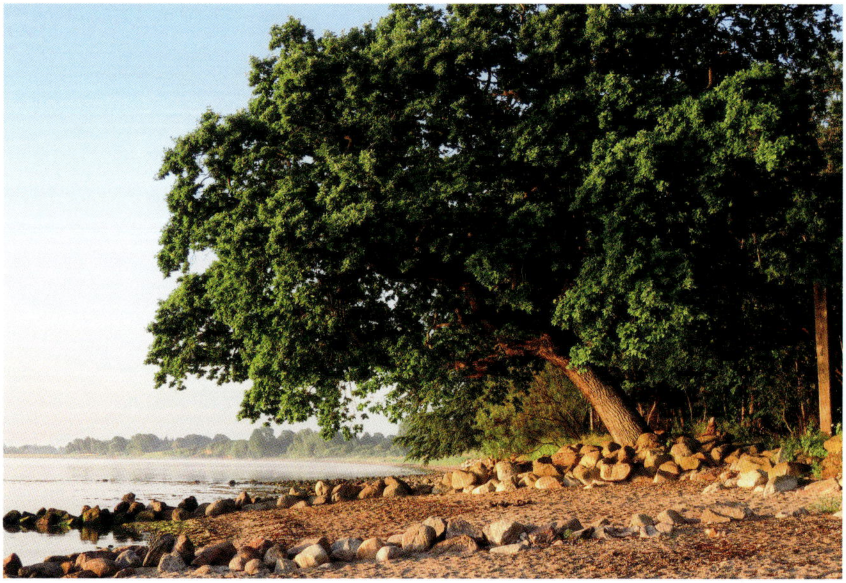

Der kleine Oestergaarder Fischerwald wuchert bis zum Strand.

hen aus dichten Sträuchern und Gehölzen. Wachsen sie zu hoch, dünnen sie unten aus. Daher müssen sie regelmäßig gepflegt, also gestutzt oder auch geknickt, werden. Die natürlichen Zäune waren schon im 18. Jahrhundert verpflichtend und geben der Landschaft ihr gartenähnliches Aussehen. Heute ist ihre Bedeutung als Lebensraum für Tiere, Vögel und Insekten noch wichtiger. Nun tauchen die ersten Häuser von ❸ **Steinberghaff** auf und bald die Fischerstraße. Querend führt schräg rechts ein sandiger Weg zwischen reetgedeckten Katen und blühenden Gärten durch das ehemalige Fischerdorf. Noch einmal geht es über die Straße und schräg rechts gegenüber in einen Waldweg. Er mündet an der Steilküste. Der Strand ist über eine steile Treppe zu erreichen, auf eigene Gefahr.

Von Steinberghaff nach Ohrfeldhaff Auf dem Rückweg am Strand ist gut ersichtlich, dass die Geltinger Bucht nicht so unschuldig ist, wie sie sich zumeist gibt. Der Fußpfad, der auf Höhe des ❹ **Strandhotels** beginnt, wird bei Stürmen immer wieder überschwemmt. Die Wellen des Jahrhunderthochwassers von 1872 reichten sogar 100 Meter die Fischerstraße hinauf. Dort findet sich heute ein Gedenkstein. Am Dorfausgang folgen wir dem Weg ins Fischerholz, nehmen an der Gabelung den linken Weg, um kurz darauf noch einmal links abzubiegen. Der Pfad windet sich dicht am Strand durch den Wald und dann auf offenem Gelände direkt zum Parkplatz von Ⓔ **Ohrfeldhaff**. Das dazugehörige Gut gehört übrigens zu den Höfen, über die man sich allerlei Seltsames erzählt. Zu den netteren Sagen gehört noch, dass der Hof einst in Kronsgaard stand. Der Teufel selbst soll ihn eines Nachts übers Wasser getragen haben. Als der Hahn schrie, ließ er das Haus fallen. Womit der adelige Hof die heutige Lage direkt an der lärmenden Nordstraße verdient hat, ist nicht überliefert.

Um die Geltinger Bucht zieht sich ein ufernaher Wanderweg.

Gutmütige Geister

In den Sommermonaten lockt auf Gut Oestergaard täglich ein Maislabyrinth groß wie drei Fußballfelder. Die Gespensternächte sind (nicht nur) für Kinder ein großes Vergnügen. Termine unter www.gut-oestergaard.de.

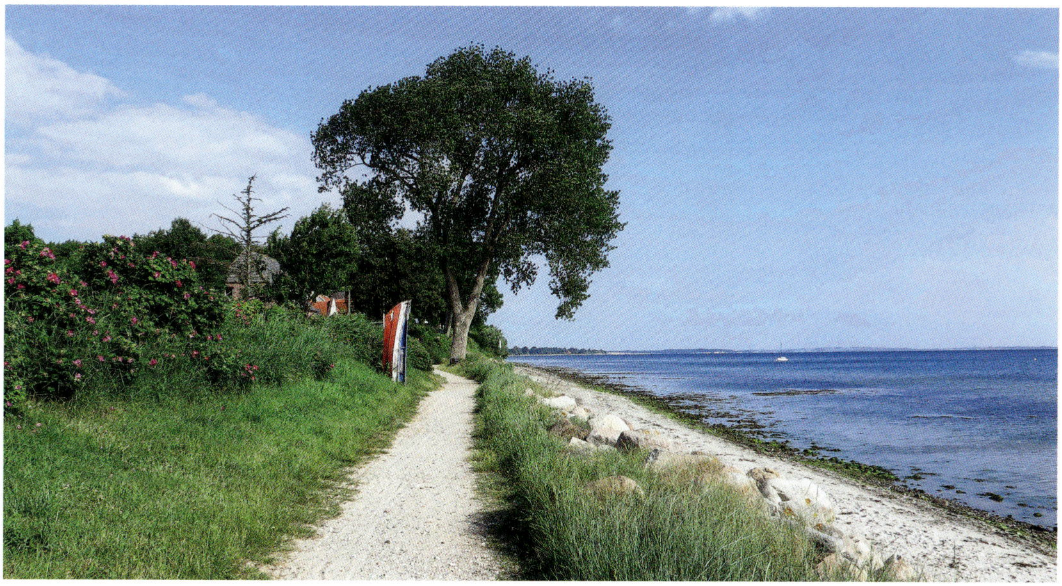

5

Beowulfs Ahnen

An der Schleimündung bei Maasholm

Leicht | 9,5 km | ↑11 m ↓13 m | 2.30 Std.

Tourencharakter
Bequeme Meerblickrunde für Genießer, zumeist auf Pfaden und Fußwegen

Ausgangs-/Endpunkt
Parkplatz/Bushaltestelle Exhöft

Anfahrt
Auto: Von Flensburg oder Kappeln über B 199, ab Hasselberg L 277 folgen
Bus & Bahn: Von Kappeln Buslinie 1608, nur unregelmäßig

Einkehr
Auf Gut Oehe speist man im Strandkorb unter uralten Bäumen. In Maasholm ist das Angebot so reichhaltig, dass man sich nur schwer entscheiden kann. Ein Fischbrötchen aus der Fischräucherei Petersen gehört aber zum Pflichtprogramm.

Karte
Kompass Ostseefjord Schlei Schleswig, 1:35 000

Information
Ferienland Ostsee – Geltinger Bucht e. V., Tel. 04643/777, www.ferienlandostsee.de

Hinweis
Viel Meerblick heißt auch viel Wind. Wer leicht friert, genießt die Tour am besten bei Flaute.

Einige der größten Mythen Schleswig-Holsteins haben ihren Ursprung an der Mündung der Schlei. Denn nicht nur die Wikinger fanden ihren Weg über die längste, schmalste und flachste Förde ins Land hinein. Auch den sagenhaften ersten König der Angeln trug der Wind an ihre Ufer.

Der erste König Gegenüber des Parkplatzes **A Exhöft** verläuft ein Uferweg direkt am **1 Wormshöfter Noor**. Früher reichte das Gewässer bis zur Ostsee. Wer heute an den Strand gelangen will, muss dem Uferweg in nördlicher Richtung folgen und nach etwa 500 Metern die Straße queren. Dort geht es auf dem Oeher Weg ca. 800 Meter weiter, bis linker Hand ein

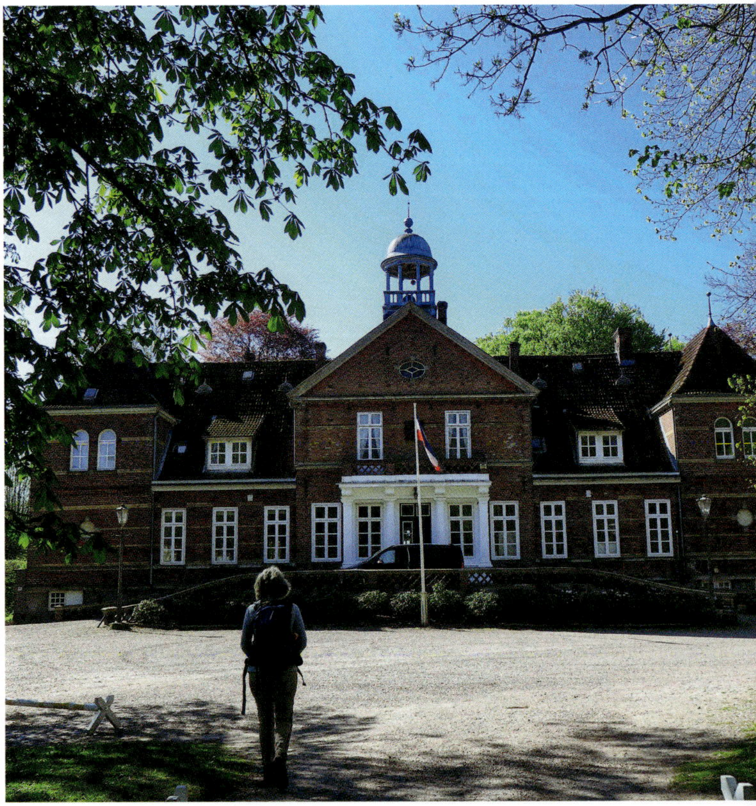

Das Herrenhaus Gut Oehe entstand 1707.

Pfad abzweigt, der nach weiteren 500 Metern den Deich erreicht. Etwa hier mündete in alten Zeiten die Schlei in die Ostsee. Und an dieser Stelle landete einst ein Schiff an: ohne Steuer, ohne Ruder, aber beladen mit Geschmeide und Waffen und einem eben geborenen Knaben. Man nannte ihn Skeaf. Und weil man glaubte, ein Gott müsse ihn gesendet haben, wurde er zum ersten König der Angeln ernannt.

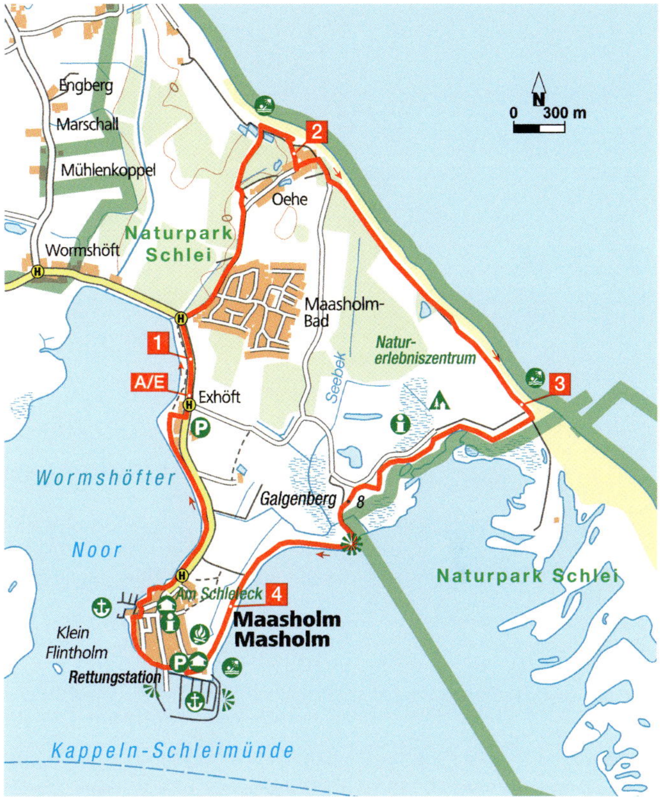

Exkurs nach Britannien Das legendäre nordgermanische Volk der Angeln wurde schon im Jahr 98 n. Chr. urkundlich erwähnt. Im 5. Jahrhundert wanderte ein großer Teil nach Westen aus. Sie nannten ihre neue Heimat Engaland, Land der Angeln. Der Mythos lässt bis heute Fragen offen. Ob etwa der Titelheld des wichtigsten angelsächsischen Heldenepos »Beowulf« identisch ist mit Offa, dem Enkel des Skeaf, bleibt im Unklaren. Fest steht dagegen, dass ein plattdütscher Fischer ganz passabel mit einem britischen Kollegen schnacken kann, ohne die Sprache des anderen je gelernt zu haben.

Schleimünde

Vom Maasholmer Hafen starten Ausflugsboote zur Spitze der Landzunge von Schleimünde. Die alte Lotseninsel ist ein herrlicher Mikrokosmos mit Seglerhafen, Leuchtturm und kleiner Gaststätte. Mehr unter www.lotseninsel.de.

De Maas rund Einfacher als um die ehemalige Insel Maasholm kann eine Wanderung nicht verlaufen: Man hält sich immer dicht am Wasser. Dabei laden jede Menge Abstecher ein, angefangen mit ❷ **Gut Oehe**. Der Besuch lohnt allein schon wegen der köstlichen Kuchen und Torten im gutseigenen Café. Herzhaftes steht aber auch der Karte. Auf dem Deich geht es zwei Kilometer weiter bis zur ❸ **Vogelwärterhütte** am Rand des Naturschutzgebiets Schleimünde. Die gleichnamige Landzunge streckt sich weit in die Ostsee hinaus, darf aber als wichtiges Brut- und Rastgebiet nicht betreten werden. Der Weg mäandert weiter an der Schlei. Badestellen und Aussichtspunkte laden zum Verweilen ein, bis nach ca. 2,5 Kilometern der lebhafte Fischereihafen von ❹ **Maasholm** erreicht ist. Das Fischerdorf ist klein und bezaubernd genug, um jede Straße begehen zu wollen. Wer den direkten Weg bevorzugt, also immer an der Wasserkante bleibt, passiert die St. Petri-Kirche und historische Kahnstellen, bevor er am Ortsausgang wieder auf den Uferweg am Ⓔ **Noor** trifft.

6

An tiefsten Stellen

Runde über Rabelsund und Buckhagen

Leicht | 7 km | ↑16 m ↓19 m | 1.45 Std.

Tourencharakter
Auf Pfaden und befestigten Wegen zum erklärten Lieblingsplatz vieler Einheimischer

Ausgangs-/Endpunkt
Parkplatz Grimsberg

Anfahrt
Auto: Von Flensburg oder Kappeln über B 199
Bus & Bahn: Von Kappeln und Flensburg Buslinie 1605, Haltestelle Grimsnis

Einkehr
Dorf-Café Rabel

Karte
Kompass Ostseefjord Schlei Schleswig, 1:35 000

Information
Tourismusinformation Kappeln, Tel. 04642/40 27, www.ostseefjordschlei.de

Hinweis
Vom Hafen in Kappeln ist der Ausgangspunkt dieser Wanderung nach knapp 3 km erreicht – zu Fuß ist man mindestens ebenso schnell wie mit dem Bus.

Es gibt unzählige idyllische Rückzugsmöglichkeiten an der Schlei. Für Eingeweihte ist Rabelsund der allerschönste Uferplatz von allen. Aber das war nicht immer so. Früher wurden hierher all diejenigen verbannt, die man andernorts aus Engstirnigkeit nicht dulden mochte.

Nach Rabelsund Vom Parkplatz bei Ⓐ **Grimsberg** schlängelt sich ein Pfad entlang des baumbestandenen Rabeler Scheidegrabens durch Felder zur Schlei. In früheren Zeiten soll irgendwo hier »an tiefer Stelle« ein Taterlock gelegen haben; ein Platz, an dem es Roma und Sinti erlaubt war zu campieren. Die antiziganistische Haltung der Gegend spiegelt sich in ihren Gruselgeschichten. Die Tater, so hieß es, würden ihre altersschwachen Familienmitglieder vor der Weiterreise im Wasserlauf ertränken. »Duck ünner, duck ünner, de Welt is dy gram« sollen sie dabei gerufen haben. Auf Plattdeutsch! Denn die Minderheit ist in Angeln sehr viel länger zu Hause als etwa die Hälfte der heutigen Bevölkerung – seit dem

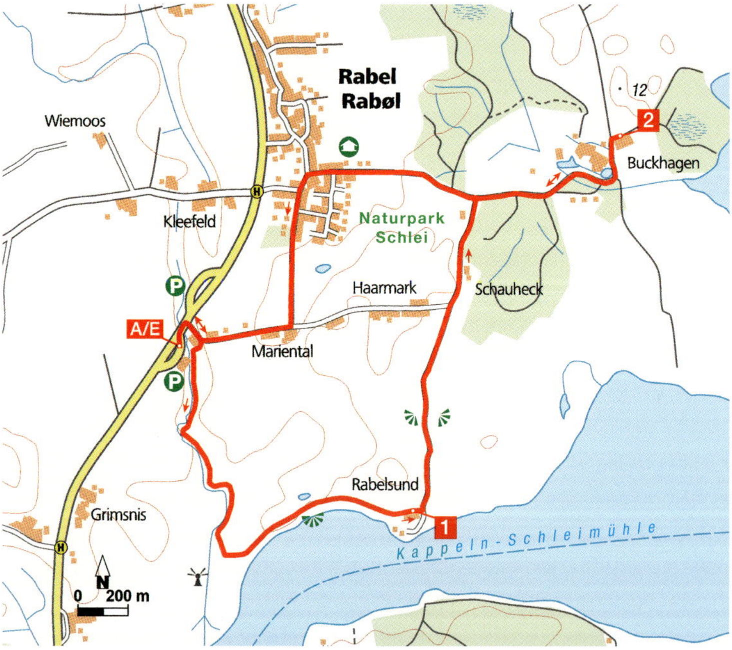

15. Jahrhundert nämlich. Und doch erfahren Roma und Sinti noch immer Diskriminierung. Aber wenigstens schrieb Schleswig-Holstein 2012 als erstes Bundesland ihren Schutz in die Landesverfassung. Sanft ansteigend führt der Pfad dicht am Schleiufer nach ❶ **Rabelsund**. Der kleine Strand an der tiefsten Stelle der Schlei ist bei Anglern beliebt, denn viel schöner als hier kann man wohl nicht im Wasser stehen. Ältere Einheimische schwärmen noch immer von dem Ausflugslokal, das bis 1960 per Fähre erreicht werden konnte. Heute befinden sich in den weißen Katen Ferienwohnungen. Der private Bootsanleger gehört zum Gut Buckhagen.

Die vertriebenen Dorsche

Lange galt der Dorsch an der Schleimündung als Arme-Leute-Speise. Einer Legende nach spießte ein Mädchen in ihrer Verachtung einem Fisch Splitter in die Augen und warf ihn zurück ins Wasser. Seitdem ging der Bestand deutlich zurück. Heute braucht es schon viel Glück, um Dorsch direkt bei den Fischern von Kappeln und Maasholm zu erstehen. Mehr unter www.fischvomkutter.de.

Nach Buckhagen Von Rabelsund geht es über die gleichnamige Straße etwa 1,3 Kilometer und dann rechter Hand zum ❷ **Gut Buckhagen**. Das liebevoll renovierte Herrenhaus von 1660 steht auf Grundmauern, die noch vier Jahrhunderte älter sind. Bis zum Zweiten Weltkrieg wurde japanisches Sika-Wild in den Parkanlagen gehalten. Carl Hagenbeck persönlich hatte die fernöstlichen Exoten geliefert. In den Kriegswirren entkamen die Tiere und leben seitdem in Freiheit. Besichtigen kann man Buckhagen nicht: Das Gut ist ein aktiver landwirtschaftlicher Betrieb. Aber ein bisschen träumen darf man angesichts der Ferienwohnungen, deren Terrassen über dem alten Burggraben schweben. Hier einige Tage auszuspannen – das wäre was. Mit einem Punkt mehr auf der Wunschliste des Lebens geht es zurück über Buckhagener Weg, Brennholzer Weg, Haarmark und schließlich rechter Hand zum Ⓔ **Ausgangspunkt**.

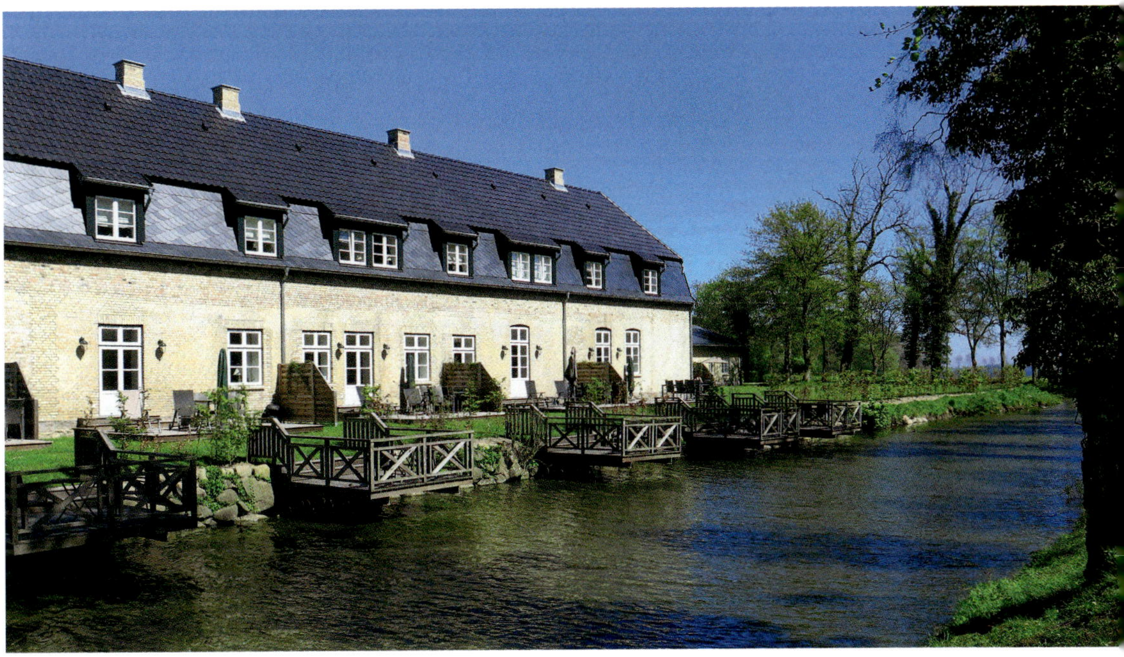

Einst ein »umfriedetes Weidestück für Schafe«, heute ein Gut: Buckhagen

7 Zur Offa-Quelle

Von Kappeln ins freie Arnis

Leicht | 10,5 km | 125 m / 117 m | 2.30 Std.

Tourencharakter
Leichte Wanderung, überwiegend auf befestigten oder asphaltierten Rad- und Fußwegen

Ausgangs-/Endpunkt
Museumshafen Kappeln

Anfahrt
Auto: Von Flensburg B 199, von Schleswig B 201, von Eckernförde B 203
Bus & Bahn: Bahn bis Süderbrarup, Buslinie 1624

Einkehr
Schleihalle, Schleiperle oder Speisewirtschaft Specht mit Schleiblick

Karte
Kompass Ostseefjord Schlei Schleswig, 1:35 000

Information
Tourismusinformation Kappeln, Tel. 04642/40 27, www.ostseefjordschlei.de

Hinweis
In Arnis legt die Fähre nach Sundsacker über. Von dort kann man auf einer alternativen Nordic-Walking-Route auf der Schwansener Seite zurück nach Kappeln wandern.

Die kleine Hafenstadt Kappeln verbindet mit der noch viel kleineren Hafenstadt Arnis nicht nur ein idyllischer Wanderweg, sondern auch die Geschichte und die für die Region typische Freiheitsliebe. Das war schon zu Zeiten Offas so, der in Arnis ein Wunder erlebte.

Ab in die Freiheit Beim Einstieg am A **Museumshafen** in Kappeln liegen Segelboote, Kutter, Gelassen, Schoner und andere Schiffstypen, die seit Urzeiten nicht mehr gebaut werden. Manche der liebevoll gepflegten Schiffe sind über 100 Jahre alt. Bei anderen handelt es sich um originalgetreue Nachbauten, seetüchtig sind sie alle. Vielleicht begleitet ja eines diese Wanderung am Ufer der Schlei. Sie führt stadtauswärts auf einem Fuß- und Radweg, auf dem schon im Jahr 1666 mehr als 60 Familien den »Auszug nach Arnis« wagten. Denn es widerstrebte ihnen, dem berüchtigten Detlef von Rumohr den Huldigungseid zu schwören. Lieber verließen sie ihre Heimat und wanderten auf die damalige Insel 1 **Arnis** aus.

Freies Arnis Am Ortseingang führt linker Hand ein Pfad mitten durch die Gärten der Anwohner einmal um die Landzunge herum. Wo Arnis mit einer Badeanstalt endet, sprudelt aus einem Stein die 2 **Offa-Quelle**. Angeblich erlöst sie von jedem Leiden. Ein Schild warnt allerdings davor, das Wasser zu trinken. Vielleicht verlässt man sich dem Alten Damm folgend also lieber auf die Heilkraft frischer Luft und ländlicher Stille. Der Weg leitet ins Dorf 3 **Grödersby**. Von hier muss man sich einen knappen Kilometer die Landstraße mit anderen Verkehrsteilnehmern teilen, bevor man wieder Arnis erreicht. Wer sich – was recht wahrscheinlich ist – auf dem Hinweg bereits in ein Restaurant, Café oder die Schifferkirche verliebt hat, hat jetzt die Möglichkeit, jede Straße von Arnis einmal auf- und abzugehen. Das ist in der kleinsten Stadt Deutschlands kein Problem. Arnis ist nur 800 Meter lang und 200 Meter breit. Da bleibt genügend Puste, um den Rückweg nach E **Kappeln** zu genießen.

Sprechende Steine

Mithilfe von QR-Codes kann man sich auf dem Friedhof an der Schifferkirche die Lebensgeschichten von Arniser Familien erzählen lassen. Die Kirche selbst bietet offene oder angemeldete Führungen an. Termine unter www.kirchenkreis-schleswig-flensburg.de.

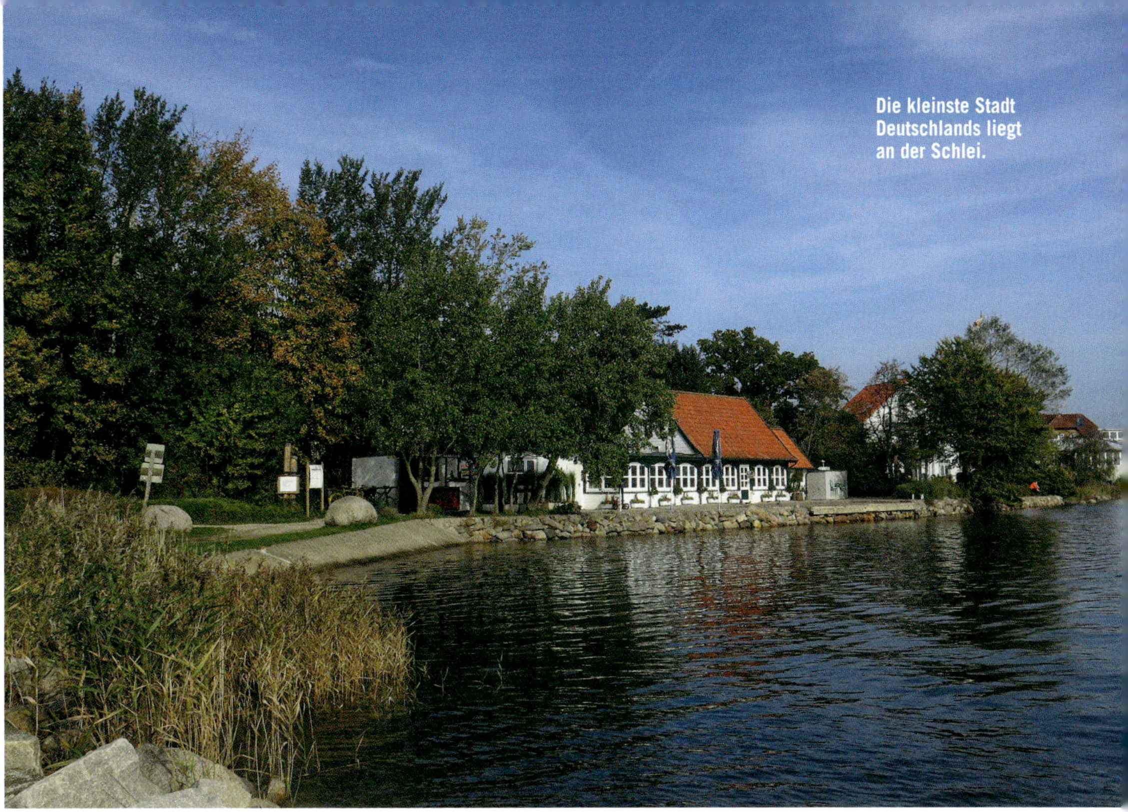

Die kleinste Stadt Deutschlands liegt an der Schlei.

Die Offa-Sagen Um Offa, den König der Angeln, ranken sich viele Legenden. In manchen heißt er Beaw oder Beowulf, ist der Sohn des Skild und Enkel des Skeaf. Andere berichten, sein Vater sei Wermund gewesen. In allen Sagen aber war er bestimmt, sein Volk gegen fremde Thronansprüche zu verteidigen, wahlweise gegen Sachsen, Dänen oder Holsteiner. Bloß war Offa bei Geburt gelähmt, blind und stumm. Da half es nur, »alle sieben Jahre im Banne des Sirius bei Vollmond« in der Arniser Quelle zu baden. Ihren Heilkräften sei Dank strotzte Offa im 30. Lebensjahr vor Kraft. So gelang es ihm, auf einer Insel in der Eider mit seinem magischen Schwert Skraep im Alleingang die Unabhängigkeit der Angeln zu sichern.

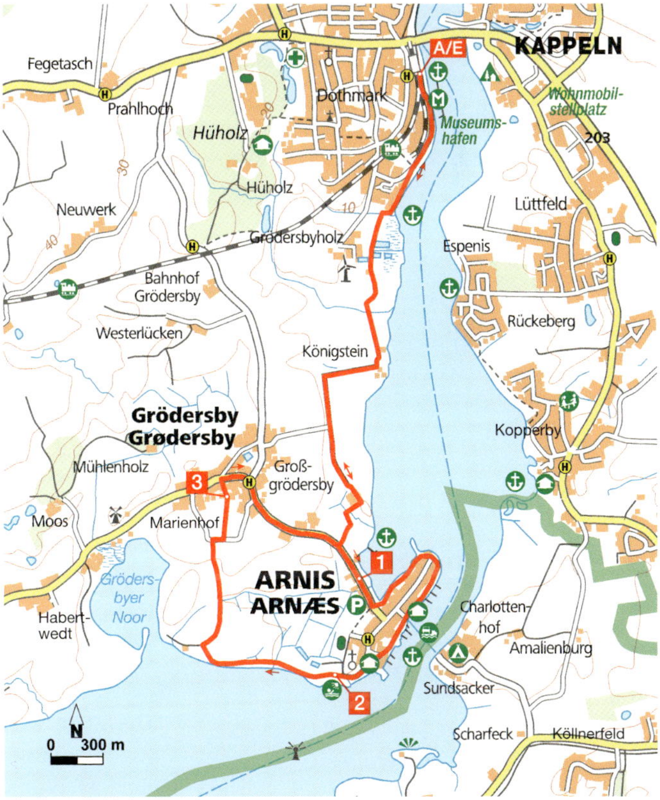

8 Wanderung im Welterbe

Vom Danewerk nach Haithabu

Mittel | 19 km | ↑55 m ↓58 m | 5 Std.

Tourencharakter
Rundwanderung auf historischen Pfaden, Wegen und Straßen mit kulturellen Highlights

Ausgangs-/Endpunkt
Danevirke Museum

Anfahrt
Auto: A 7, Ausfahrt Schleswig-Jagel, weiter K 39 bis Ochsenweg
Bus & Bahn: Mit der Bahn nach Schleswig, von dort Buslinie 1508

Einkehr
Historischer Gasthof Rothenkrug am Ausgangspunkt. Auf der Strecke: Café-Restaurant Odin, Haddeby

Karte
Kompass Ostseefjord Schlei Schleswig, 1:35 000

Information
Touristeninformation Schleswig, Tel. 04621/85 00 56, www.ostseefjordschlei.de

Hinweis
Wem die Tour zu lang erscheint, kann sie prima aufteilen. Die Runde um das Haddebyer Noor etwa lässt mit knapp 10 km ausreichend Luft für den Besuch des Wikingermuseums. Und das Danewerk steht dann ein anderes Mal auf dem Plan.

Vor über 1000 Jahren befestigten dänische Könige ihre Südgrenze mit Wällen, Erdgräben, Mauern und einem Sperrwerk in der Schlei. Die Verteidigungsanlage Danewerk sicherte die Handelsrouten, die von der Nord- zur Ostsee führten, sowie die Wikingersiedlung Haithabu.

Wandern im Welterbe Zum Auftakt ist ein Besuch im kleinen Ⓐ **Danevirke Museum** mit seinem Archäologischen Park unbedingt zu empfehlen. Erst mit Hintergrundwissen wird verständlich, warum das Danewerk seit 2018 zum UNESCO-Welterbe zählt. Dann reist man auf der Wanderung entlang des größten nordeuropäischen Bodendenkmals umso intensiver in die Vergangenheit. Ein Spaziergang zur Waldemarsmauer und zur Schanze 14 sollte sich anschließen. Danach zeigt der Schrittzähler bereits einen Kilometer an, bevor man am Museum links auf die alte Handelsroute Ochsenweg biegt, um 100 Meter weiter rechter Hand auf dem ehemaligen Hauptwall zur ❶ **Thyraburg** zu gelangen. Viel ist nicht übrig geblieben von der Anlage aus dem 13. Jahrhundert. Thyra Daneborg, die Mutter des dänischen Königs Harald Blauzahn, ließ sie errichten. Wie an allen besonderen Orten des Danewerks erklärt auch hier eine Infotafel die Geschichte.

Auf dem Margarethenwall Nun kann man sich an der Ausschilderung des Fernwanderwegs Schlei-Eider-Elbe orientieren. Sie leitet über den Seeredder zur Hauptstraße der Gemeinde Dannewerk und jenseits der Autobahn auf einen Pfad. Doch Obacht: Auf dem Margarethenwall geht die Swarte Gret um, eine ruchlose, von Gott gestrafte Königin. Wenn die stets in Schwarz gekleidete Spukgestalt nicht gerade Wanderer erschreckt, lockt sie Schleifischer in den Tod. Aufmerksamkeit braucht es auch in ❷ **Busdorf**. Hier heißt es, nicht der Ausschilderung in die Rendsburger Straße zu folgen, sondern weiter geradeaus auf dem Achternwall zu gehen. Er führt direkt nach Haithabu.

Haithabu Ein Halbkreiswall umschließt das Gräberfeld am Haddebyer Noor. Am Ufer laden rekonstruierte ❸ **Wikingerhäuser** ein, in die Welt der ehemali-

Residenzstadt Schleswig

In die Zeit der Herzöge versetzt eine kürzere Tour rund um Schloss Gottorf. Hier lustwandelte man vom Park zum berühmten Barockgarten und weiter in den Tiergarten zu Herzog Abels Grab (Infos unter www.ostseefjordschlei.de).

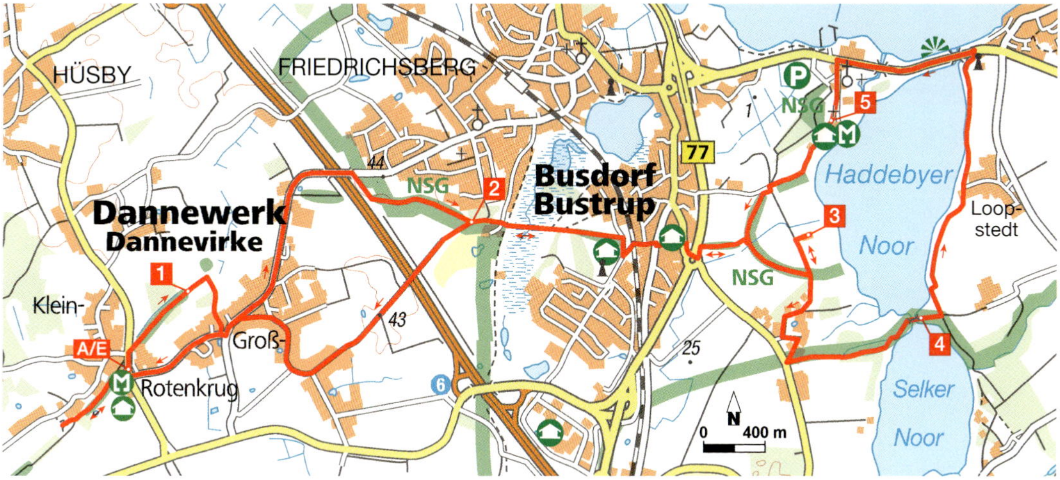

gen Handelsmetropole Haithabu einzutauchen. Die Siedlung wurde 770 gegründet und galt als Hauptumschlagsplatz zwischen Skandinavien, Westeuropa und dem Baltikum. Slawen zerstörten Haithabu 1066 und beendeten damit die Wikingerzeit. Die Einwohner gründeten daraufhin am anderen Schleiufer Schleswig.

Von Haithabu geht es im Uhrzeigersinn weiter. Nach etwa einem Kilometer weist eine Markierung linker Hand auf den schmalen Pfad zur ❹ **Noorbrücke**. Am Wegesrand erinnert der große Sigtryggstein an den gefallenen König. Fünf solcher Runensteine aus dem 10. Jahrhundert wurden bisher in der Umgebung gefunden. Die Noorbrücke überspannt eine Enge zwischen Haddebyer und Selker Noor. Die Ruhebänke am jenseitigen Ufer kommen gerade richtig für eine kleine Pause. Allerdings herrscht an guten Rastplätzen im weiteren Verlauf kein Mangel. Der Pfad steigt zum

Den Mythos erleben: Wikinger Museum Haithabu

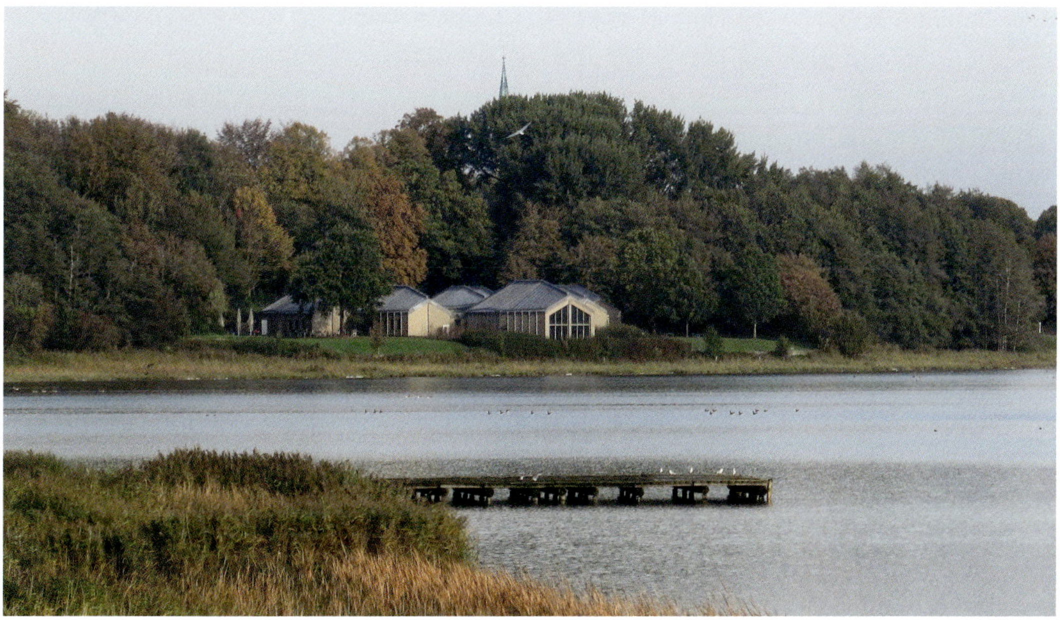

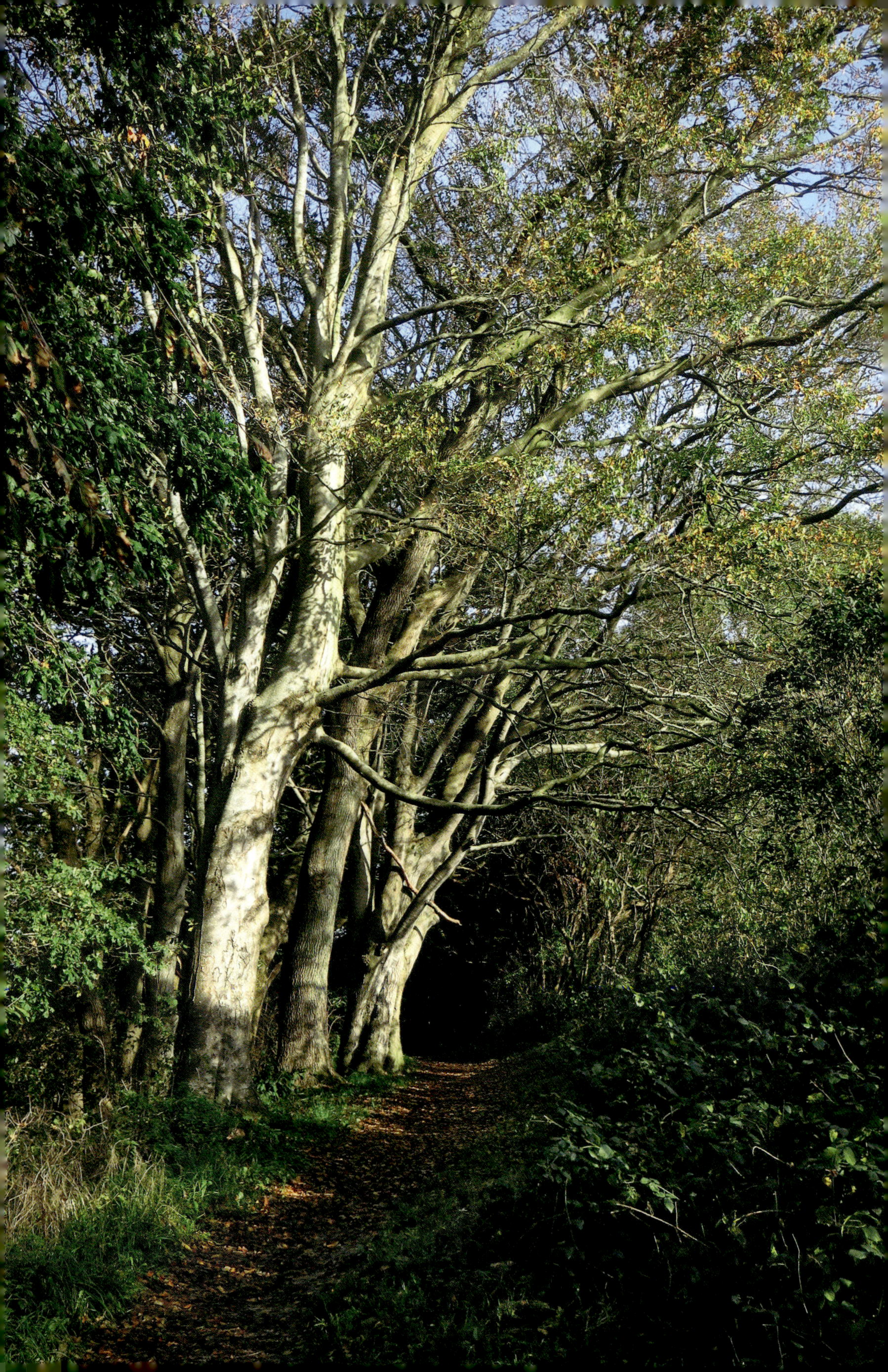

Ostufer hinauf und führt nun stetig auf und ab, vielfach über Treppen. Immer wieder öffnen sich zwischen den Bäumen herrliche Aussichten auf das Noor, Haithabu und Schleswig. Zu schnell kündigt Verkehrslärm die Bundesstraße an. Hier fehlt leider eine Fußgängerampel. Über den Damm ist nach etwa 700 Metern das Restaurant Odin erreicht. Die kleine Feldsteinkirche gegenüber gilt als erste Kirche Dänemarks. Stelen erinnern an Ansgar von Bremen. Der Erzbischof war maßgeblich an der Verbreitung des Christentums in Nordeuropa beteiligt.

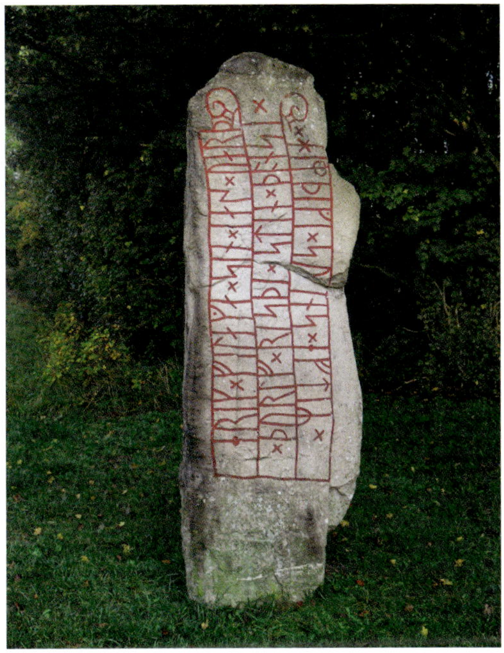

Bis zum 5 **Wikingermuseum** Haithabu sind es nur noch wenige Schritte. Mit Originalfunden und modernen Medien gibt sich die Dauerausstellung ebenso spannend wie die Architektur im skandinavischen Stil. Das hauseigene Kino vermittelt nicht nur spannende Geschichte – man kann ganz nebenbei auch Kraft für den Rückweg sammeln.

Zum Ausgangspunkt Nach vollendeter Noorrunde geht es über den bereits bekannten Margarethenwall zurück über Busdorf. Wenn der Weg sich am Ende gabelt, zweigt linker Hand der ausgeschilderte Ochsenweg ab. Schon im 19. Jahrhundert nutzten Bauern, Händler, Ritter und Pilger den Landweg über die schnellste Route nach Süden. Heute bringt er die Wanderer zurück zum E **Danevirke Museum**.

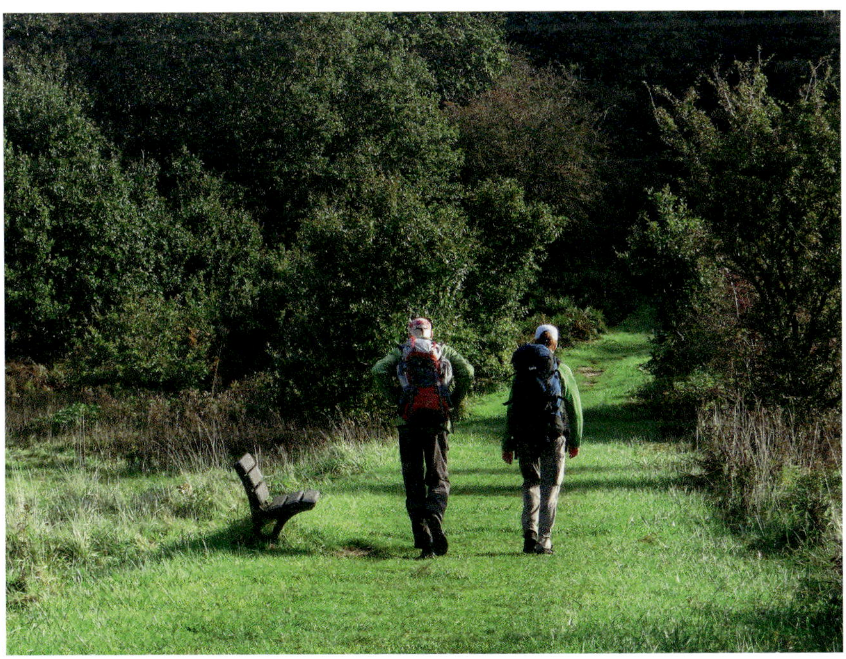

Links:
Baumriesen am Ostufer des Haddebyer Noors

Oben:
Die Runensteine ehren gefallene Krieger.

Unten:
Haithabu liegt am Fernwanderweg E1.

9

Der Eisenwald

Steilküstentour auf dem Dänischen Wohld

Mittel | 14,5 km | ↑76 m ↓67 m | 3.45 Std.

Tourencharakter
Streckenwanderung am Strand, auf Steilküstenpfaden, über Wald- und Wiesenwege. Die Strandkilometer gehen durchaus in die Beine.

Ausgangspunkt
Kirche in Krusendorf

Endpunkt
Bushaltestelle Dänisch-Nienhof

Anfahrt
Auto: Von Kiel oder Eckernförde über L 45
Bus & Bahn: Bahn bis Kiel oder Eckernförde, von dort per Bus nach Krusendorf

Einkehr
Einkehrmöglichkeiten warten in allen genannten Ortschaften. Besonders empfehlenswert sind Mißfeldts Gasthof in Krusendorf und das StrandHaus in Dänisch-Nienhof.

Karte
Landesamt für Vermessung und Geoinformation, Wander- und Freizeitkarte 8, Kiel–Plön, 1:50 000

Information
Schwedeneck Touristik, Tel. 04308/331, www.schwedeneck.de

Hinweis
Die Tour kann abgekürzt werden. Von allen genannten Orten fahren Busse zurück nach Krusendorf.

Zwischen Eckernförder Bucht und Kieler Förde liegt die Landschaft Dänischer Wohld. Der namensgebende, weitgehend gerodete Urwald wurde schon in der Edda besungen. Doch das Zusammenspiel von Feldern, Wiesen, Wäldern, Sandstränden und Steilküsten begeistert bis heute.

Küstenpfad nach Surendorf Diese Tour beginnt an der **A Dreifaltigkeitskirche in Krusendorf.** Der barocke Bau mit Zwiebelturm ersetzte 1737 die mittelalterliche Catharinen Kerk, die sich auf einem weithin sichtbaren Plateau direkt an der Küste befand. Dort siedelten vermutlich die ersten Bewohner der Gemeinde Schwedeneck, die heute aus mehreren Ortschaften und Gemarkungen besteht. Das erste Fischerdorf gab man 1650 auf-

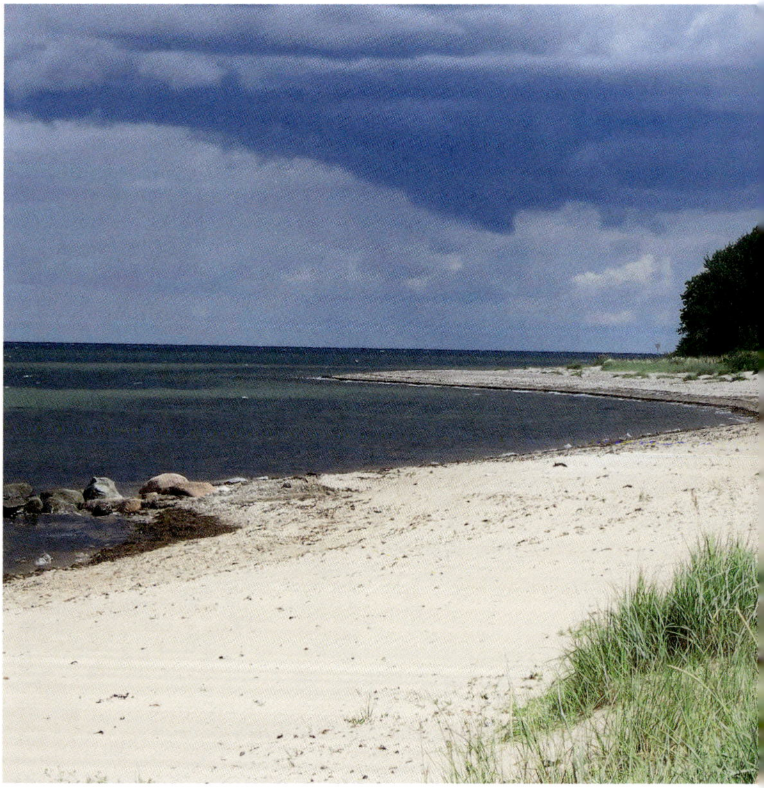

Bei Noer an der Eckernförder Bucht

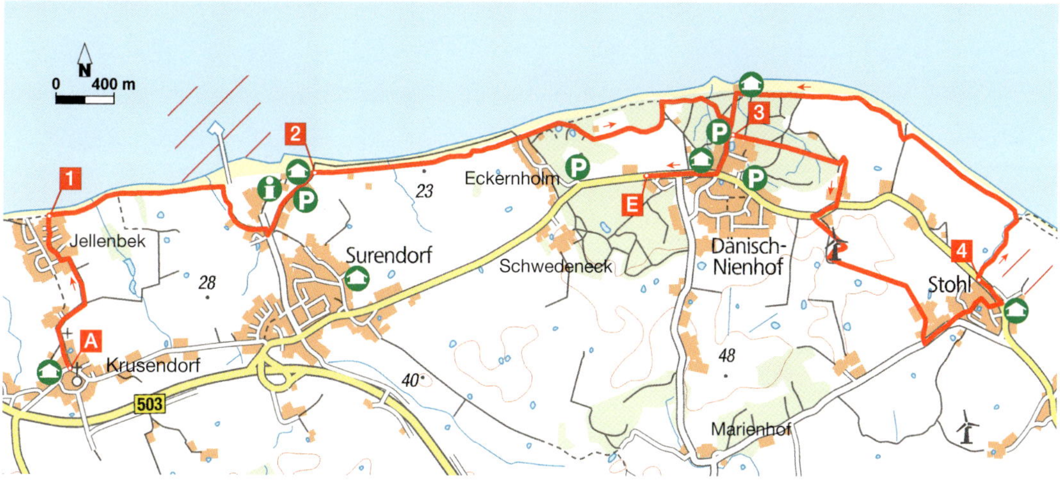

grund von Küstenerosion auf. Danach stand die Kirche einsam am Klippenrand. Zum ehemaligen Standort weist ein Schild den »Strandweg« hinunter. Kurz vor der Ferienhaussiedlung ❶ **Jellenbek** liegt ein großer Findling. Den soll der Teufel einst vom gegenüberliegenden Ufer der Bucht geworfen haben, um das Gotteshaus zu zerstören. In die Kirche hinein konnte er nicht – davor schützten Bodensteine mit Pfotenabdrücken von Hunden und Ziegen. Das jedenfalls förderten jüngste Ausgrabungen zutage.

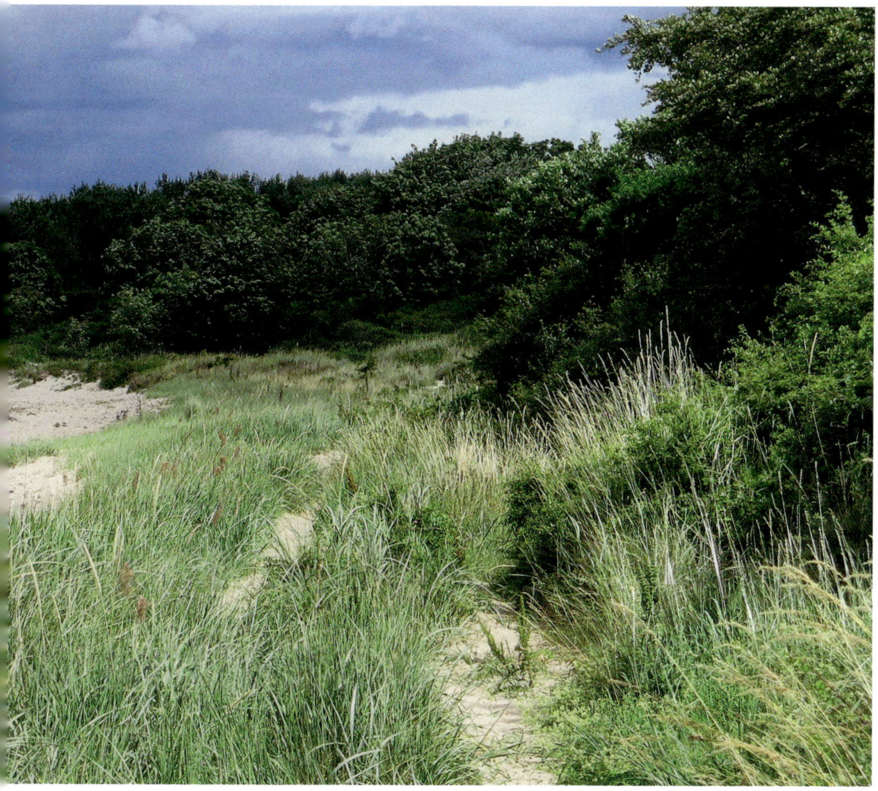

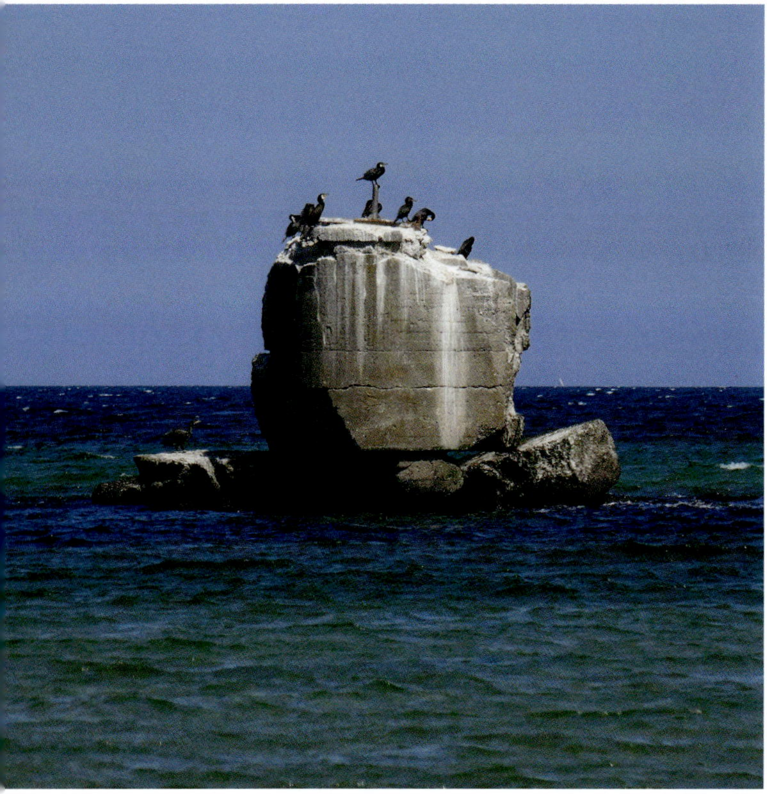

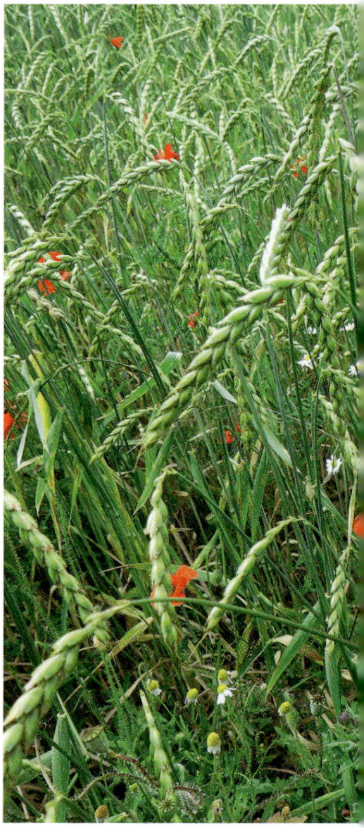

Links:
Kormorane vor Surendorf

Mitte:
Am schönsten ist der Dänische Wohld zur Mohnblüte.

Rechts:
Dreifaltigkeitskirche Krusendorf

Die Ausgrabungsstätte ist mit einer Holztafel markiert. Dorthin gelangt man über den Holunderweg und weiter rechts auf dem Steilküstenweg. Archäologen legten hier nicht nur Gebeine, Grabstellen und Totenkrönchen frei, sondern auch die Fundamente eines noch älteren Holzkirchleins. Dem Steilküstenpfad einen guten Kilometer folgend, wird mit der Seebrücke von ❷ **Surendorf** militärisches Sperrgebiet erreicht. Je nachdem, was die Marine gerade treibt, darf man am Strand weitergehen oder muss das Gelände über die Straßen Vossberg und Zum Kurstrand umwandern.

Waldweg nach Dänisch-Nienhof Der Strand von Surendorf gilt als das touristische Zentrum von Schwedeneck, dementsprechend gibt es etliche Einkehrmöglichkeiten mit Meerblick. Am Strandende wird die Promenade wieder zum Pfad. Er steigt spürbar an und ist zur Seeseite von Hecken gesäumt. Zur Landseite geht der Blick über weite, geschwungene Felder. Wenig ist geblieben vom Isarnhoe, dem Eisenwald, der einst die gesamte Halbinsel zwischen Eckernförde und Kiel bedeckte. Die Landschaft Dänischer Wohld wurde bereits im 3. Jahrhundert v. Chr. planvoll gerodet. Die ältesten menschlichen Zeugnisse, Grabhügel, Dolmen und Langbetten, stammen aber bereits aus der Jungsteinzeit, sind also noch einmal 10 000 Jahre älter. Wenn der Pfad in den Wald eintaucht, heißt es, peinlich genau der Ausschilderung des Fernwanderwegs E 1 zu folgen. Andere Pfade enden im Nirgendwo, viele sind gesperrt. Denn immer wieder kommt es zu gewaltigen Abbrüchen der Steilküste. Davon zeugen gefallene Baumriesen am Strand. Das Andreaskreuz des E 1 leitet sicher zum kleinen

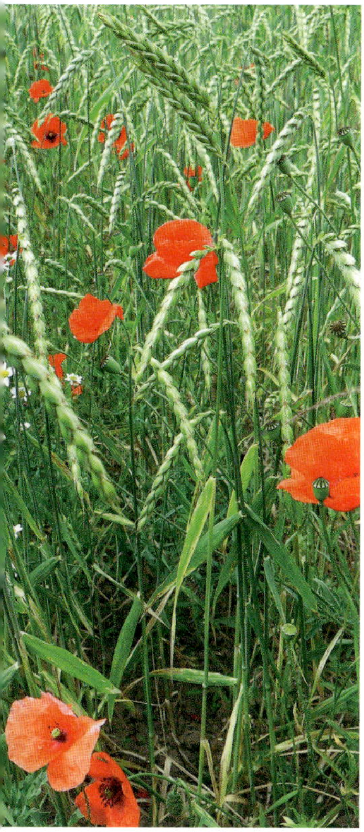

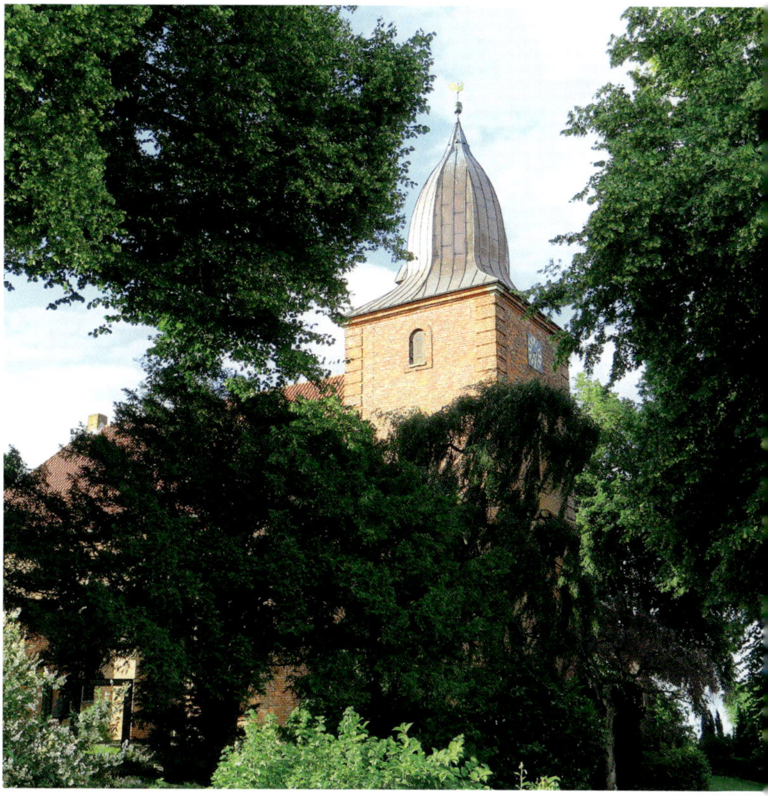

Strandparkplatz von ❸ **Dänisch-Nienhof.** Der Weg passiert das »Schloss am Meer«, ein altes Gutshaus, das längere Zeit als Kriegsblindenheim genutzt wurde. Heute beherbergt es Privat- wie Ferienwohnungen.

Querfeldein nach Stohl Am Waldende gelangt man rechts zur Landstraße. Hier geht es wiederum rechts und nach ca. 200 Metern auf der gegenüberliegenden Straßenseite links in die Walachei. Der Pfad ist leicht zu übersehen. Wenn man ihn aber erst einmal entdeckt hat, lässt er sich gut begehen. Er verläuft mitten durch die Felder und unter einer gewaltigen Windkraftanlage hindurch, bis er am Heidberg das Örtchen ❹ **Stohl** erreicht. Das Andreaskreuz leitet über die Dorfstraße, vorbei an der Gastwirtschaft Zur Steilküste bis zur Landstraße und von dort auf einem Pfad zur Klippe. Eine lange Holztreppe führt hinunter an den Strand. Rau und urtümlich wirkt das Kliff. Es zieht sich beinahe bis zum Bülker Leuchtturm in Strande. Dorthin zu wandern wäre verführerisch, würde aber weitere vier Kilometer auf dem Schrittzähler bedeuten – einfache Strecke. Daher geht es zurück in den Norden, dieses Mal am Strand entlang bis zum StrandHaus in Ⓔ **Dänisch-Nienhof.** Hier lässt sich die Wartezeit bis zum nächsten Bus nach Krusendorf so nett überbrücken, dass man vielleicht erst den übernächsten nimmt. Zur Haltestelle geht es die Strandstraße hinauf und dann rechts bis zum Lindenweg.

Die Stiftseiche

Auf dem Weg zur Bushaltestelle steht an der Einfahrt zum ehemaligem Armenstift die knorrige Stiftseiche. Sie soll zur Zeit der Schwedenkriege als Ausguck gedient haben und ist ein letztes Relikt des alten Urwalds auf dem Dänischen Wohld.

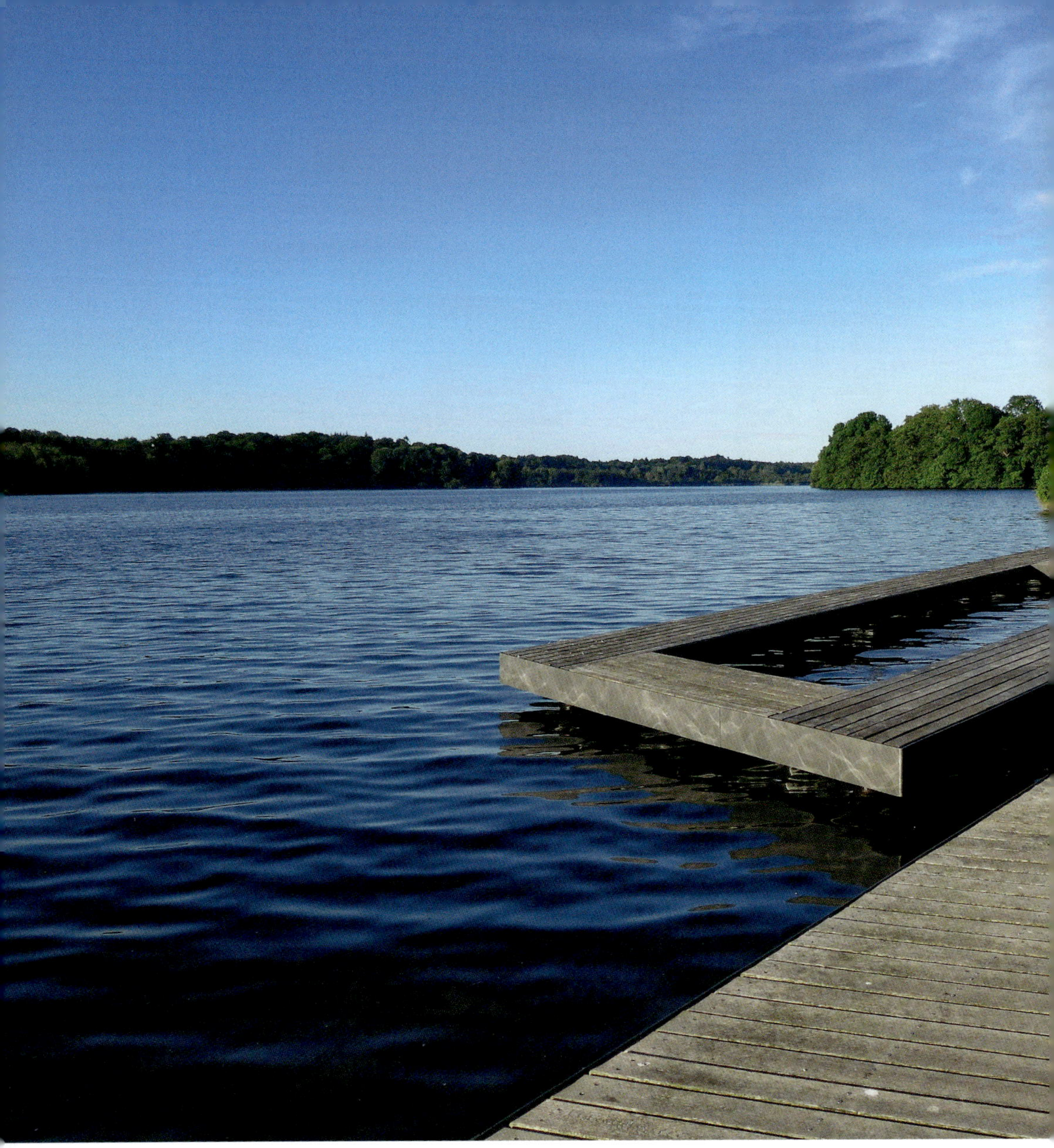

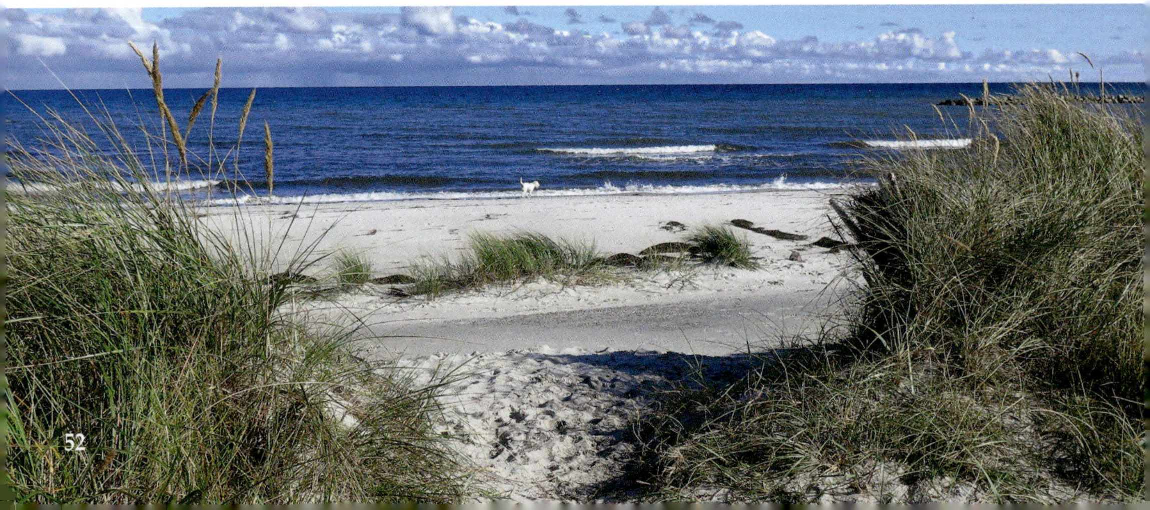

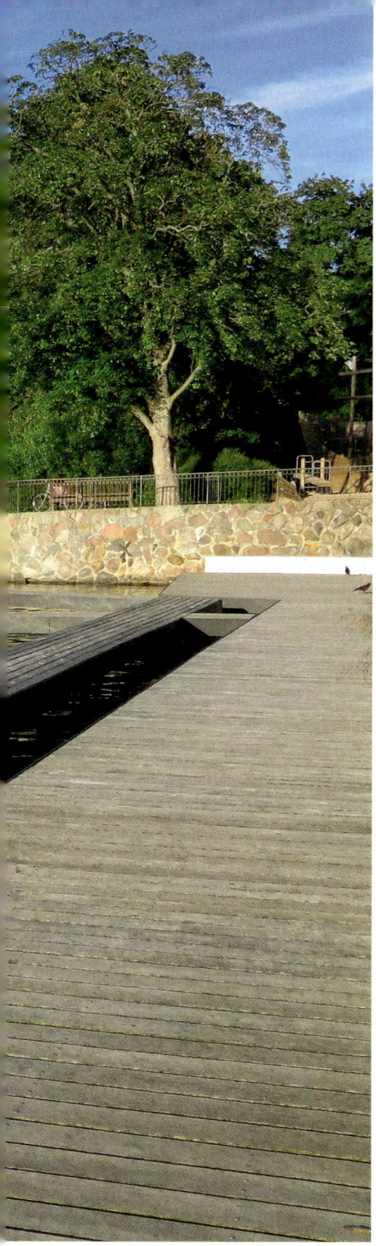

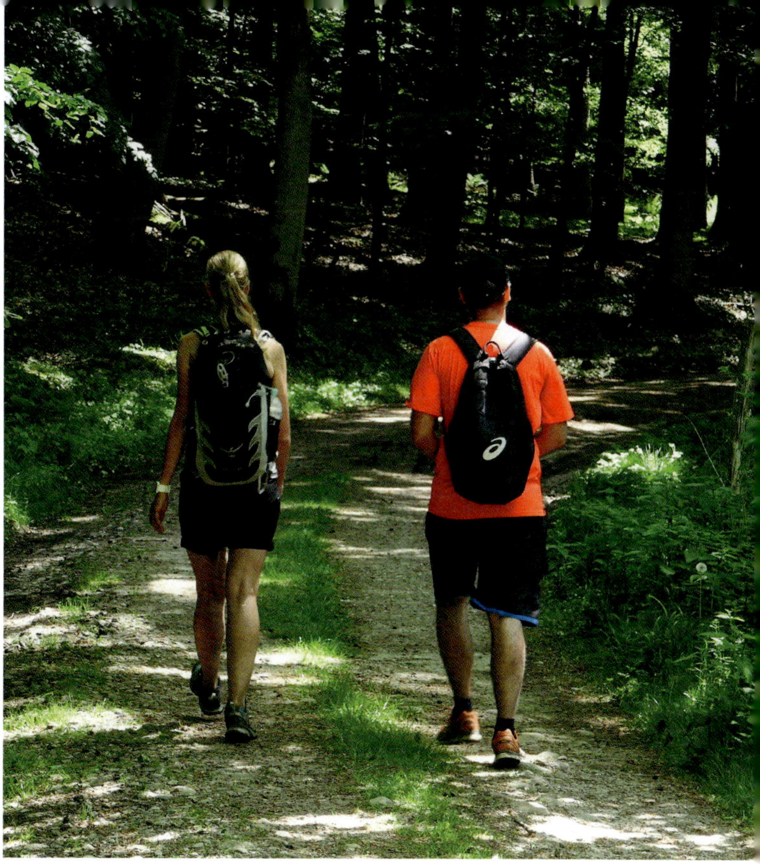

Südliche Ostseeküste und Holsteinische Schweiz

Eingerahmt von Parkanlagen liegt die Stadtbucht von Eutin (o. li.). Die Holsteinische Schweiz ist das Wanderparadies von Schleswig-Holstien (o. re.). Gartendenkmal »Alter Apfelgarten« in Plön (u. re.). Die Probstei lockt mir feinsandigen Stränden (u. li.).

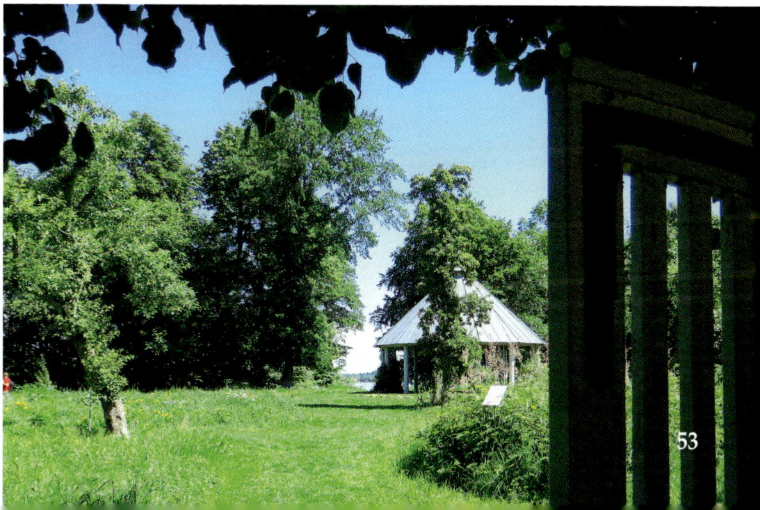

10 Die Heilige

Durch das idyllische Schwentinetal

Mittel | 17 km | ↑145 m ↓14 m | 4.30 Std.

Tourencharakter
Mittelschwere Tour im hügeligen Gelände durchs Holzbachtal

Ausgangspunkt
Alte Mühle Kiel-Wellingdorf

Endpunkt
Bahnhof Preetz

Anfahrt
Auto: A 7 Ausfahrt Blumenthal, weiter über A 215, B 76, B 502
Bus & Bahn: Hinfahrt Bahn bis Kiel, weiter mit Bus oder Fähre ab Reventloubrücke bis Wellingdorf. Rückfahrt per Bahn ab Preetz

Einkehr
Am Einstieg: Alte Mühle direkt an der alten Schwentinebrücke. Auf der Strecke: Oppendorfer Mühle. In Preetz gibt es diverse Möglichkeiten rund um den Marktplatz.

Karte
Landesamt für Vermessung und Geoinformation, Wander- und Freizeitkarte 8, Kiel–Plön, 1:50 000

Information
Touristinformation Kiel, Tel. 0431/67 91 00, www.kiel-sailing-city.de

Hinweis
Wer mit der Fähre von Kiel zum Startpunkt in Wellingdorf anreist, addiert 2,5 km zum Tagespensum. Der tolle Spaziergang vom Bahnhof führt nah am Fördeufer entlang der Kiellinie.

Auf der abwechslungsreichen Wanderung von Kiel nach Preetz kann man sich auf die Ausschilderung des Fernwanderwegs E 1 verlassen. Das weiße Andreaskreuz dirigiert durch das Schwentinetal mit märchenhaften Wäldern, idyllischen Ufern und bedeutenden Kulturdenkmälern.

Immer an der Schwentine entlang Bei der **A Alten Mühle** in Kiel-Wellingdorf plätschert einer der längsten Flüsse Schleswig-Holsteins in die Kieler Förde. Um die Schwentinemündung entstand eines der ältesten Siedlungsgebiete der heutigen Landeshauptstadt. Wassermühlen wurden hier schon im 13. Jahrhundert betrieben. Seit Mitte des 19. Jahrhunderts genießen Ausflügler den Wanderweg jenseits der alten Schwentinebrücke, der »sich windet mit sanften Wellen … überall malerisch« – so dichtet, bis heute wahr, die Infotafel. Mit dem ersten Schritt taucht man in einen grünwuchernden Tunnel ein. Ist erst einmal die laute Landstraße unterquert, wandert man bald so ruhig, wie die Schwentine fließt. Das erste Etappenziel lautet seit Ewigkeiten: **1 Oppendorfer Mühle**. Das Traditionslokal öffnet bei schönem Wetter seinen idyllischen Biergarten. Von hier ist es nicht mehr weit zu den Wasserkraftwerken auf dem Areal der ehemaligen **2 Rastorfer Mühle**. Die 1904 und 1909 von Bernhard Howaldt senior und junior errichteten Anlagen sind noch immer in Betrieb und stehen als Industriedenkmale unter Schutz. Zwischen den Bau-

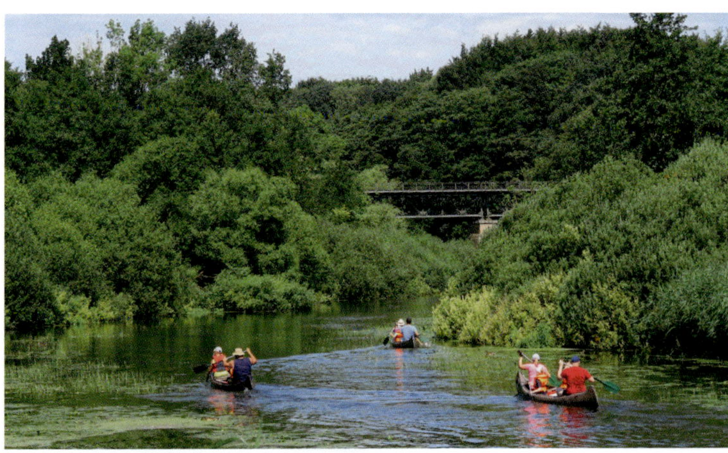

Auf der Schwentine gibt es keine Frachtschifffahrt. Dafür umso mehr Kanuten, Ruderer und SUPler.

werken führt der Weg durch den (kostenfreien) Wildpark Schwentinental bis zum gestauten Rosensee.

Zum Adeligen Kloster Nach Unterquerung der vielbefahrenen Bundesstraße 202 wird es deutlich einsamer auf dem E 1. Es geht auf Pfaden durch urwüchsigen Wald und über kaum frequentierte Land- und Wirtschaftswege. Immer wieder entzieht sich die Schwentine dem Blick. Der Fluss, den die Slawen als Sventana, die »Heilige«, verehrten, ist hier sehr schmal. Sie entstand vor 20 000 Jahren beim Rückzug der Preetz-Plöner Gletscherzunge. Schmelzende Toteisblöcke bildeten zunächst Seen und später Durchbrüche. Heute durchfließt die Schwentine die gesamte Holsteinische Schweiz. Wir erreichen Preetz über das ❸ **Adelige Kloster**, eines der bedeutendsten Kulturdenkmäler Schleswig-Holsteins. Teile der romantischen Anlage, etwa die Klosterkirche, stammen noch aus der Gründungszeit im 13. Jahrhundert. Das von Nonnen des Benediktinerinnenordens bewirtschaftete Kloster ging mit der Reformation 1542 an die Schleswig-Holsteinische Ritterschaft über. Sie wandelten es in das Damenstift um, das bis heute besteht. Bei einem Rundgang über den Klosterhof lässt sich in aller Seelenruhe die Wanderung innerlich abschließen. Dann geht es über Klosterstraße, Schwentinestraße und Mühlenstraße zum lebhaften und sehenswerten Marktplatz, wo sich jede Menge Einkehrmöglichkeiten bieten. Von dort führt die Bahnhofstraße direkt zum Ⓔ **Bahnhof von Preetz**.

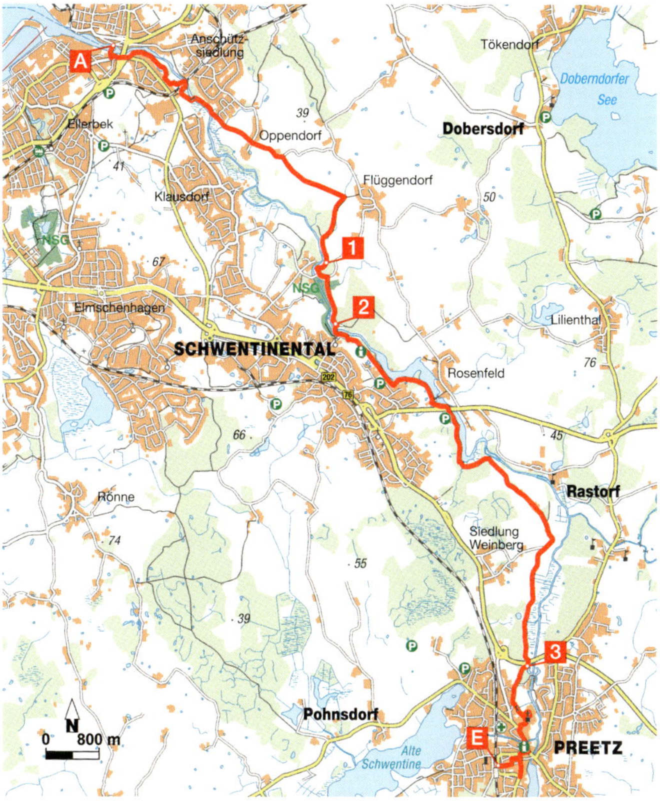

Mit Kindern unterwegs

Der erste Teil der Wanderung ist mit knapp 8 km Länge leicht mit größeren Kindern zu bewältigen. Die Aussicht auf Lamas, Frischlinge und Fledermäuse im Wildpark Schwentinental hilft ebenso beim Durchhalten wie der große Spielplatz und ein Tretbootverleih am Rosensee.

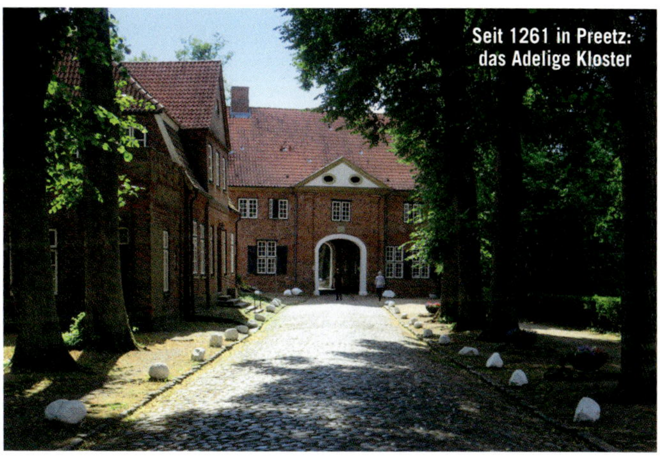
Seit 1261 in Preetz: das Adelige Kloster

11

Versteckte Seen und einsame Inseln

Rund um den Lanker See

Mittel | 17,5 km | 132 m 138 m | 4.30 Std.

Tourencharakter
Längere Rundwanderung mit Schnitzeljagd-Feeling. Für Durststrecken auf Asphalt entschädigen herrliche Wald- und Wasserlandschaften.

Ausgangs-/Endpunkt
Marktplatz Preetz

Anfahrt
Auto: A 7 Ausfahrt Blumenthal, A 215, B 76 oder A 1 Ausfahrt Haffkrug B 76
Bus & Bahn: Von Kiel und Lübeck per Bahn

Einkehr
Auf der Strecke eventuell in Wahlstorf oder auf dem Campingplatz am Lanker See, vielleicht aber auch nicht. In Preetz allerlei Möglichkeiten

Karte
Landesamt für Vermessung und Geoinformation, Wander- und Freizeitkarte 8, Kiel–Plön, 1:50 000

Information
Touristinformation Preetz, Tel. 04342/728 04 20, www.schusterstadt-preetz.de

Hinweis
Selbst zur Hochsaison haben die Gasthöfe der Umgebung nicht täglich geöffnet. Daher unbedingt an genügend Wasser denken.

Wer sich von der Schusterstadt Preetz an die Umrundung des Lanker Sees macht, braucht gute Schuhe. Es kann ein bisschen knifflig werden auf den nicht immer vorzüglich ausgeschilderten Pfaden, zuweilen unwegsam und glitschig. Aber gerade darum auch abenteuerlich schön.

Seen am laufenden Band Wir verlassen den Ⓐ **Marktplatz** in Richtung Kirche, biegen links in die Seestraße und an ihrem Ende rechts in den Brunnenweg. Nach 200 Metern öffnet sich zwischen den Häusern ein Zugang zum ❶ **Kirchsee**. Rechter Hand leitet ein Uferpfad zum ❷ **Lanker See**. Jenseits der Seebadeanstalt geht es auf einer Treppe über Bahngleise auf den Rad-Wanderweg Schusteracht. Lila-weiße Männchen zeigen auf den beiden Wegschleifen, die sich zu einer Acht ergänzen, wo es lang geht. Zunächst leiten sie südlich durch ein Wohngebiet ins Naturschutzgebiet, aber dann ist beinahe Schluss mit Zivilisation. Durch den Kührener Wald geht es an der Alten Wassermühle vorbei zu den bereits im Mittelalter angelegten ❸ **Kührener Teichen**. Zwei Hides laden zur Vogelbeobachtung ein. Die Schusteracht schwingt weiter zum Gut Wahlstorf, einem Rittersitz aus dem 15. Jahrhundert. Hier verzweigt sich der Weg. Die Hauptroute führt zu zwei Einkehrmöglichkeiten am ❹ **Fuhlensee**. Die Alte Schule hat allerdings nicht täglich geöffnet, das urige Bistro von Fischer Bock in der Wahlstorfer Mühle noch viel seltener. Wer sein Butterbrot dabei hat, kann zu jeder Zeit die schöne Lage am See zur Rast nutzen und teilt den Steg nur mit Schwalben.

Über Stock und Stein Vom Bistro geht es auf der Lindenallee rechts, bevor nach etwa 100 Metern links ein Feldweg abknickt. Wer genau hinsieht, entdeckt das Andreaskreuz des E 1. Der Pfad verläuft an einem einsamen Hof vorbei, leicht rechts in den Wald. Es braucht am Ufer des verwunschenen ❺ **Wielener Sees** immer wieder Aufmerksamkeit, um den nächsten Wegweiser zu entdecken. Dabei benötigt der Pfad selbst einige Beachtung, will man nicht über

Schusterstadt Preetz

Das Heimatmuseum erzählt viel über die Schuhmacher, die seit dem Mittelalter in Preetz wirkten. Zur Blütezeit des Handwerks zählte die Stadt 160 Meister, 360 Gesellen und 160 Lehrlinge. Einer ist noch da: Holzschuhmacher Lorenz Hamann in der Wakendorfer Straße 17.

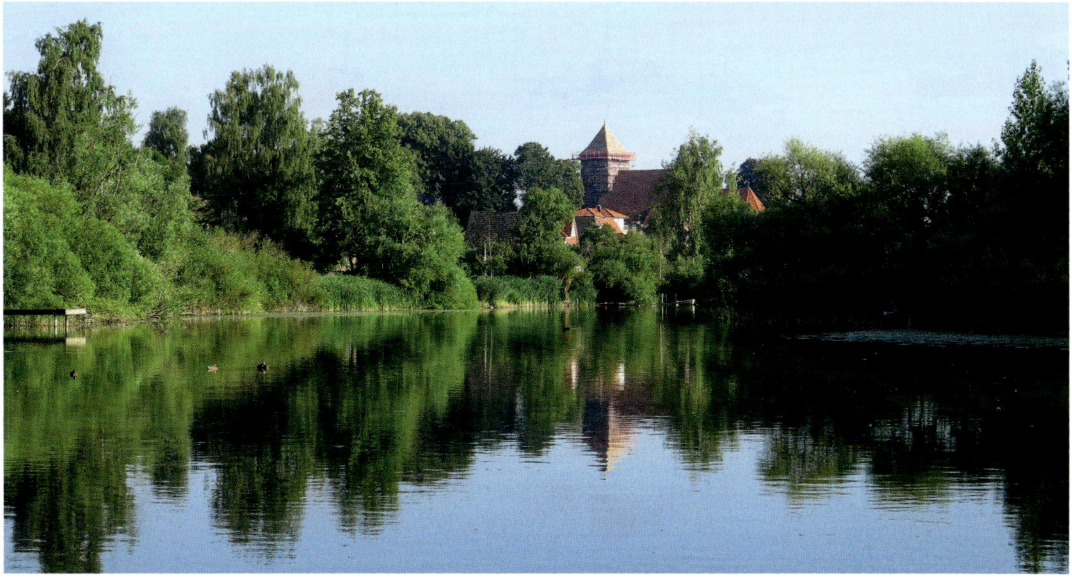

Die Stadtkirche St. Lotharii am Kirchsee in Preetz

gefallene Bäume stolpern, in Wasserläufen versinken, winzige Frösche verletzen oder auf kurzen, knackigen An- und Abstiegen straucheln. Der E 1 tritt auf einer Koppel aus dem Wald. Auf dem dazugehörigen Reiterhof haben Wanderer Wegerecht. Sie dürfen ihn aber nur auf der Route passieren, die auf dem Plan an der Eingangspforte ausgewiesen ist.

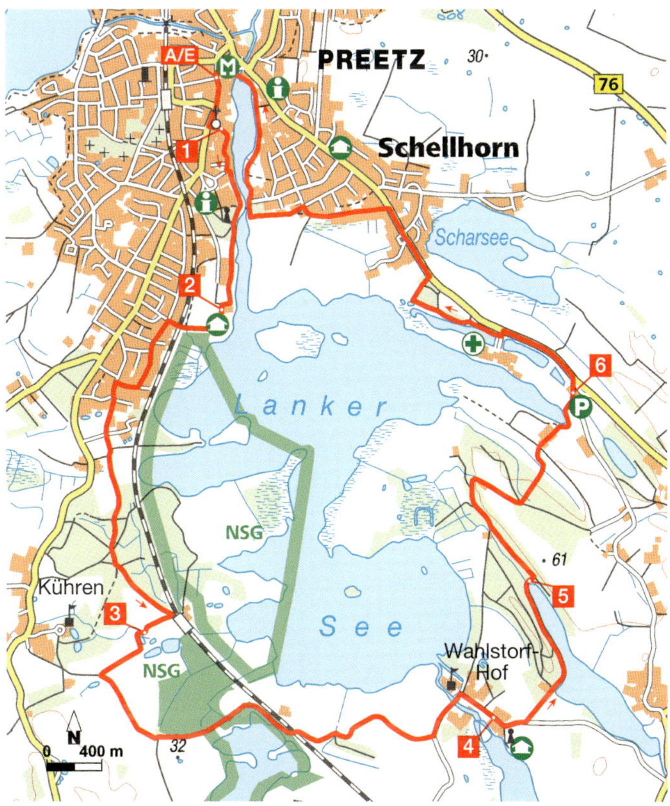

Von Freudenholm zum Ziel Durch das anschließende Stiftungsland ist bald die Landstraße erreicht. Hier lohnt ein ca. 750 Meter langer Abstecher zur Kapelle Sophienhof. Sie wurde 1837 im Stil russisch-orthodoxer Kirchen »dem Wanderer zur Einkehr« errichtet. Nach den ruhigen Stunden mag die Landstraße laut erscheinen. Wie dankbar ist man da, bei ❻ **Freudenholm** noch einmal in die Waldstille einzutauchen und den Blick auf den Lanker See zu genießen. Im Anschluss geht es durch den Ortsteil Schellhorn an den Küchensee, wo man auch wieder auf die Schusteracht trifft. Sie leitet auf den letzten Metern zurück zum Ⓔ **Marktplatz**.

12 Im Hexenwahn

Die Strandseenlandschaft bei Schmoel

Leicht | 12 km | ↑22 m ↓22 m | 3 Std.

Tourencharakter
Küstenwanderung auf zumeist gut befestigten Wegen. Die Strandkilometer gehen wie immer etwas mehr in die Beine.

Ausgangs-/Endpunkt
Strandparkplatz Hohenfelde

Höchster Punkt
Fröhlicher Mannskopf 470 m

Anfahrt
Auto: Ab Kiel über B 76 weiter B 502 und L 165
Bus & Bahn: Ab Bahnhof Preetz mit Bus 200/201 nach Hohenfelde

Einkehr
Beach-Bar und Restaurant Strandlächeln in Hohenfelde. Auf der Strecke nur über einen Abstecher zum Schönberger Strand

Karte
Landesamt für Vermessung und Geoinformation, Wander- und Freizeitkarte 8, Kiel–Plön, 1:50 000

Information
Tourist-Service Schönberger Strand, Tel. 04344/410 41, www.schoenberg.de

Hinweis
Vogelfreunde sollten ihr Fernglas nicht vergessen.

Mit Meeresrauschen im Ohr, Wind in den Haaren und einer Strandseenlandschaft als Ziel wandert es sich leicht am Rand der Probstei. Bevor das Naturschutzgebiet bei Schmoel erreicht ist, steht ein feiner Umweg über Felder und Wiesen in die düstere Welt des Grafen Rantzau an.

Zum Gut Schmoel Gleich beim Parkplatz von Ⓐ **Hohenfelde** startet ein Rad- und Wanderweg. Er hält sich zumeist dicht am Strand. Nach einem guten Kilometer passiert er einen kleinen ❶ **Strandsee**. Von der Aussichtsplattform lassen sich Wasservögel beobachten, und der Blick schweift über den See und die See bis zum Horizont – besonders in der ruhigeren Vor- und Nachsaison stellt sich da ein Heile-Welt-Gefühl ein. Dabei spielte sich hier einst ein besonders düsteres Kapitel Ostholsteins ab. Der Feldweg, der zum Schauplatz führt, ist von der Aussichtsplattform schon zu sehen. Er zieht sich entlang eines Knicks hinauf zum ❷ **Gut Schmoel**. Auf den letzten Metern führt eine alte Allee direkt zum

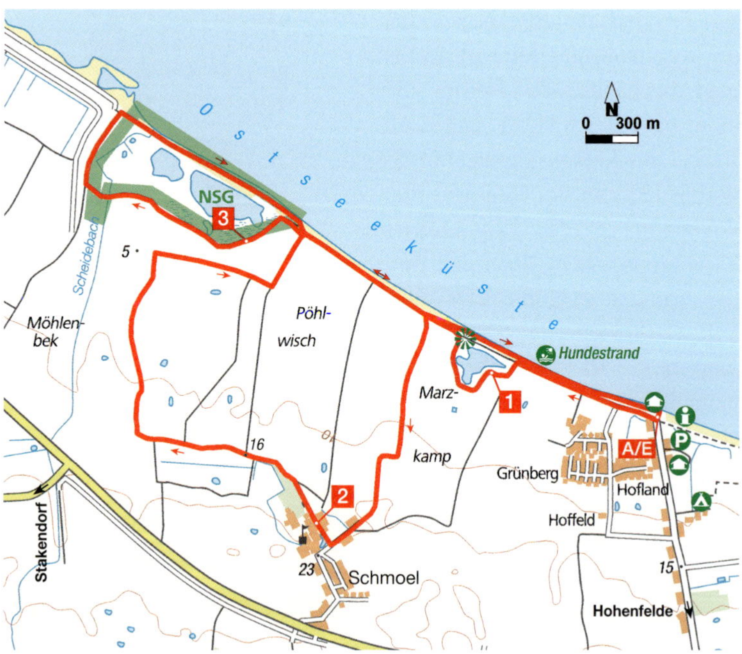

repräsentativen Torhaus, errichtet 1699. 33 Jahre zuvor hatte der damalige Gutsherr, Christoph von Rantzau, im Rahmen von Hexenprozessen mehrere Dorfbewohner zum Tod durch Verbrennen verurteilt. Einer Frau hatte er aber selbst unter Folter nichts »nachweisen« können. Es half kein Wüten. Der fanatische Hexenjäger musste Mette Schlan laufen lassen. Aber nicht für immer …

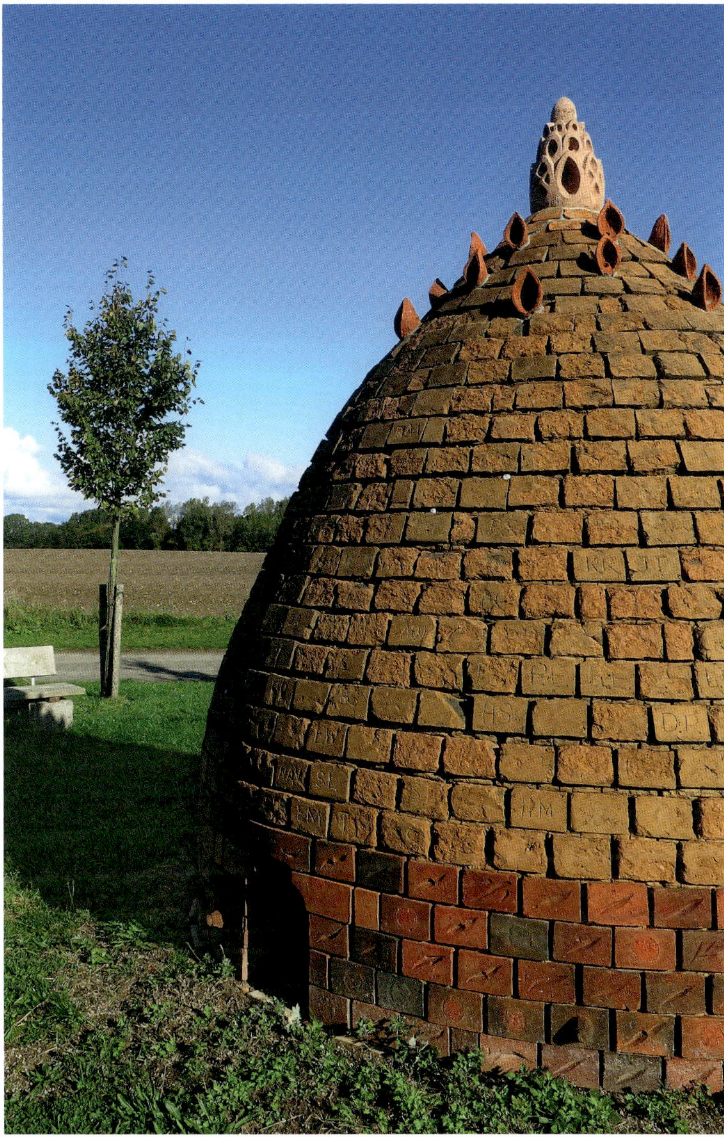

Errichtet an historischer Stelle: der Schmoeler Hexenstein

Die Hexenprozesse Zwanzig Jahre vergingen. Dann geriet Mette Schlan mit einer Dorfbewohnerin aneinander. Als die Kontrahentin einige Tage nach dem Streit schwer erkrankte, sah Rantzau sich endlich bestätigt. Er ließ Mette Schlan zum zweiten Mal verhaften. Dieses Mal ertrug sie die Folter nicht. Sie »gestand«, die Krankheit ihrer Nachbarin durch Zauber hervorgerufen zu haben. Auch bezichtigte sie noch weitere Dorfbewohner, darunter ihren eigenen Vater. Das löste eine Welle von Denunziationen unter den Einwohnern aus, zur damaligen Zeit ein üblicher Vorgang. Millionen Menschen wurde in Europa während der Hexenverfolgungen der Prozess gemacht. Die Zahl der Ermordeten wird auf 40 000 bis 60 000 geschätzt. Anders als im Süden handelte es sich in Nordeuropa in der Mehrzahl um männliche Opfer. Auf Gut Schmoel ließ Rantzau insgesamt 15 Frauen und Männer im Laufe des Frühjahrs 1686 hinrichten. Er nannte sich gnädig, da er seine Opfer zunächst erdrosseln ließ, bevor sie auf dem Scheiterhaufen brannten. Einige der Getöteten beteuerten trotz schwerster Gewaltanwendung bis zuletzt ihre Unschuld. Rantzau schreckte nicht einmal davor zurück, eine Schwangere zu töten. Das verbat selbst die grausame Legitimationsschrift »Hexenhammer«. Daher suchte der örtliche Pastor Hilfe beim dänischen König. Rantzau wusste genau um seinen Rechtsbruch. Er setzte sich nach Köln ab, um sich aus der

Ferne zu verteidigen. Doch am Ende wurde er schuldig gesprochen, musste eine hohe Geldstrafe zahlen und verlor die Gerichtsbarkeit. Nach Holstein kehrte er nie wieder zurück. Er starb im selben Jahr am Rhein.

Zur Strandseenlandschaft Auf geradem Weg geht es unter Kastanien über das Gut. Die Hofanlage ist auf den Ruinen einer mittelalterlichen Wasserburg errichtet. Es heißt, der Seeräuber Klaus Störtebeker habe hier einige Zeit in einem runden Turm gelebt. Tatsächliche Belege gibt es dafür nicht. Am Gutshaus wenden Wanderer sich wieder der hellen Seite des Lebens zu. Es geht rechts und an der nächsten Möglichkeit links. Der Weg führt durch die Felder mit herrlichem Ostseeblick zum ❸ **Naturschutzgebiet Strandseenlandschaft bei Schmoel**. Ein dicht eingewachsener Pfad umrundet die kleine Wildnis. Seit in den 1990er-Jahren ein knapper Kilometer Deich abgetragen wurde, zeigt die Küste hier wieder ihre ursprüngliche Natur. Strandwall

Die Küste der Probstei ist weitgehend eingedeicht.

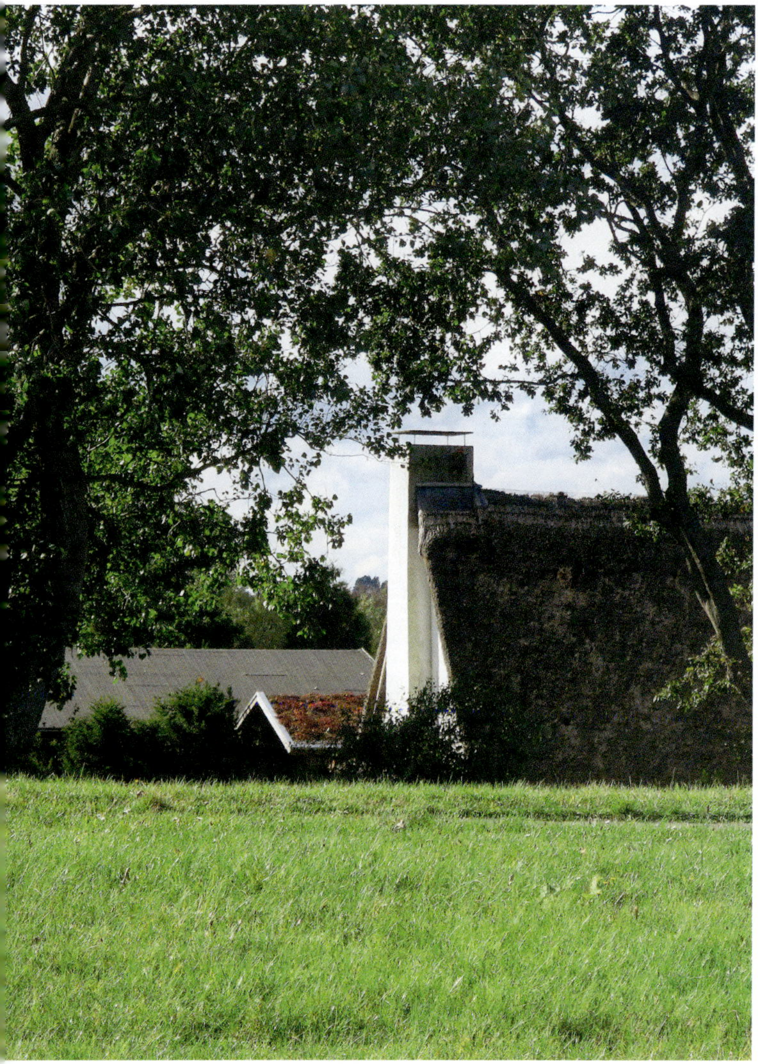

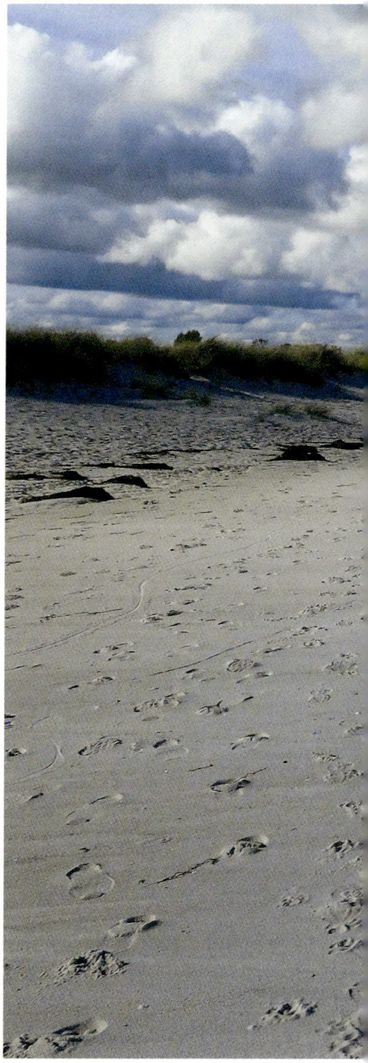

und Lagunen haben sich zu einem wichtigen Lebensraum für verschiedene Vogel- und Entenarten entwickelt. Wo der Pfad erneut auf den Strand trifft, können Durstige oder Hungrige einen kurzen Abstecher zum Schönberger Strand unternehmen. Etwa einen Kilometer den Deich hinunter befinden sich die kultigen Hütten von Fischer Kruse. Zur Hochsaison herrscht hier ordentlicher Trubel, in der kälteren Jahreszeit ist allerdings nicht verlässlich geöffnet. Dann heißt es noch einige Schritte weitergehen: Im historischen Café Omas Kaffeestuuv etwa wird man ganzjährig verwöhnt. Gestärkt geht es dann zurück zum Ausgangspunkt – dieses Mal an der Wasserkante entlang. Am Strand ist der Weg beschwerlicher, dafür aber auch viel kürzer. Von den Strandseen sind es gerade einmal 3,5 Kilometer bis zum E **Parkplatz in Hohenfelde**.

Hexenstein Schmoel

An historischer Stelle erinnert seit ein paar Jahren ein Denkmal aus aufgeschichteten Tonziegeln an die Hexenverbrennungen. Das Werk des Künstlers Jan Koberstein ist vom Gut aus über die Allee in Richtung Landstraße nach etwa 750 m schnell erreicht.

Kilometerlange Sandsicheln am Schönberger Strand

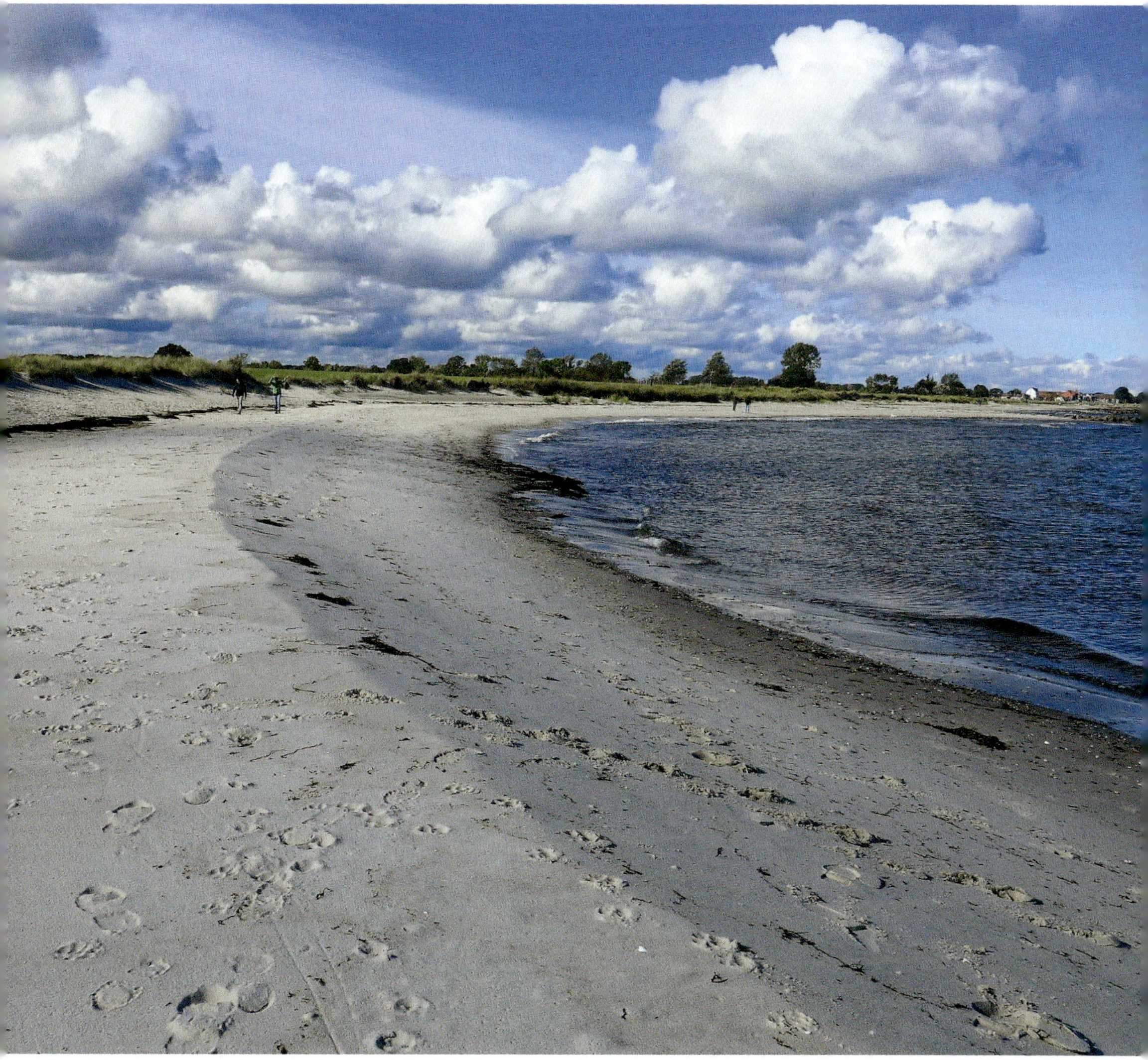

13 Hofgut zum Verlieben

Vom Gut Panker auf den Hessenstein

Mittel | 13 km | ↑104 m ↓114 m | 3.30 Std.

Tourencharakter
In Ostholstein kommt beinahe Bergatmosphäre auf. Flachlandtiroler fühlen sich von den kurzen An- und Abstiegen durchaus gefordert, werden aber mit Fernblick belohnt.

Ausgangs-/Endpunkt
Gut Panker

Anfahrt
Auto: A 1, Ausfahrt 11 Oldenburg-Süd, weiter über B 202, L 165
Bus & Bahn: Bahn bis Plön, von dort B 350, weiter Bus 260 Panker

Einkehr
Spitzenküche im Restaurant Ole Liese auf Gut Panker. Beste traditionelle Gerichte im Forsthaus Hessenstein. Reservierungen sind ratsam.

Karte
Landesamt für Vermessung und Geoinformation, Wander- und Freizeitkarte 8, Kiel–Plön, 1:50 000

Information
Tourist-Information Lütjenburg, Tel. 04381/41 99 41, www.hohwachterbucht.de

Hinweis
Zur Besteigung des Hessensteins benötigt man eine 1-€-Münze für das Drehkreuz.

Bei der Wanderung durch lichte Buchenwälder und über geschwungene Stauchmoränen geht es überraschend knackig zur Sache. Man könnte sich glatt in bergigen Gefilden wähnen, würden die Ausläufer der Holsteinischen Schweiz nicht immer wieder mit Meerblicken belohnen.

Gut Panker Es ist nicht schwer, sich in Ⓐ **Gut Panker** zu verlieben. Nichts stört die Harmonie in dem Jahrhunderte alten Bilderbuchdorf mit seinen Ateliers, Galerien, Designertempeln, mit Kirche, Herrenhaus und den weiten, geschwungenen Weiden, auf denen edle Trakehner grasen. Selbst die weiß lackierten Wegweiser zeugen von erlesenem Geschmack. Einer gibt die Richtung nach Stöfs vor. Auf dem Weg vom Gestüt zum Torhaus kommt man schwerlich umhin, Hedwig Ulrike Taube von Odenkat Respekt zu zollen. Sie war die Mätresse Friedrichs von Hessen-Kassel, der 1721 zum König von Schweden ernannt wurde. Bei aller Liebe verlor sie darüber nicht den Verstand. Ganz im Gegenteil bat sie sich vorausschau-

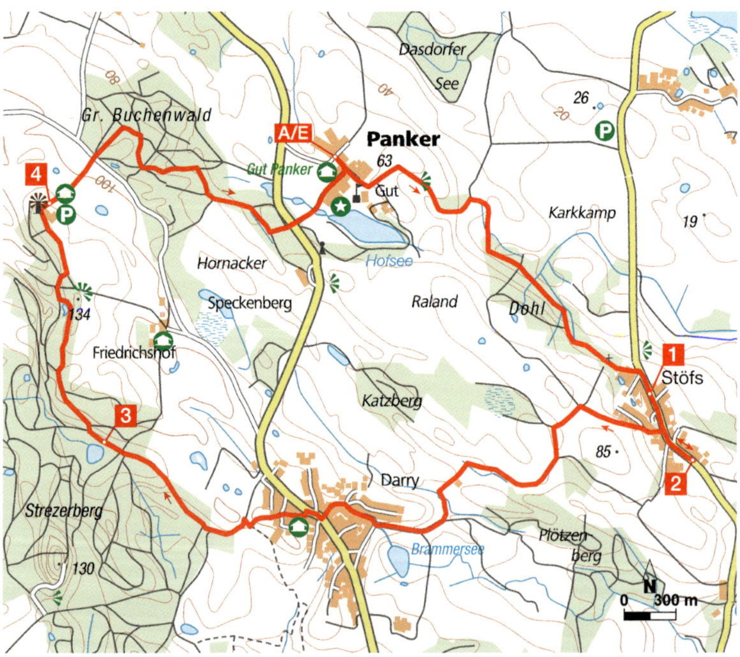

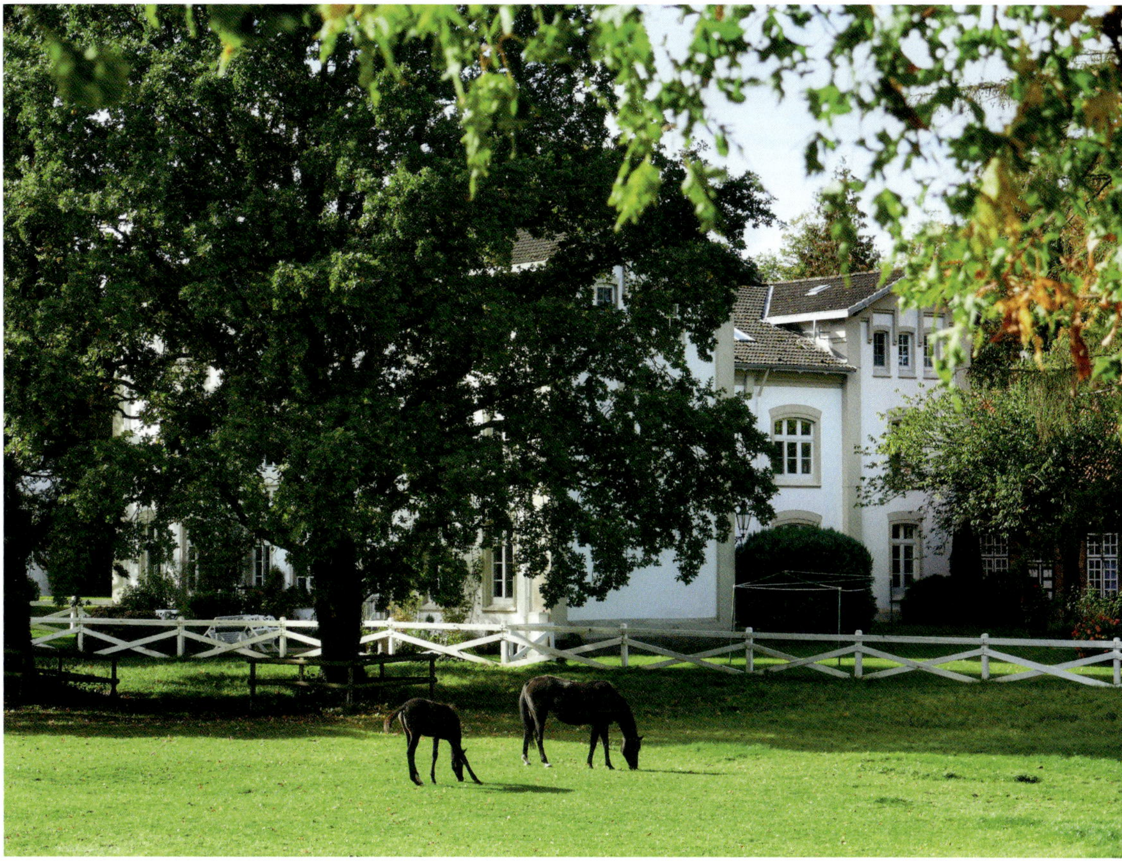

end das Gut zur Versorgung ihrer unehelichen Söhne aus. Die gründeten hier die Herrschaft Hessenstein, zu der neben Panker noch weitere Güter gehören. Bis heute befindet sich Panker im Besitz der Familienstiftung. Das über 500 Jahre alte Herrenhaus bewohnen die von Hessens bis heute. Genau wie Barockgarten und Parkanlage kann es daher nicht besichtigt werden.

Die Herde von Panker fand ihren Ursprung auf Trakehnen.

Zum Königstein An der Blumenboutique Flora Magica weist der Wegweiser links ins Grüne. Der Pfad steigt munter an. Nach der ersten Verzweigung ist rechter Hand schnell das Gehölz Dohl erreicht. Hier befindet sich die Grabstätte der Familie Waldersee vom nahegelegenen Gut Waterneverstorf. Kurz dahinter tritt der Weg bei ❶ **Stöfs** aus den Bäumen hervor. Die Aussicht auf Binnensee und Hochwachter Bucht ist wirklich eindrucksvoll. Den offiziell besten Blick erhascht, wer der Landstraße rechts etwa 650 Meter folgt. Dort markiert der ❷ **Königstein** die Stelle, an der Preußenkönig Wilhelm I. 1868 mit seinem Gefolge das Gesinde von Waterneverstorf empfing. Zurück geht es auf den ersten 350 Metern wie gekommen und dann links in die Weberkoppel. Die Straße mündet in den Weg nach Darry.

Elisabethturm

Aussichtstürme wie der Hessenstein waren einmal schwer in Mode. Ein ganz ähnliches Exemplar, den Elisabethturm, errichtete man 1863 auf dem 168 m hohen Bungsberg. Die Busverbindung ist leider mies, aber mit dem Auto sind die 25 km bis zum höchsten Berg Schleswig-Holsteins schnell geschafft.

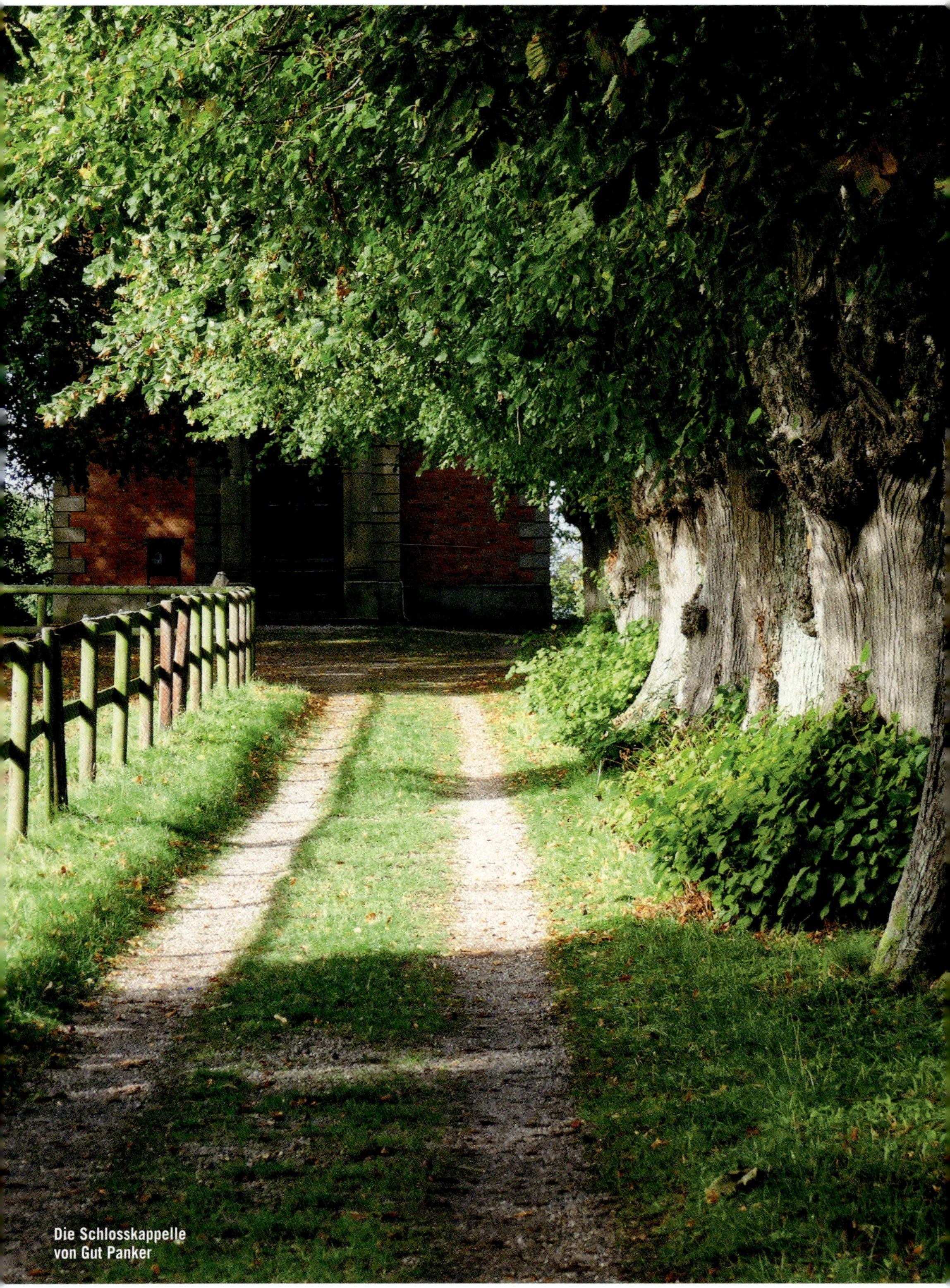

Die Schlosskappelle
von Gut Panker

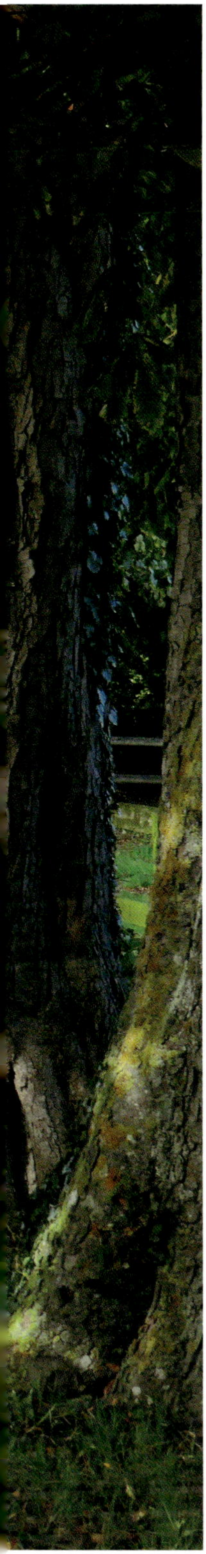

Zum Grundlosen See Das Dorf Darry wird über die Straße Seebrook erreicht. Am Ende knickt links die Dorfstraße ab, die wiederum auf die Hauptstraße zuläuft. Nach deren Querung weist »Am Heisch« ein Schild zum ❸ **Grundlosen See**. In Wahrheit ist der Toteissee ein eher flaches Gewässer. Er misst an der tiefsten Stelle gerade mal 3,5 Meter. Auch ist der Strezerberg, an dessen Fuß sich der Weg schmiegt, kein Berg, sondern eine Stauchmoräne, also bloß von einem Gletscher aufgeworfenes Material. Doch das tut der Schönheit der beiden eiszeitlichen Zeugen keinen Abbruch.

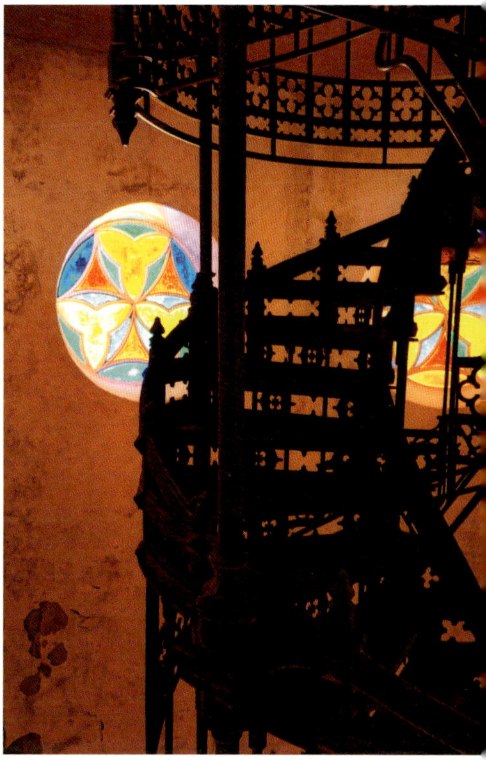

Der Aussichtsturm Hessenstein gleicht einem begehbaren Kaleidoskop.

Zum Hessenstein Nun heißt es, einem weiteren Wegweiser durch wunderbaren Buchenwald auf den ❹ **Pilsberg** zu folgen. Und wir ahnen schon, dass wir es wieder nicht mit einem Berg zu tun haben, dennoch handelt es sich beim 134 Meter hohen Pilsberg immerhin um die zweithöchste Erhebung von ganz Schleswig-Holstein. Auf dem Gipfel thront der von 1839–1841 im neugotischen Stil erbaute Aussichtsturm Hessenstein. Buntglasfenster tauchen das Turminnere in die erstaunlichsten Farben. Wer die 111 gespindelten Stufen aus Eisenfachwerk erklimmt, wird mit Fernblick belohnt. Zur Seeseite sind Kiel, Dänemark und die Insel Fehmarn auszumachen. Landeinwärts breitet sich das hügelige Relief der Holsteinischen Schweiz wie ein bunter Quilt aus. Seen glitzern, als ob sie Schmucksteine wären.

Zum Schluss Falls am Ende der Wanderung eine Einkehr im Forsthaus Hessenstein geplant ist, empfiehlt es sich, vorab zu reservieren. Das gilt erst recht für die Sterneküche im Restaurant Ole Liese auf Gut Panker. Dorthin ist es vom Hessenstein nicht weit. Wegweiser leiten durch Wald und Ruheforst zurück nach Ⓔ **Panker**. Wer ein Picknick im Grünen romantischer findet als hochpreisige Restaurants, kommt auf der gesamten Strecke nicht in Verlegenheit: Formidable Plätze gäbe es genug. Nicht umsonst wurde Kurt Tucholskys erste Erzählung »Rheinsberg – ein Bilderbuch für Verliebte« 1967 auf Panker verfilmt. Manches blieb seitdem unverändert.

14 Der Zauber(er) von Plön

Uferwanderung am Großen Plöner See

Leicht | 14 km | ↑20 m ↓22 m | 3.30 Std.

Tourencharakter
Entspanntes Seevergnügen mit viel Kultur und einer Schiffsreise zum krönenden Abschluss

Ausgangs-/Endpunkt
Parkplatz bei der Vicelin-Kirche St. Petri zu Bosau

Anfahrt
Auto: A 1, Abfahrt Eutin, weiter über B 76 oder A 7, Abfahrt Großenaspe, weiter über B 430 bis Plön, B 76 bis Bosau
Bus & Bahn: Bahn bis Plön. Den Bus für die Anruf-Linienfahrt 60 Minuten vor gewünschtem Fahrtbeginn unter 04522/88 88 bestellen.

Einkehr
Gasthaus zum Frohsinn in Bosau. In Plön ließ Kaiserin Auguste Viktoria ihren Söhnen ein Schwimmbad bauen. Heute fungiert es als Kulturforum und Restaurant.

Karte
Landesamt für Vermessung und Geoinformation Schleswig-Holstein, Wander- und Freizeitkarte Holsteinische Schweiz, 1:25 000

Information
Tourist-Info Großer Plöner See, Tel. 04522/509 50, www.holsteinischeschweiz.de

Hinweis
Nur zwischen Mai und September kann die Wanderung mit einer Schiffstour gekrönt werden. Im Herbst und Winter übernimmt der Bus den Transfer.

Herzog Johann Adolf nahm gern die Abkürzung quer über Schleswig-Holsteins größten See, wenn er vom kleinsten Dom der Welt zum Lieblingsplatz der Kaiserin gelangen wollte. Fragt man Wanderer, hat der als Zauberer von Plön in die Märchenbücher eingegangene Johann Adolf dabei einiges verpasst.

Ein Dom für den Bischoff Diese Wanderung beginnt direkt mit einem Abstecher: Vom **A Parkplatz** respektive der Bushaltestelle am Feuerwehrhaus von Bosau sind es zur **1 Vicelin-Kirche St. Petri** nur wenige hundert Meter. Als die Kirche 1152 errichtet wurde, war Bosau der Sitz des Bistums Oldenburg. Daher wird die romanische Feldsteinkirche auch als »Kleinster Dom der Welt« bezeichnet. Im Dreißigjährigen Krieg nahezu zerstört und beim Wiederaufbau mit einer Barockhaube versehen, punktet

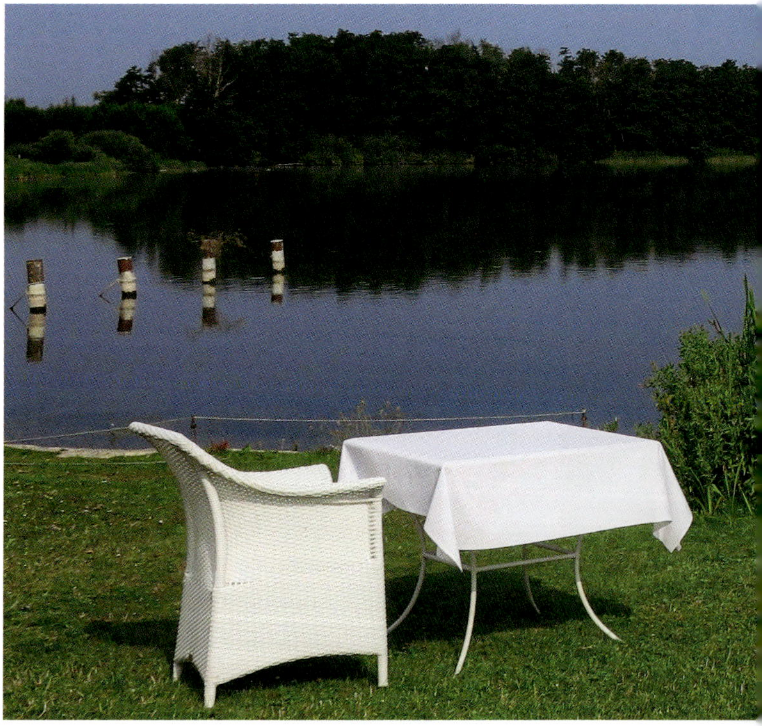

Kleines Warder am Bosauer Bischofssee

sie heute vor allem mit bester Insellage und schönen Ausblicken auf den südlichen Teil des Großen Plöner Sees. Der namensgebende Missionar Vicelin war maßgeblich an der Christianisierung der slawischen Gebiete im heutigen Ostholstein beteiligt. Er zog als Wanderprediger durch den Norden. Vielleicht ist er ja auch auf dem Mönchsweg gegangen, dessen Ausschilderung über Gerolds Damm und Plöner Straße durch den kleinen Luftkort führt und der bald in bewaldetes Gebiet eintaucht. Auf einer schmalen Landzunge geht es zwischen Plöner See und Vierer See ins idyllische Dorf ❷ **Ruhleben**.

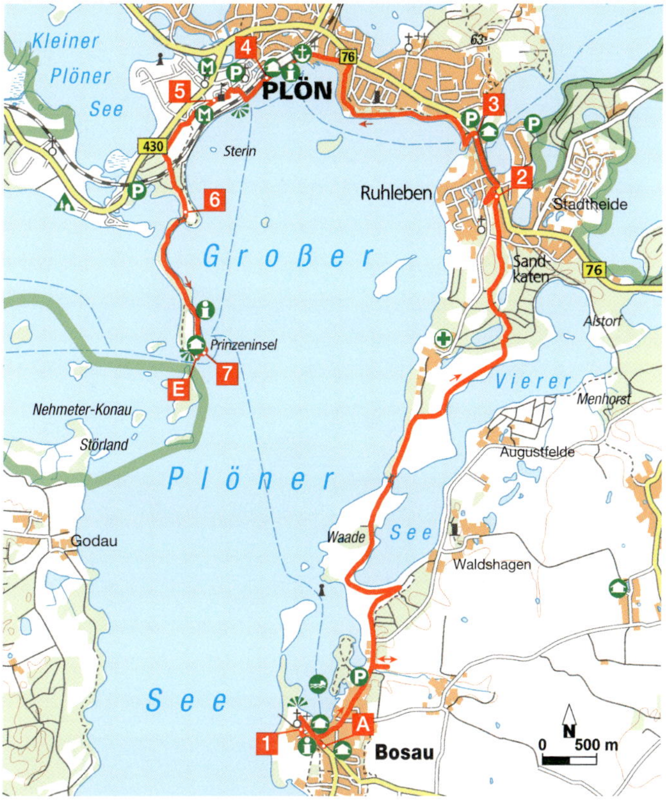

Ein Umweg für den Herzog Immer wieder zieht das strahlend weiße Plöner Schloss am jensei-

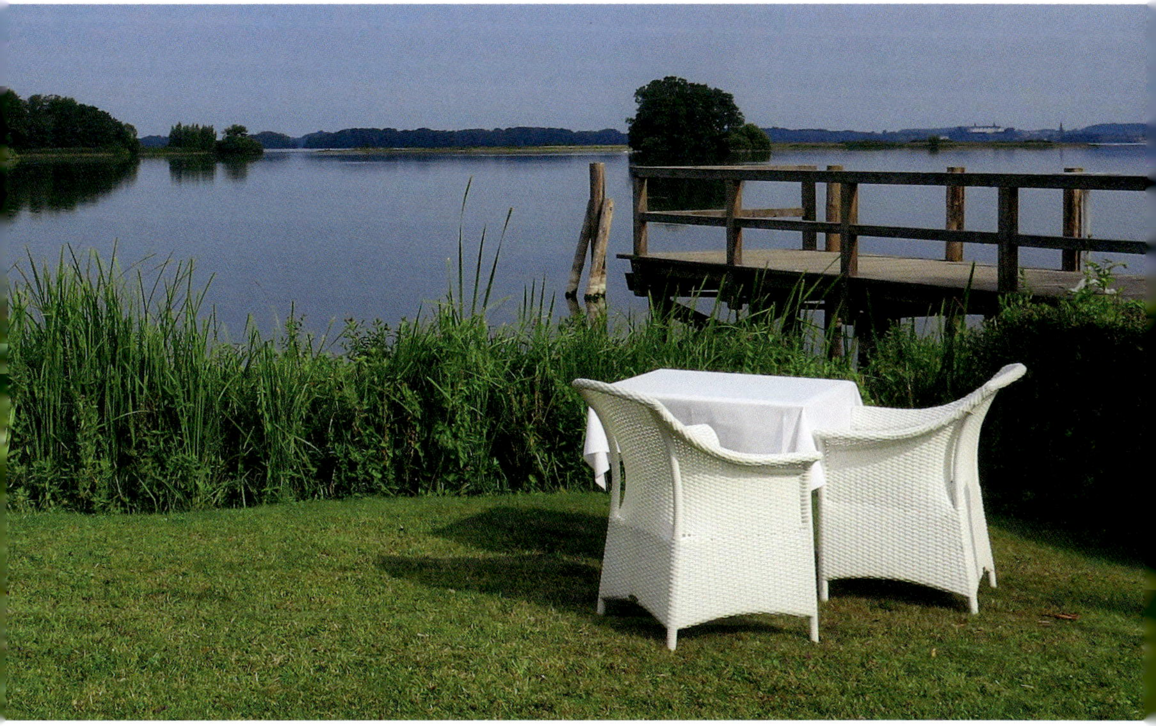

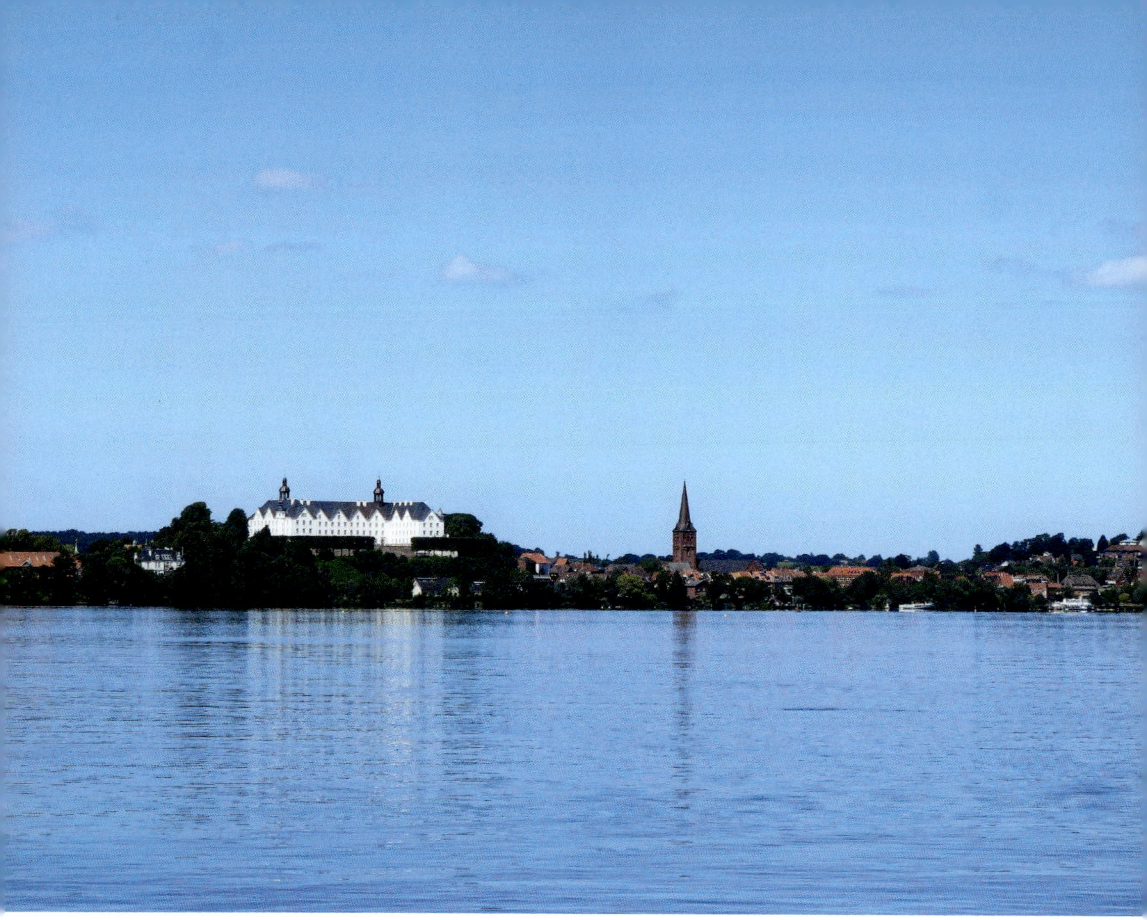

Residenz der Herzöge: das Plöner Schloss

tigen Seeufer den Blick auf sich. Der erste Herzog von Schleswig-Holstein-Sonderburg-Plön ließ es im 17. Jahrhundert in nur drei Jahren errichten. Die Sagenwelt des neuen Herzogtums bereicherte aber vor allem sein ältester Sohn. Johann Adolf soll nicht nur die »Passauer Kunst« beherrscht haben, so dass er als unverwundbar galt, er konnte sich angeblich auch unsichtbar machen. Oft kürzte er den Weg von einem Ufer zum anderen mit der Kutsche ab – mitten über den Großen Plöner See. Angesichts der wunderbaren Wanderung hat er sich damit gar keinen Gefallen getan. Ruhleben hat er aber immerhin kennengelernt und ist hier 1704 auch gestorben. Man munkelt, ein Unbekannter habe ihn eines Nachts durchs Fenster geholt.

Eine Stadt für die Prinzen Wo der Mönchsweg den Vierer See verlässt, wechseln Wanderer auf den Naturparkwanderweg. Er leitet geradeaus durch den Wald. Beide Wege vereinigen sich am Ende des Missionswegs wieder und begleiten im Folgenden ein kurzes Stück die vielbefahrene B 76 bis zum Traditionslokal ❸ **Fegetasche** am Edebergsee. Hier lag einst eine Zollstation, von der es hieß, es würden einem dort »die Taschen

Aussicht mit Einsicht

Eine spannende Möglichkeit Bosau kennenzulernen, ist ein Spaziergang zu den Roten Bänken. Sie bieten von sieben geschichtsträchtigen Plätzen schöne Ausblicke. Ein Begleitheft ist beim Tourismusverein erhältlich oder unter www.rote-bänke.de.

ausgefegt«. Durch Stadtwäldchen und Rosenstraße geht es zum Friedhof. Dort beginnt der Strandweg, die sandige Promenade von Plön. Am Nordufer reihen sich Zeugnisse aus der Zeit Kaiser Wilhelms II. Als seine Söhne hier erzogen wurden, baute man quasi die halbe Stadt für sie um. Den Anfang machte der ❹ **Prinzenbahnhof**. Er gilt schon allein aufgrund der Lage direkt am See als Kleinod. Etwa 200 Meter hinter dem Restaurant Seeprinz überspannt eine Fußgängerbrücke die Gleise zur Klosterstraße. Rechts führt die Gregorientwiete direkt auf den Schlossberg.

Ein Schloss über dem See Das ❺ **Plöner Schloss** ist das einzige erhaltene Schloss Schleswig-Holsteins in Höhenlage. Der mächtige Bau im Stil der Renaissance dient heute als Ausbildungszentrum für Studenten und Auszubildende der Augenoptik. In den Abendstunden werden Führungen angeboten. Sie sind zwar kostenlos, bedürfen aber der Voranmeldung. Im Schlosspark liegt das Prinzenhaus, ein Lustschloss im Rokoko-Stil. Hier lebten und lernten die Prinzen ebenso wie auf der ❻ **Prinzeninsel**. Pfade führen am Ende des Schlossparks am öffentlichen Sportplatz vorbei auf die Landzunge.

Eine Insel für die Kaiserin Auf der etwa zwei Kilometer langen und drei Kilometer breiten Prinzeninsel erhielten die kaiserlichen Söhne ihre landwirtschaftliche Ausbildung. Mutter Auguste Viktoria soll am liebsten an der Südspitze in einem kleinen Pavillon gesessen haben. Nicht weit entfernt befindet sich der ❼ **Bootsanleger**. Die Wartezeit bis zum nächsten Ausflugsschiff zurück nach Ⓔ **Bosau** wird in der Gaststube Prinzeninsel im niedersächsischen Bauernhaus oder in dem kleinen Bistro des Strandbads eher zu kurz als zu lang.

Die Prinzeninsel ist noch heute im Besitz des Hauses Preußen.

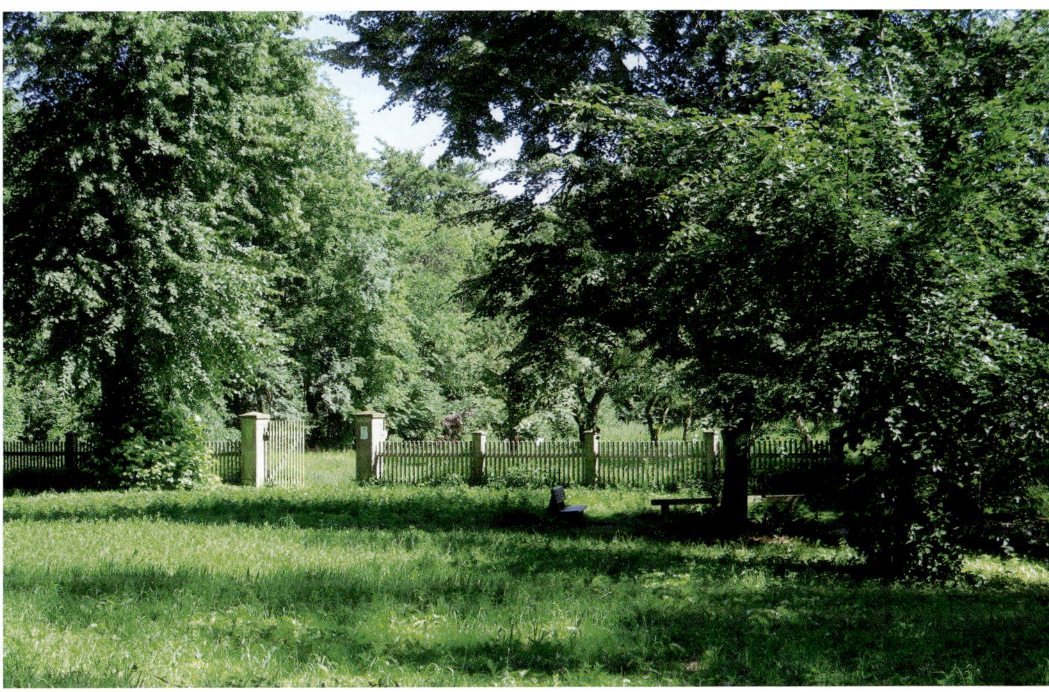

15

Kleine Paradiese

Runde um den Kellersee bei Malente

Mittel | 19,5 km | ↑129 m ↓129 m | 5 Std.

Tourencharakter
Vielfältige Tour, meist auf gut begehbaren Wegen und Pfaden am Seeufer, bestens ausgeschildert mit blauem Balken

Ausgangs-/Endpunkt
Parkplatz Kellerseepromenade, Janusallee

Anfahrt
Auto: A 1, Abfahrt Eutin, weiter über B 76 oder A 7, Abfahrt Großenaspe, weiter über B 430 Richtung Plön
Bus & Bahn: Bahn bis Malente, halbstündig von Hamburg, Lübeck und Kiel

Einkehr
Wenn man könnte, sollte man in alle Fährhäuser einmal einkehren und in die Seehütte sowieso – allein schon wegen des Ausblicks.

Karte
Landesamt für Vermessung und Geoinformation Schleswig-Holstein, Wander- und Freizeitkarte Holsteinische Schweiz, 1:25 000

Information
Tourist Information Malente, Tel. 04523/98 42 77 30, www.holsteinischeschweiz.de

Hinweis
Wem die Tour zu lang ist, verschiebt die Umrundung des Ukleisees auf ein anderes Mal und spart so gute 3 km.

Unter den 200 Seen der Holsteinischen Schweiz nimmt der Kellersee eine besondere Position ein. An seinen lichten Ufern fand die Region ihren Namen und so mancher Romantiker die Liebe. Wanderer treffen es heute auf dieser idyllischen Tour sehr gut an – das war nicht immer so.

Am Anfang war der Kellersee Wo die **A Janusallee** auf den Kellersee trifft, ist auf einer Infotafel abzulesen, dass dieser Weg ein denkbar leichter sein wird. Führt er doch durchgehend so nah wie möglich am Seeufer entlang. Er beginnt als sandige Promenade, die in nördlicher Richtung nach etwa 400 Metern auf die Kellerseestraße trifft. Hier geht es rechts. Wo die Bebauung endet, schimmert linker Hand durch dichtes Blattwerk die Ruine von Schloss Eggersdorf. Ein Berliner Kaufmann hatte die verschwenderische Villa 1907 erbauen lassen, wie es viele Großstädter um die Jahrhundertwende am malerischen Kellersee machten. So mancher Prachtbau wird heute nur noch von Gespenstern bewohnt. Aber die Zahl

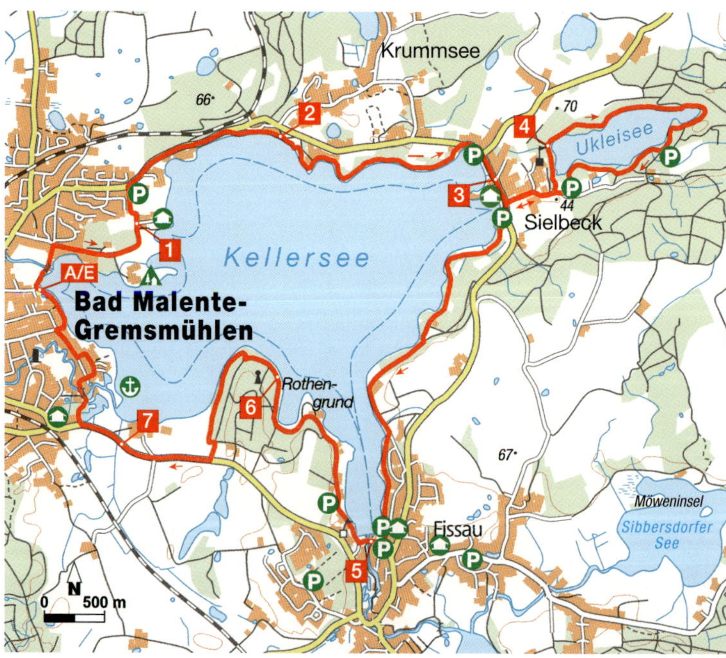

Villen, Seebalkone und Pavillons zeugen von glanzvollen Zeiten (rechts).

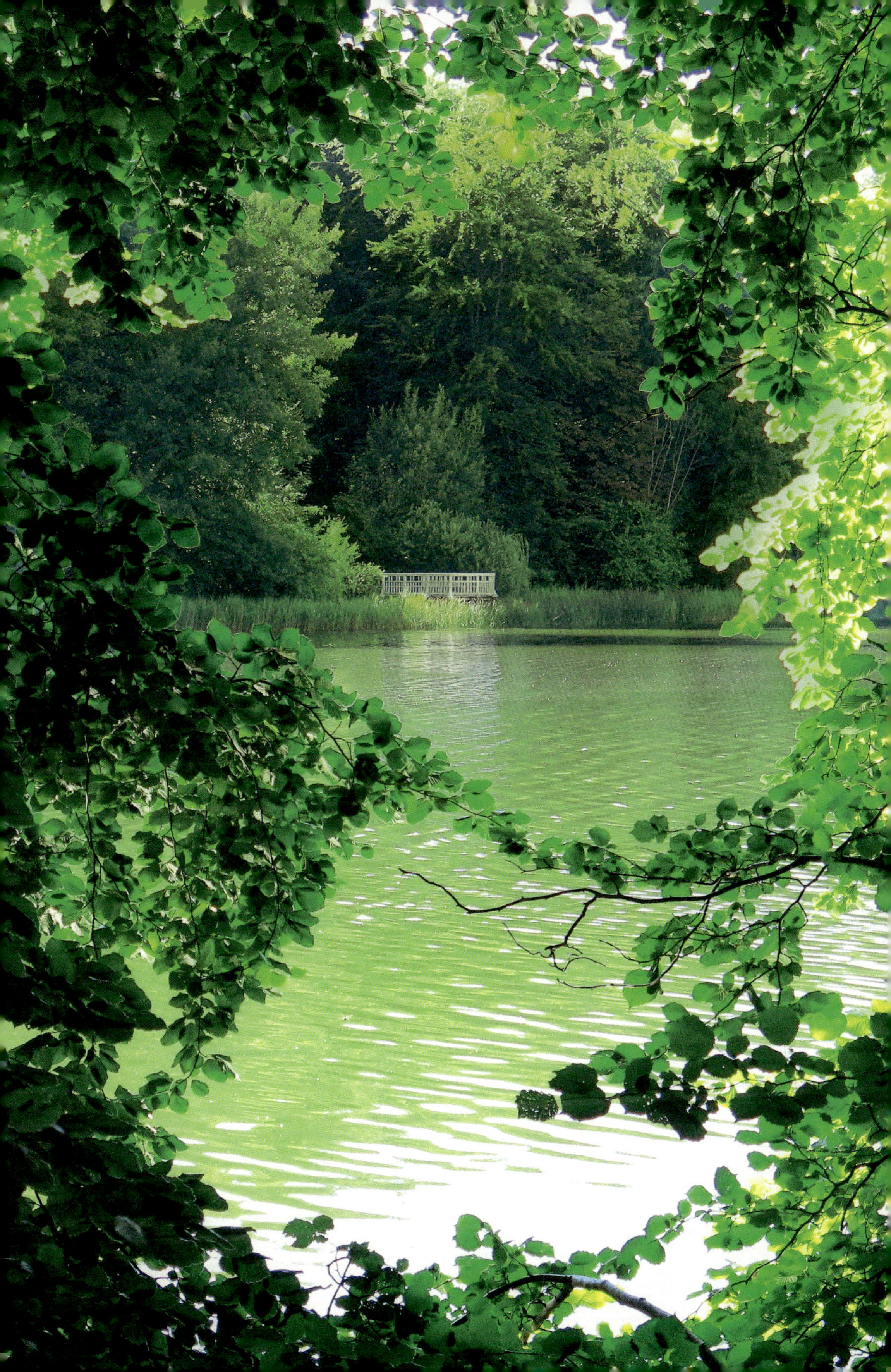

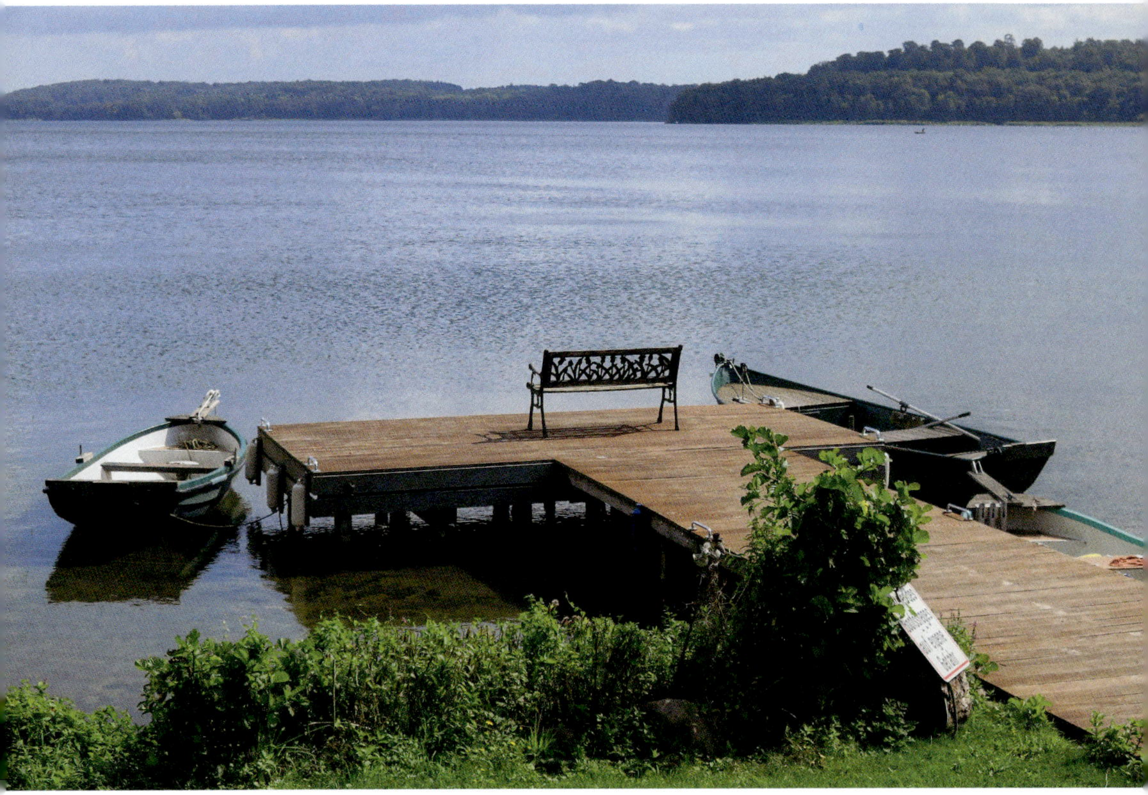

Vom Anleger am Malenter Fährhaus reicht der Blick bis zum Bungsberg.

der schönen Sommerhäuser, die wieder zum alten Glanz zurückfinden, nimmt in jüngster Zeit eindeutig wieder zu.

Zum Ursprung der Holsteinischen Schweiz Wer nach den ersten 1,2 Kilometern bereits eine Stärkung braucht, folgt dem Wegweiser zur ❶ **Seehütte**. Das Fischbrötchen-Café von Fischer Schwarten serviert vegane Kuchen und punktet mit einer Anlegestelle für den Ausflugsdampfer. Für Fußgänger geht es nun bergauf, nicht ganz wie in der Schweiz, aber immerhin zur Schweizer Straße. Auf ihr ist nach etwa 1,3 Kilometern die Urzelle der Holsteinischen Schweiz erreicht – das Bildungszentrum der Steuerverwaltung. Das klingt vielleicht nicht so toll. Doch beim Abstieg durch die Parkanlage braucht es angesichts von Pavillons und Seebalkonen nicht viel Fantasie, um sich den mondänen Betrieb im ❷ **Hotel Holsteinische Schweiz** von Johannes Janus zu vergegenwärtigen. Er lockte ab 1890 jede Menge gut Betuchte nach Malente und wollte bald die ganze Gegend als Schweiz verstanden wissen.

Abstecher zum Ukleisee Es folgen knapp 2,5 Kilometer wunderbarer Uferweg und etwa 500 Meter nicht so schöner Fußweg dicht an der Straße entlang. Dann ist das ❸ **Fährhaus Uklei** im historischen Schweizer Stil erreicht. Hier geht es jenseits der Straße zum Ukleisee. Wer dem Rundweg im Uhrzeigersinn folgt, findet schnell zum ❹ **Jagdschlösschen**. Das Lusthaus wurde 1776 in erhöhter Lage erbaut und bietet den einzigen Rundum-Blick auf den von dichtem Wald umstandenen Toteissee. Der

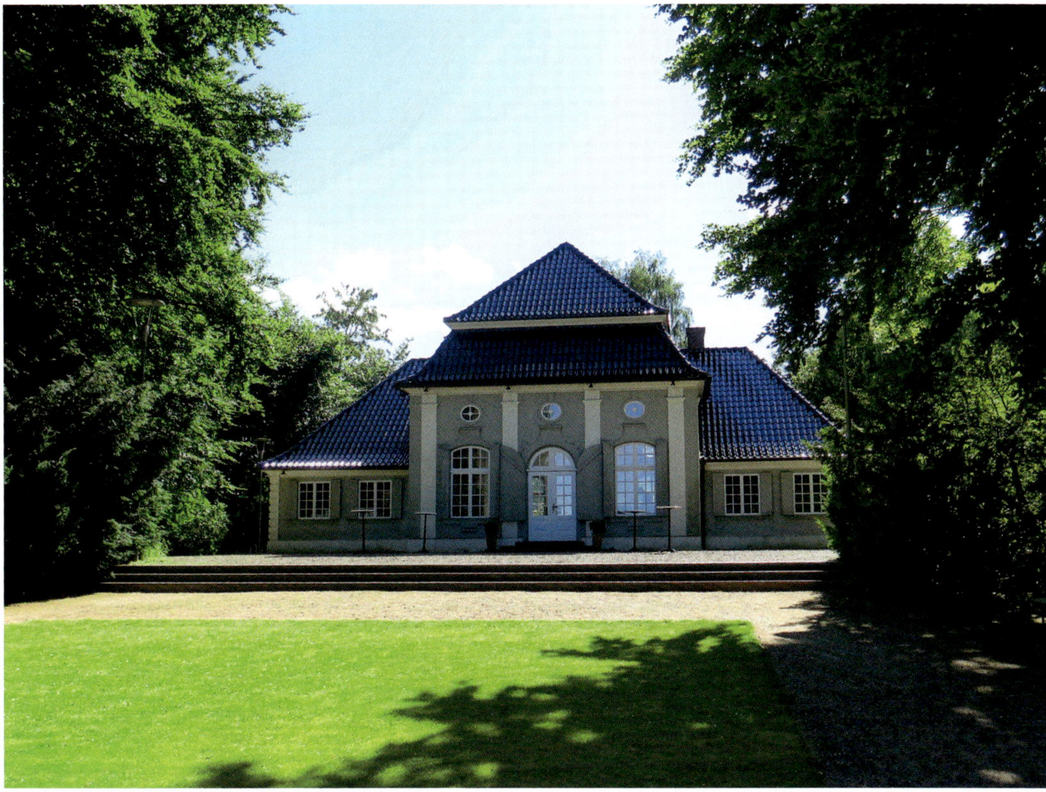

Sage nach war der See einst ein Tal, in dem eine kleine Kapelle stand. Dort versprach ein Ritter einem einfachen Mädchen die Ehe, entschied sich dann aber doch für eine reiche Gräfin. Am Hochzeitstag brach ein Unwetter über die Kapelle herein und versenkte sie mitsamt der Hochzeitsgesellschaft unter Wassermassen. In stillen Nächten kann man die Glocken noch läuten hören.

Das Jagdschlösschen thront zwischen Kellersee und Ukleisee.

Idylle im Wald Zurück am Kellersee beginnt ein schöner ufernaher Abschnitt, bis nach etwa 3,5 Kilometern **5 Fissau** erreicht ist. Der Kellersee verjüngt sich nun zu einer malerischen Bucht. Im Panorama Park wartet die schönste Aussicht. Über den Prinzenholzweg geht es in den gleichnamigen, auf einer Halbinsel gelegenen Wald. Schon vor hundert Jahren war das **6 Prinzenholz** beliebt bei Romantikern. An einen besonders schwärmerischen Mann erinnert ein Gedenkstein: Der Dichter Johann Heinrich Voß ließ hier seine Idylle »Luise« spielen.
Bei **7 Gut Rothensande** muss eine kilometerlange Durststrecke an der sehr lauten Landstraße überstanden werden. Dabei hilft der Blick auf den frisch und liebevoll restaurierten Drehort der »Immenhof«-Verfilmungen. Hinter dem Gut führt der erste Pfad rechts auf den Wöbbensredder bis zur Lindenallee. Hier beginnt beim Fährhaus Malente die Kellerseepromenade. Über sie ist der **E Ausgangspunkt** nach 400 Metern erreicht.

All you can walk

In den Sommermonaten tuckert »Luise« über den See. Müde Wanderer haben an jedem Fährhaus die Chance, den Rest – oder ein Stück – der Strecke mit dem nostalgischen Ausflugsdampfer von 1936 zu absolvieren. Die zweistündige Kellerseefahrt lohnt sich übrigens auch ganz ohne Wanderung.

16

Schöngeister

Der Große Eutiner See

Leicht | 9 km | 122 m / 122 m | 2.30 Std.

Tourencharakter
Leichte See- und Waldwanderung auf gepflegten Wegen

Ausgangs-/Endpunkt
Schlossplatz

Anfahrt
Auto: A 1, Abfahrt Eutin, weiter über B 76 oder A 7, Abfahrt Großenaspe, weiter über B 430 Richtung Plön.
Bus & Bahn: Bahn bis Eutin, halbstündig von Hamburg, Lübeck und Kiel

Einkehr
Das Carl Maria von Weber Café packt Körbe für ein Picknick im Schlossgarten.

Information
Tourist-Info Eutin,
Tel. 04521/709 70,
www.holsteinischeschweiz.de

Hinweis
Die Freilichtbühne macht die Eutiner Festspiele zu einem unvergesslichen Erlebnis. Karten unbedingt vorab bestellen.

Auf einer Landzunge im Großen Eutiner See erhebt sich eine prächtige Schlossanlage. Zur Glanzzeit im 18. Jahrhundert lockte der Sommersitz der Herzöge von Oldenburg viele Künstler in die Rosenstadt. Eutin galt als »Weimar des Nordens«. Die Seerunde inspiriert Schöngeister bis heute.

Der Seeuferweg Schon am Ⓐ **Schlossplatz** freut man sich auf das Finale dieser Tour. Denn die barocke Schlossanlage aus rotem Backstein ist eines der bedeutendsten Kulturdenkmäler Schleswig-Holsteins. Die Zeitreise ins adelige Leben des 18. Jahrhunderts lohnt sich unbedingt. Die vorherige Wanderung hat aber auch ihre Reize, angefangen mit der Stadtbucht, an die sich der ❶ **Seepark** anschließt. Mit breitem Spiel- und Sportangebot ist er besonders für Kinder ein Paradies. Am Uferweg finden sich Hörstationen. Dort erzählen Eutiner ihre Geschichten. Von der hölzernen Brücke, die eine Seeenge überspannt, zieht in der Fissauer

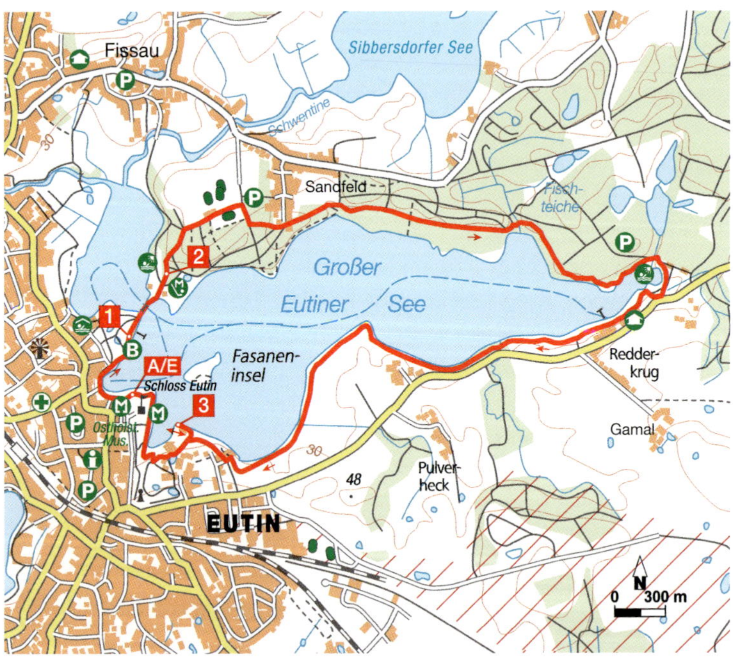

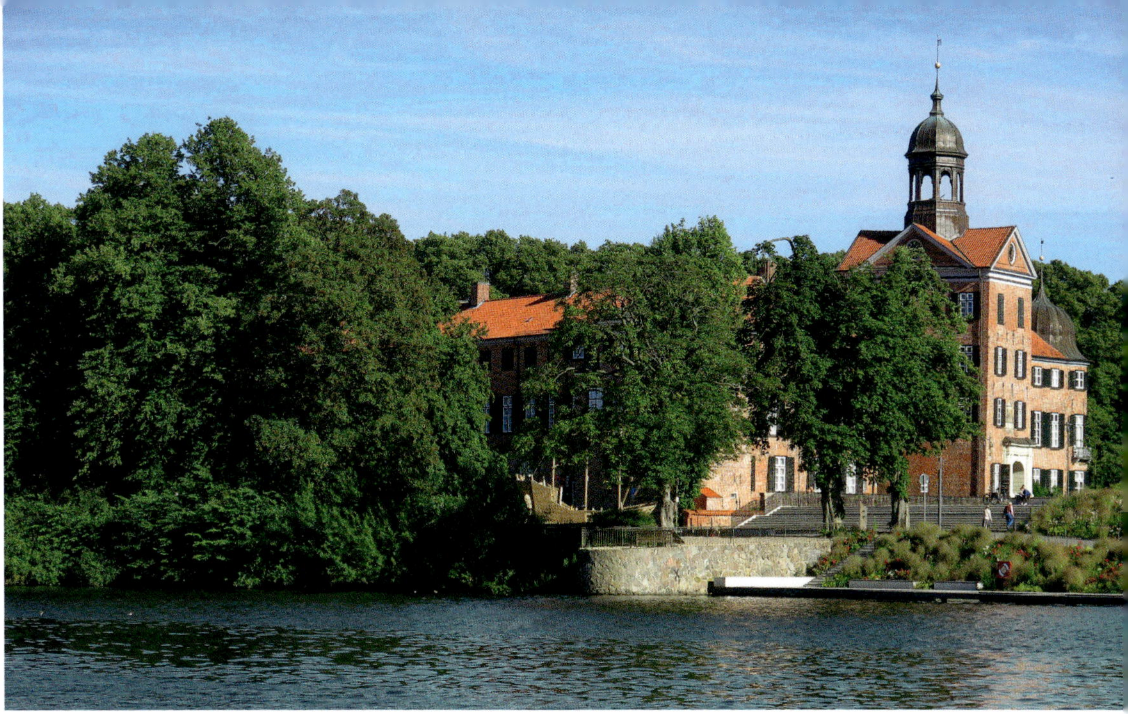

Im Schlossgarten treffen Natur auf Kunst und Nutzen auf Schönheit.

Bucht die historische Badeanstalt die Blicke auf sich. Auf der anderen Seite liegt die Fasaneninsel. Zur Blütezeit des Hoflebens wurden hier Fasane gehalten. Doch schon im 9. Jahrhundert war sie Standort der wendischen Burg Utin. Nach ihrer Zerstörung 1138 entwickelte sich die nachfolgende Siedlung am Ufer zur Stadt Eutin. Im ❷ **Seescharwald** heißt es, penibel auf die Markierung des Seerundwegs zu achten. Hier soll die weiße Frau auf dem Sandfelde spuken. Auf den ersten Blick erscheint sie bezaubernd. Doch im Näherkommen verwandelt sie sich in ein Scheusal von verwestem Aussehen mit feuersprühenden Augen. Die Villen mit Seeblick am Redderkrug bedeuten das Ende des Gefahrengebiets. Durch hügelige Felder geht es unter Bäumen weiter, bis die hölzerne ❸ **Seebühne** der Eutiner Festspiele den Ⓔ **Schlosspark** ankündigt.

Der Schlossgarten Ende des 18. Jahrhunderts wurde der bis dahin französische Barockgarten im Zeichen der Aufklärung in einen englischen Landschaftspark umgewandelt. Die Anlage mit Brücken, Tempeln und traumhafter Lindenallee kann seit der Landesgartenschau 2016 unter einem besonderen Akzent erkundet werden. Damals entwickelte die Evangelisch-Lutherische Kirche Ostholstein einen kleinen Pilgerweg. Er führt durch den Schlossgarten und den Küchengarten, in dem sich auch die Orangerie befindet. Der Weg ist nicht ausgeschildert, sondern nur mit Begleitbroschüre zu erleben. An zwölf Stationen inspiriert das Heftchen, über bestimme Fragen nachzudenken, innezuhalten oder etwas auszuprobieren. Die Broschüre »Rauswege« ist für 1 Euro in der Touristinformation am Markt erhältlich oder als Download unter www.pilgern-im-norden.de.

Carl Maria von Weber

Eutins berühmtester Sohn wurde in der Lübecker Straße 48 geboren. Hier startet ein Spaziergang auf den Spuren des Komponisten. Den Flyer dazu hat die Touristinformation vorrätig. Am schönsten ist die Rosenstadt Eutin, so lange eben jene blühen, oder zur Weihnachtszeit, wenn dank farbiger Illumination »Eutin leuchtet«.

17

Der alte Mann und das Meer

Highlights von Heiligenhafen

Leicht | 11,5 km | ↑17 m ↓15 m | 3 Std.

Tourencharakter
Vielfältige Rundwanderung an Strand, Steilküste und Binnensee

Ausgangs-/Endpunkt
Parkplatz Am Strande

Anfahrt
Auto: A 1, Abfahrt Heiligenhafen
Bus & Bahn: Mit der Bahn nach Oldenburg, weiter Buslinien 5804 oder 5811

Einkehr
Burger im Hipster-Style im Hotel Bretterbude. Gehobene Küche im Holyharbour Grill. Landestypisch authentische Gerichte im Fischtreff Nordpol

Karte
Landesamt für Vermessung und Geoinformation Schleswig-Holstein, Wander- und Freizeitkarte Blatt 10, Lütjenburg/Fehmarn, 1:59 000

Information
Tourist-Information Heiligenhafen, Tel. 04362/907 20, www.heiligenhafen-touristik.de

Kaum irgendwo taucht das Licht die Ostsee in so wunderbare Nuancen wie am Fehmarnsund. Und niemals rührt das Farbspiel mehr an als in der Dämmerung. Wer diese Tour über die Warder von Heiligenhafen im Morgengrauen beginnt, kommt pünktlich zum Frühstück im Fischereihafen an.

Fischer Stüben Beim Großplatz am Ⓐ **Binnensee** hält eine Bronzefigur den Blick zum Horizont gerichtet. Dank Rauschebart und Südwester könnte man die Skulptur schlicht für den Inbegriff eines Fischers halten – aber Georg-Friedrich Stüben war viel mehr als bloß ein Original. Er galt schon zu Lebzeiten als Legende und wahrer Held im deutsch-dänischen Krieg. Fehmarn hielten die Dänen schon seit Ewigkeiten besetzt, bis Stüben in den frühen Morgenstunden des 15. März 1864 neun Fischerboote mit 160 preußischen Soldaten unbemerkt an den dänischen Kriegsschiffen vorbei an Land lotste. Die Besatzer wurden buchstäblich in ihren Betten überrascht, so dass Fehmarn im Handstreich zurückerobert werden konnte. Damit endete nicht nur die 150-jährige dänische Herrschaft auf der Insel, sondern auch ihr traditionelles Selbstverwaltungsrecht. Dass Stüben selbst in Nysted auf Lolland geboren wurde, also in Dänemark, lässt die kriegerische Vergangenheit Holsteins einmal mehr seltsam verworren erscheinen. Oder anders herum: das Heute wunderbar friedlich. An den Masten der 1000 Segelboote im ❶ **Yachthafen** flattern neben deutschen auch jede Menge dänischer Flaggen. Entlang der Bootsstege geht es durch die Marina.

Der Graswarder Beim letzten Steg führt ein kurzer Pfad auf den ❷ **Graswarder**. Die Halbinsel aus Nehrungen und Lagu-

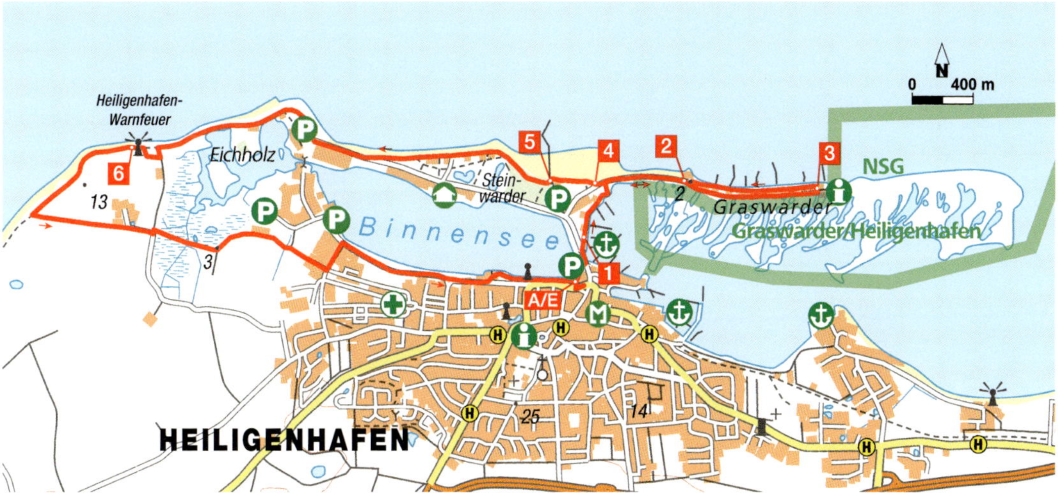

nen gilt vielen als einer der schönsten Plätze von Schleswig-Holstein. Die Bädervillen aus der Zeit der Jahrhundertwende gehören zu den teuersten Immobilien im Land, etliche stehen unter Denkmalschutz. Wenn einem eines oder mehrere der entzückenden Häuser irgendwie bekannt vorkommen, ist das kein Zufall: So einige Kino- und Fernsehfilme wurden hier gedreht. Der Graswarderweg endet beim ❸ **Beobachtungsturm**. Ab hier darf man nur in Begleitung der Naturführer des NABU weiter. Etwa zur Hälfte ist die Halbinsel als Naturschutzgebiet ausgewiesen. Die Vielfalt der Tier- und Pflanzenwelt in diesem kleinen Idyll ist beeindruckend. Zurück geht es nun direkt am Strand entlang, jedenfalls wenn die Ostsee es zulässt.

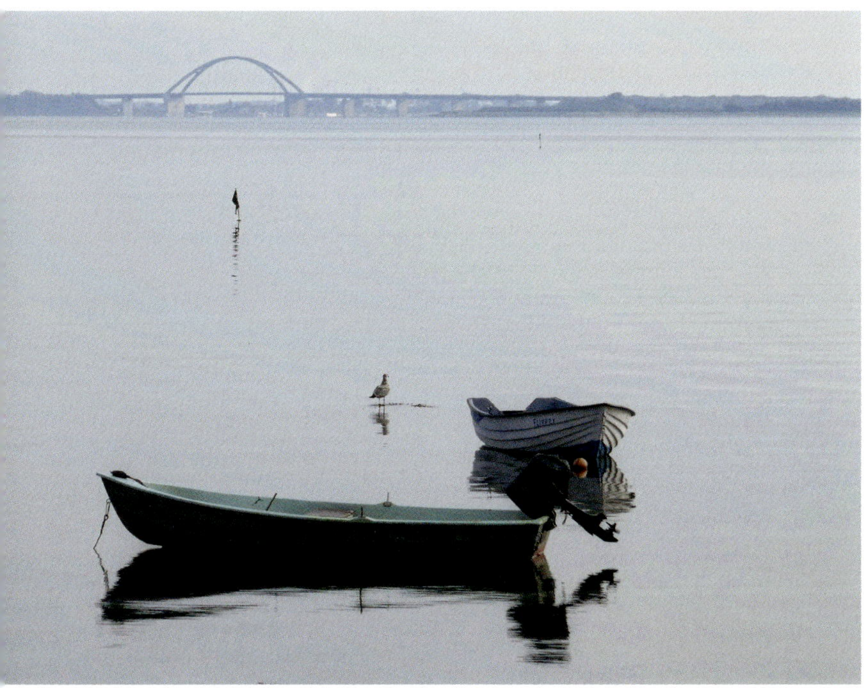

Beliebtes Motiv: die Fehmarnsundbrücke

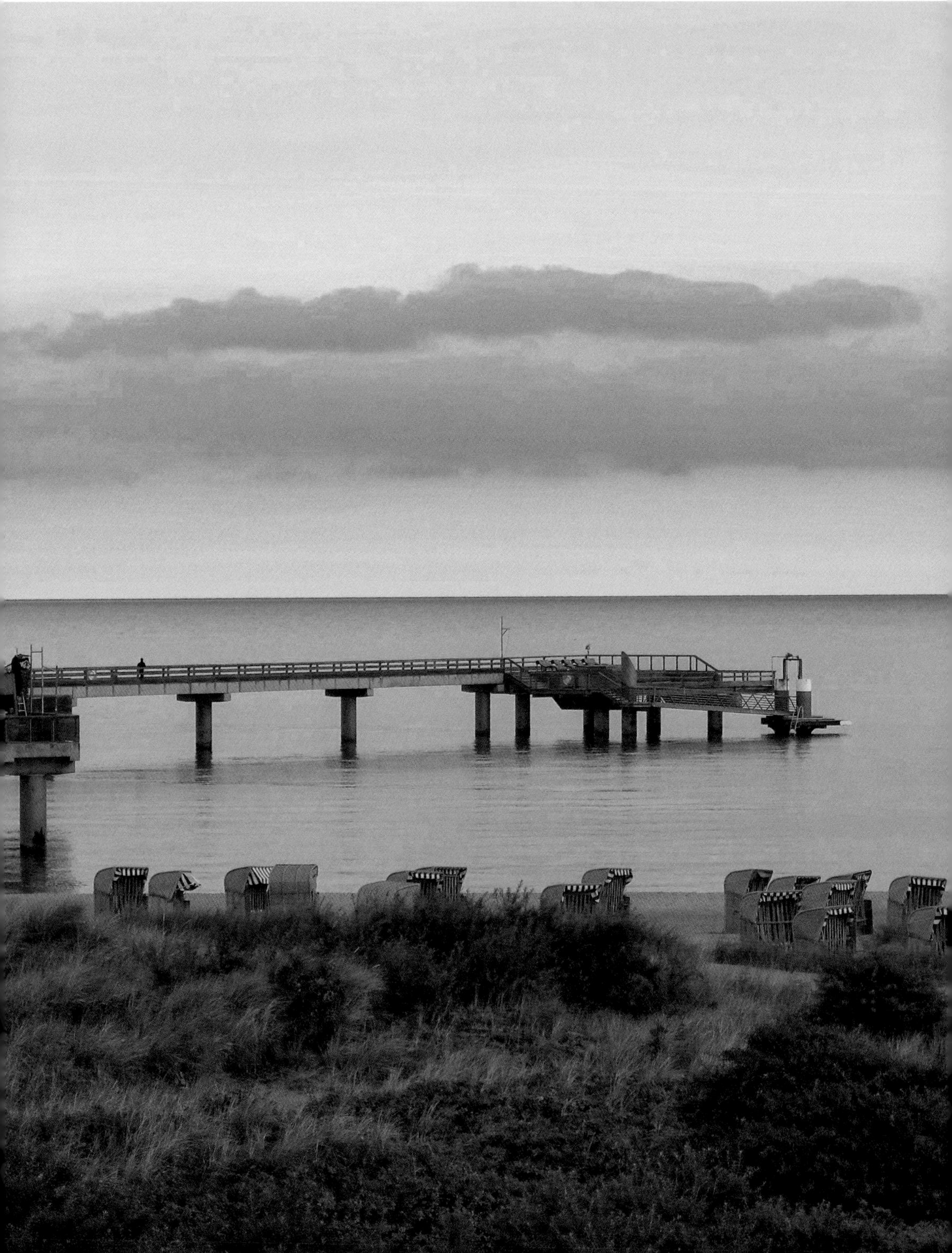

Ihre Wellen schwappen nicht selten in die Vorgärten der Bädervillen auf dem Warder.

Der Steinwarder Das Hotel Bretterbude im Hamptons-Look markiert den Übergang zum ❹ **Steinwarder**. Der Damm zwischen Gras- und Steinwarder wurde erst 1954 gebaut. Zuvor musste man auf die Warder rudern. So beschreibt es Theodor Storm in der Novelle »Hans und Heinz Kirch«. Storm verarbeitete mit dem Werk den Konflikt mit seinem alkoholkranken Sohn Hans. Er hatte eine kurze Weile in Heiligenhafen als Arzt gearbeitet, doch seine Praxis bald wieder aufgegeben. Heute stellt der Übergang zwischen den Wardern einen der trubeligsten Flecken weit und breit dar.

Wer die verwinkelte, zum Teil zweigeschossige ❺ **Seebrücke** komplett abschreitet, muss beinahe einen Kilometer zur Strecke addieren. Vom Brückenkopf ist die Aussicht auf Fehmarnsundbrücke und Graswarder einfach herrlich. Schaut man landeinwärts, ist es schwer vorstellbar, dass sich bei Einweihung der Seebrücke 2011 noch nicht ein einziges Gebäude an der Seepromenade befand. Inzwischen ist in der ehemaligen Dünenlandschaft ein ganzes Viertel entstanden. Ob man den Steinwarder am Strand oder auf dem asphaltierten Promenadenweg erwandert, ist eine Frage von Vorliebe, Wind und Kondition. Die Betonburgen des Ferienparks aus den 1970er-Jahren plakatieren so oder so den Ausblick. Hat man sie erst einmal passiert, übernimmt wieder die Natur die Hauptrolle.

Die Steilküste Nach einem Kilometer am Naturstrand ist das erhöht liegende ❻ **Leuchtfeuer** erreicht. Ein befestigter Weg führt weiter westwärts am Rand des Steilufers entlang. In der Ferne leuchtet die Hohwachter Bucht. Kurz hinter einem Rastplatz knickt landeinwärts der ausgeschilderte Rückweg nach Heiligenhafen ab. Er führt in Richtung Ferienpark und gleich dahinter am Ufer des Binnensees zurück zum Ⓔ **Fischer Stüben**. Seine Nachfolger landen ihren Fang im nur wenige Schritte entfernten Fischereihafen an. Und ein Fischbrötchen gehört zu dieser Wanderung einfach dazu.

Weiche Morgenstimmung über den Dünen (links)

Heimatmuseum

Wo ein Fischer zum Volkshelden wird, kann auch ein Landwirt ein Museum gründen. Carl Butjes Funde bildeten den Grundstock und erzählen von den Ureinwohnern Heiligenhafens. Weitere Schwerpunkte in der Jugendstilvilla von 1904 sind das Badeleben vergangener Epochen sowie die Welt der Küstenfischer, Hochseefischer, Steinfischer und natürlich vom Fischer Stüben.

18

Das Licht der Freiheit

Runde von Dahmeshöved

Leicht | 11,5 km | ↑11 m ↓11 m | 2.45 Std.

Tourencharakter
Strand- und Waldwanderung, wahlweise durchgängig auf guten Wegen oder mit kleinem, kniffligerem Abschnitt an steiniger Steilküste

Ausgangs-/Endpunkt
Strandparkplatz Dahme

Anfahrt
Auto: A 1, Abfahrt Lehnsahn Richtung Cismar, weiter über B 501.
Bus & Bahn: Bahn bis Neustadt in Holstein oder Oldenburg, weiter mit den Buslinien 5601 oder 5800.

Einkehr
An den Strandpromenaden von Dahme und Kellenhusen findet jeder, was ihm und ihr gefällt.

Karte
Landesamt für Vermessung und Geoinformation Schleswig-Holstein, Wander- und Freizeitkarte Fehmarn/Lütjenburg, 1:50 000

Information
Tourismus Service Dahme, Tel. 04364/492 00, www.dahme.com

Hinweis
Wer möglichst lang am Strand spazieren möchte, braucht unbedingt wasserfeste Schuhe.

Es war einmal vor gar nicht allzu langer Zeit, ein Land, dessen Herrschende den Horizont begrenzten. Doch das Volk ließ sich die Freiheit nicht auf Dauer nehmen. Diese Tour erinnert an den tapferen Kampf vieler DDR-Bürger und daran, dass Utopien manchmal wahr werden.

Wind und Wellen Wittenwiewerbarg, Weiße-Weiber-Berg, heißt der kaum wahrnehmbare Hügel zwischen Geroldskirche und Ⓐ **Strandparkplatz** in Dahme. Es ist der Rest einer mittelalterlichen Turmhügelburg. Ansonsten zeugt wenig von der langen Geschichte des kleinen Ostseeheilbads. Nach Querung der Straße Am Deich führt ein Fußweg links zum ❶ **Nystedplatz**. Seine rote Pflasterung ist in Richtung Lolland auf die dänische Partnergemeinde ausgerichtet. Aber noch wichtiger erscheint der Blick von der ❷ **Seebrücke** nach Osten. Von dort kommen heute in den Sommermonaten die Ausflugsdampfer aus Boltenhagen ge-

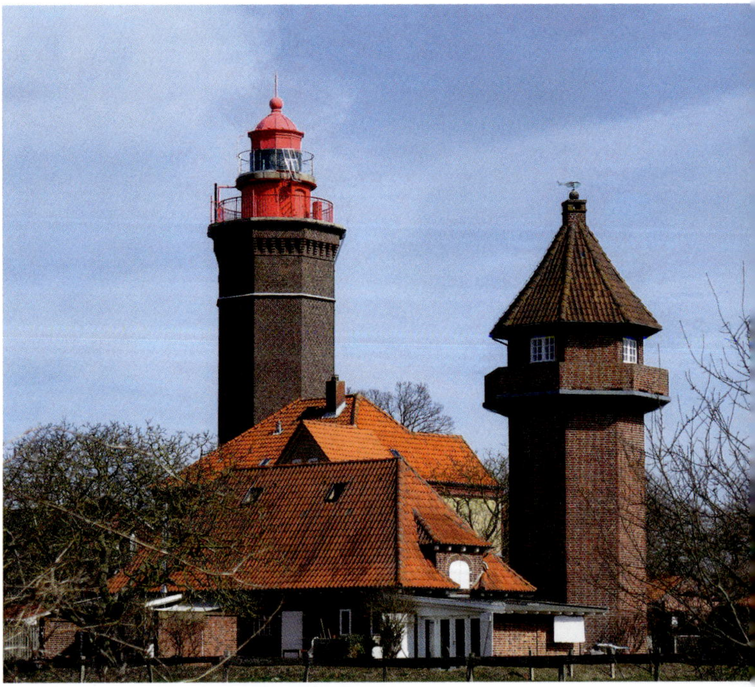

Auf halbem Weg zwischen Kellenhusen und Dahme thronen zwei Backsteintürme.

schippert, als sei das keine große Sache. Dabei ist es noch gar nicht so lange her, dass dieser Weg das Leben kosten konnte. Und doch riskierten ihn während der deutsch-deutschen Teilung mehr als 5000 Menschen. Selbst wer die Zeit bewusst erlebt hat, kann sich die dramatischen Fluchtversuche kaum mehr vorstellen, wenn er entlang der quirligen ❸ **Promenade** flaniert und über sie hinaus zum Strand geht. Bei starkem Wind wird es beschwerlich bis unmöglich, an der Steilküste weiter zu wandern. Dann muss der erste Strandzugang zur Leuchtturmstraße genommen werden. Mit wasserfesten Schuhen schafft man es bis zum zweiten Aufgang, einer langen Holztreppe, die zur Jugendherberge hinaufführt. Oder sogar bis zum dritten, gleich beim ❹ **Leuchtfeuer Dahmeshöved**. Das 28,8 Meter hohe Bauwerk wird auch »Licht der Freiheit« genannt. DDR-Bürger nutzten seine Strahlen als Zielmarke, wenn sie sich auf die Flucht über die Ostsee begaben. Mehr als 900 Glücklichen gelang sie. Aber viel mehr wurden gestellt oder inhaftiert, und mindestens 174 Erwachsene und Kinder ertranken.

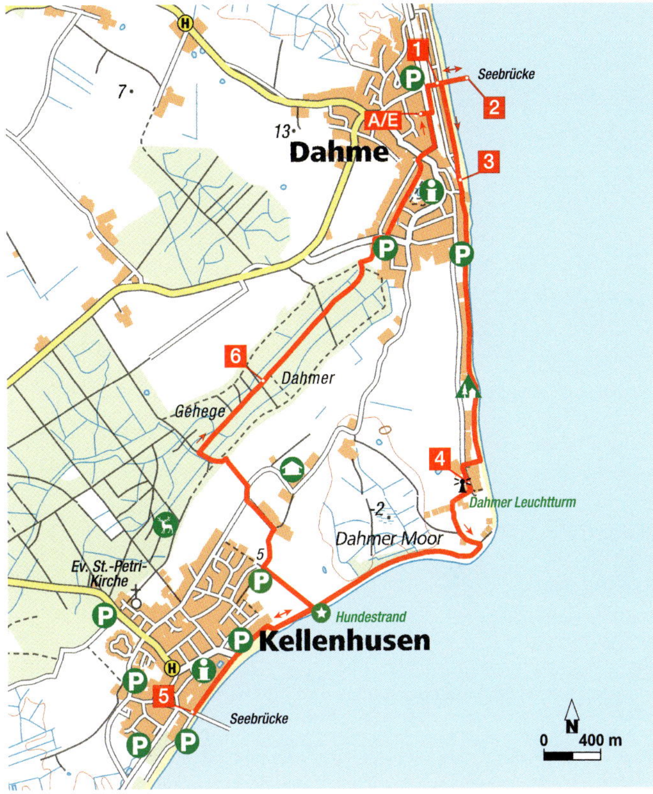

Leuchtturm Dahmeshöved

Auf dem windigen Dahmer Kliff thronen gleich zwei alte achteckige Ziegeltürme. Der höhere kann in der Sommersaison unter fachkundiger Begleitung besichtigt werden. Da nur zwölf Personen an der spannenden Führung teilnehmen können, empfiehlt sich die vorherige Kontaktaufnahme mit dem Tourismus-Service.

Wälder und Wiesen Der vom Leuchtturm ausgeschilderte Weg nach Kellenhusen führt von Hecken gesäumt zurück an die Küste. Von dem herrlich nahen Uferpfad knickt nach etwa zwei Kilometern ein baumbestandener Feldweg ins Landesinnere ab. Den kann man sich schon mal merken. Doch zunächst wartet noch ein 1,2 Kilometer langer Abstecher zur ❺ **Seebrücke in Kellenhusen** – so viel Zeit muss an der Ostsee immer sein. Danach geht es auf dem erwähnten Feldweg bis zum ersten Abzweig rechts bis zum Gehöft Bokhorst. Eine gleichnamige Straße schwingt links zur Straße Vogelsang. Hier geht es kurz rechts und dann schräg links in die Wälder des ❻ **Dahmer Geheges**. Der Waldweg endet an der Waldstraße. Ihr ein kurzes Stück rechts folgend, führt links der Fußweg Paasch-Eyler-Allee am Kurpark vorbei zur Strandstraße. Rechter Hand geht sie in die Straße Am Deich über und mündet direkt am Ⓔ **Strandparkplatz**.

19 Der Riese Möwes

Rundwanderung auf dem Priwall

Leicht | 11,5 km | 16 m / 14 m | 2.45 Std.

Tourencharakter
Gute Wege, oft an der Wasserkante. Stille, naturnahe Abschnitte wechseln mit touristischen Highlights.

Ausgangs-/Endpunkt
Strandbahnhof Travemünde

Anfahrt
Auto: A 1, Abfahrt Travemünde.
Bus & Bahn: Bahn aus Lübeck mehrmals pro Stunde.

Einkehr
Lässiges vom Spitzenkoch verspricht das Ahoi by Steffen Henssler auf dem Priwall

Karte
Landesamt für Vermessung und Geoinformation Schleswig-Holstein, Wander- und Freizeitkarte Lübeck/ Neustadt, 1:50 000

Information
Travemünde Tourismus,
Tel. 0451/889 97 00,
www.travemuende-tourismus.de

Hinweis
Die Personenfähre verkehrt nur von Anfang April bis Ende Oktober. In den Wintermonaten übernimmt beide Überfahrten die Autofähre.

Die Rundwanderung auf dem Priwall beschenkt mit enorm vielfältigen Eindrücken und enorm vielen Infotafeln. Eine behauptet, die Halbinsel in der Travemündung sei durch Ablagerung von Sanden und Aufspülungen entstanden. Dabei war es eigentlich ein Riese, der die Naturoase schuf.

An der Mündung der Trave Viel besser kann eine Wanderung nicht beginnen als am Ⓐ **Strandbahnhof Travemünde**. Die Jugendstil-Schönheit steht unter Denkmalschutz und nur 300 Meter vom Meer entfernt. Über die Bertlingstraße ist schnell die ❶ **Strandpromenade** erreicht. Als sich die Schönen und Reichen noch nicht im legendären Casino (dem heutigen Grand Hotel) vergnügten, saß hier gern der Riese Möwes am Strand. Er liebte es, Steine übers Wasser zu werfen. Der Promenade 400 Meter in östlicher Richtung folgend, kann man sich auf der ❷ **Nordermole** von Möwes Weitwurf-Qualitäten überzeugen. Am jenseitigen Ufer der Travemündung nämlich schichteten sich seine Steine zur Halbinsel Priwall. Mit einer Fahrt der nahegelegenen Personenfähre wird diese Tour zu Ende gehen – aber jetzt fängt sie erst einmal richtig an: dicht an der Wasserkante entlang über die Travepromenade zur ❸ **Priwallfähre**. Die Überfahrt dauert nur Minuten.

Der Priwall Am ❹ **Anleger** angekommen, führt ein Fußweg an der Seniorenresidenz Rosenhof vorbei und immer am Wasser entlang bis zu

Der Mövenstein

Sie glauben nicht an die Legende des Riesen Möwes? Dann sollten Sie zum Abschluss noch der Promenade einen guten Kilometer westwärts folgen. Beim Lübecker Yachtclub liegt noch einer der Findlinge. Das wusste schon Thomas Mann. Am Mövenstein ließ er Tony Buddenbrook und Morten Schwarzkopf einander die Ehe versprechen. Leider versinkt das Naturdenkmal zusehends.

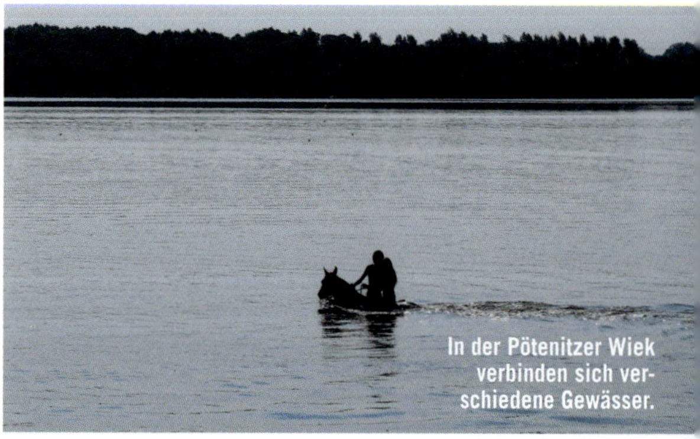
In der Pötenitzer Wiek verbinden sich verschiedene Gewässer.

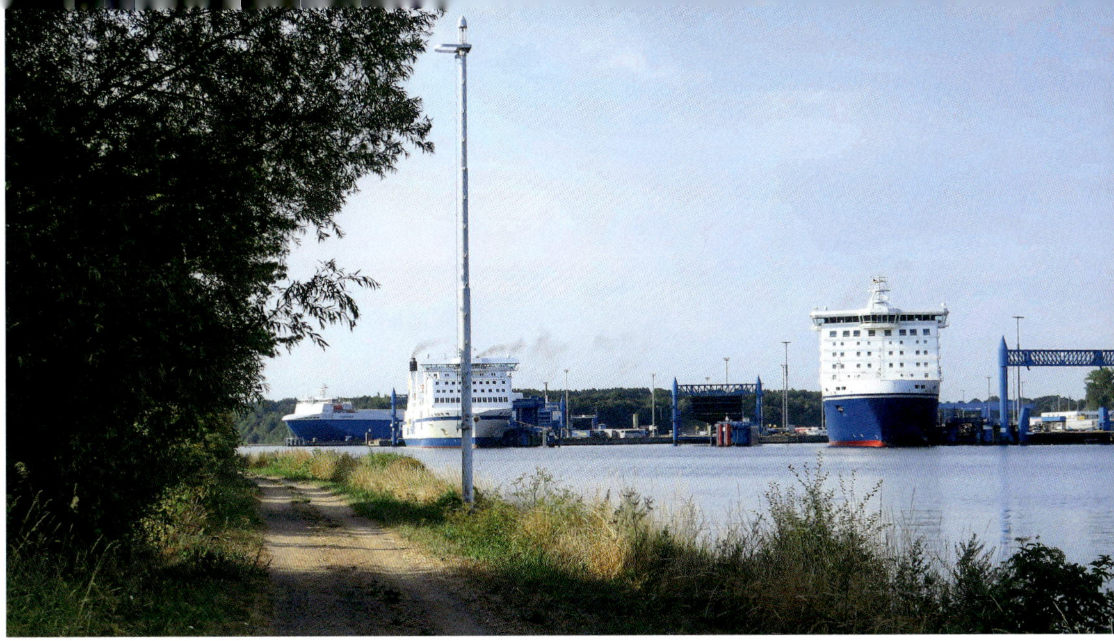

Der Skandinavienkai von Lübeck-Travemünde

einem Häusertunnel. Jenseits davon geht es rechter Hand auf einem Wanderweg ins Naturschutzgebiet. Hier beginnt der Natura-Trail Südlicher Priwall. Er begleitet auf etwa 1,3 Kilometern die Trave. Gegenüber tuten die großen Fähren, die vom Skandinavienkai nach Malmö oder Trelleborg starten. An der ❺ **Halbinselspitze** wird es ruhig. In Schilfmeeren und Wäldchen öffnet sich immer wieder der Blick auf die Pötenitzer Wiek. Das innere Küstengewässer ist ein wichtiges Rastgebiet für Zugvögel. Hinter einem Aussichtspunkt weist die Markierung links zur Zentralen Weide. Geradeaus dem Fliegerweg folgend erreicht man den Passathafen mit der ❻ **Priwallpromenade**. Hier liegt der stolze Windjammer »Passat« vor Anker. Über den Dünen- und Seeweg geht es bis zum Kilometer 0 der deutsch-deutschen Grenze: Wo einst der Eiserne Vorhang begann, reichen sich heute Schleswig-Holstein und Mecklenburg-Vorpommern die Hand. Der Rückweg verläuft am Strand entlang. Die ❼ **Personenfähre** legt immer unmittelbar nach Ankunft auf dem Priwall wieder nach Ⓔ **Travemünde** ab.

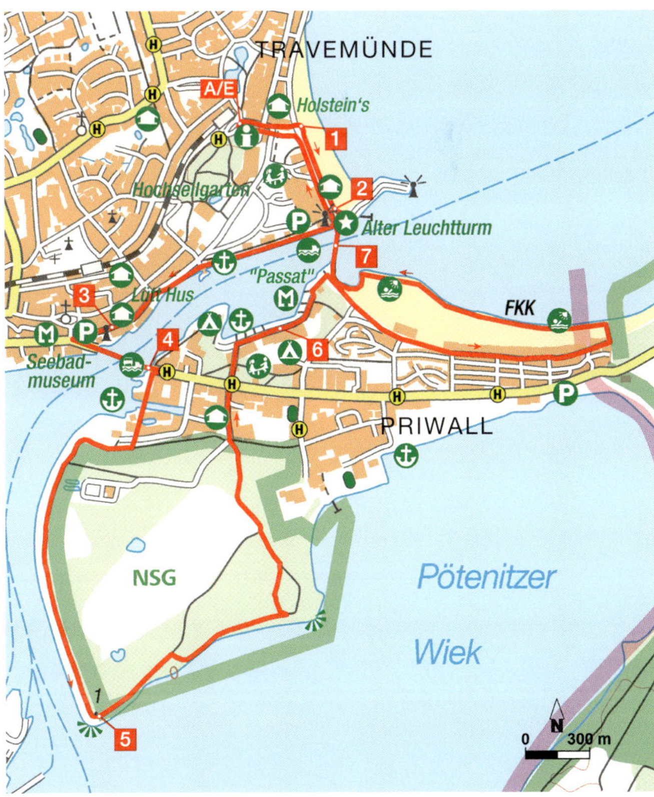

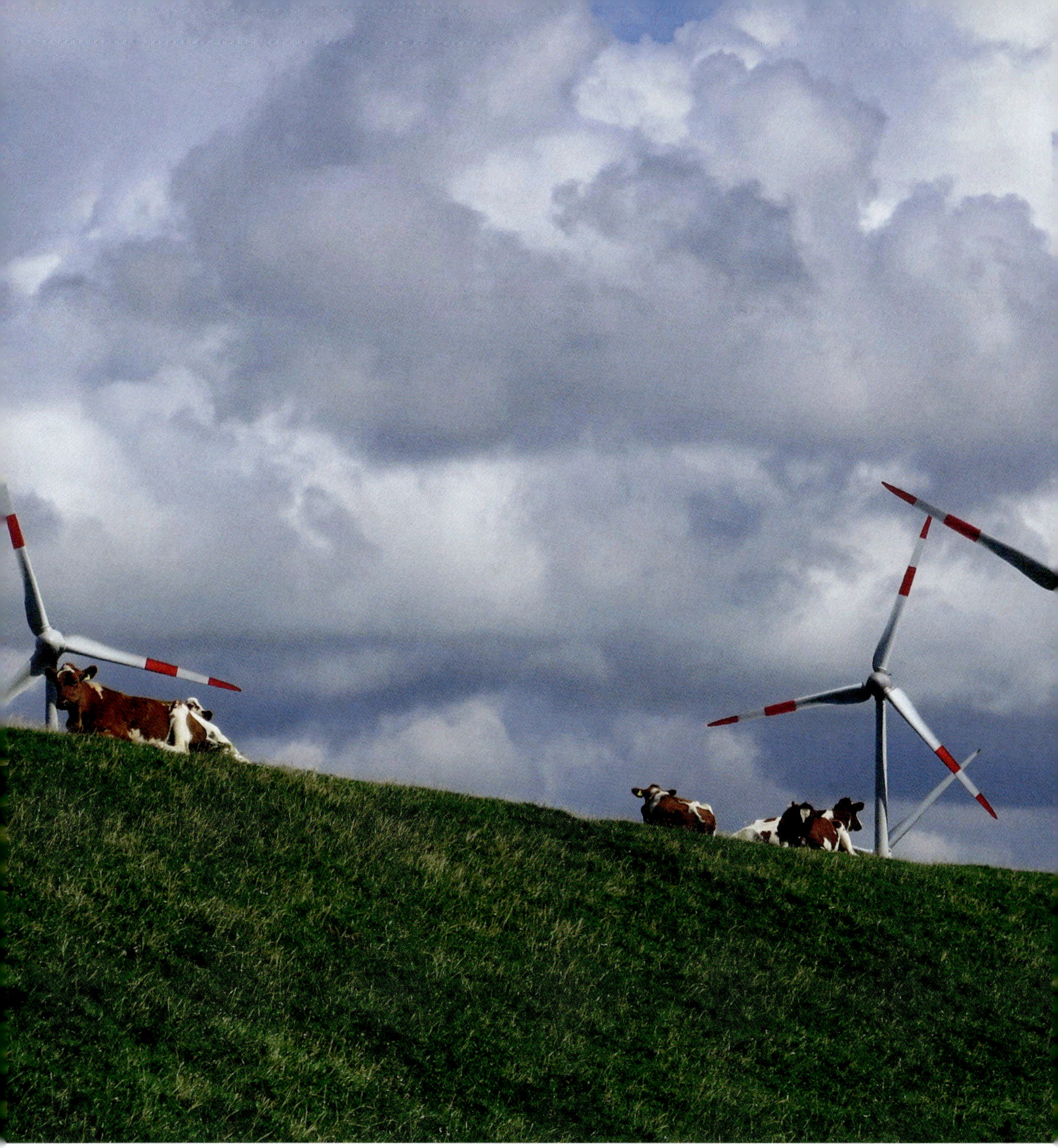

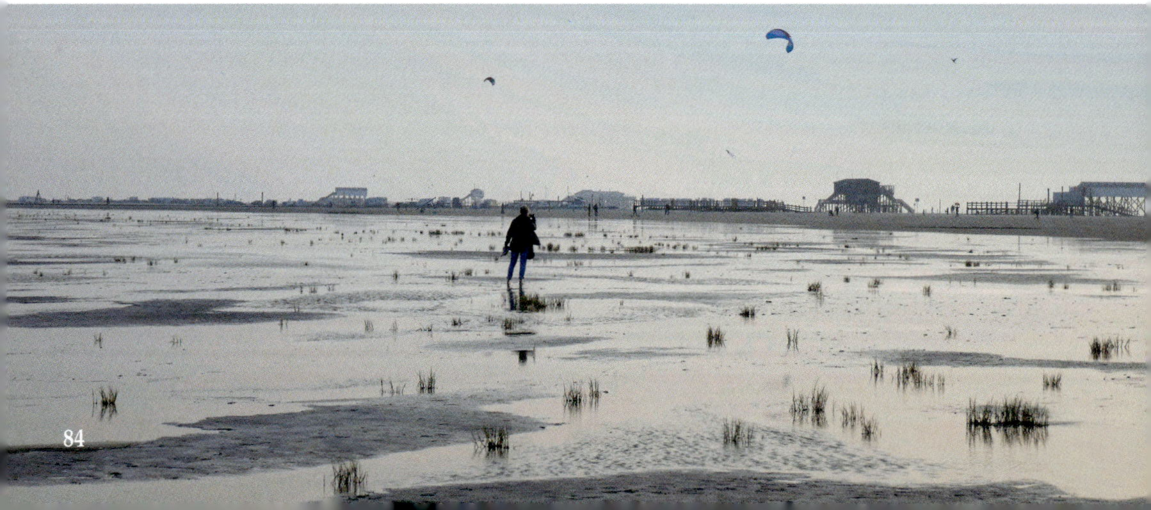

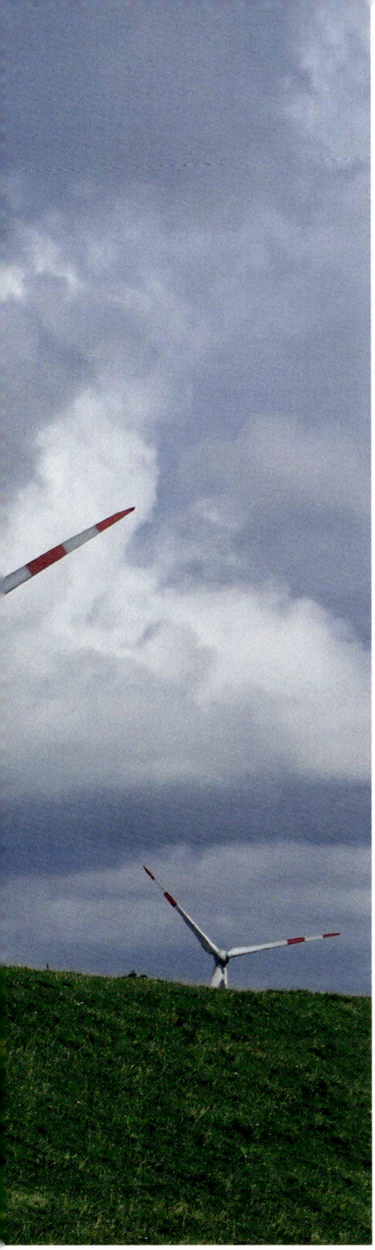

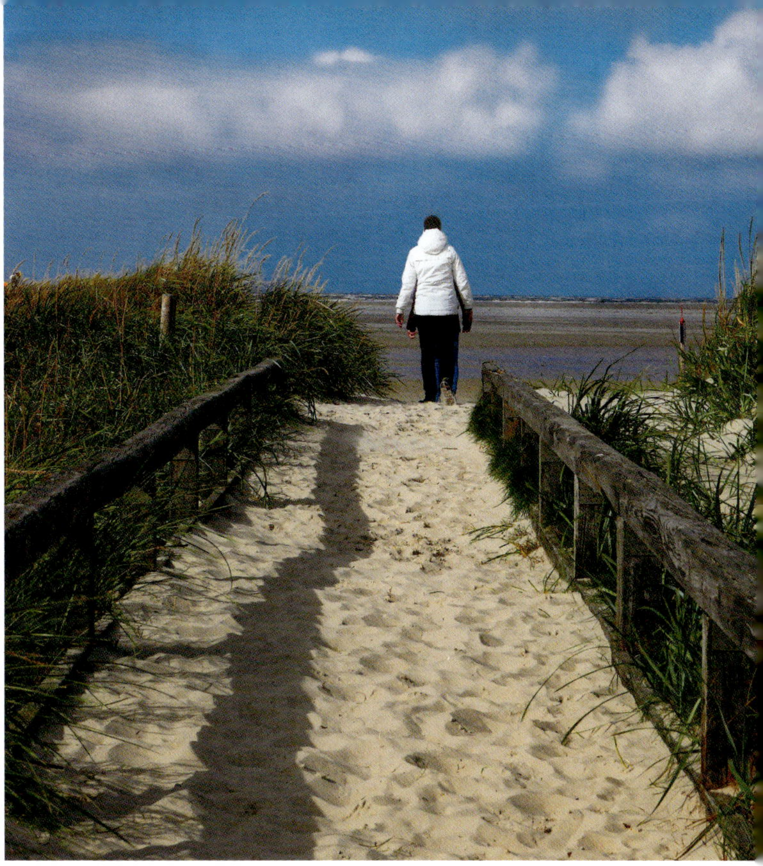

Nordseeküste

Typisch Dithmarschen: Deich, Windräder und Landwirtschaft (o. li.). Die Nordseestrände von Eiderstedt sind an der deutschen Westküste einmalig (o. re.). Das Wattenmeer ist eines der größten Feuchtgebiete der Welt (u. re.). Pfahlbauten von St. Peter-Ording (u. li.).

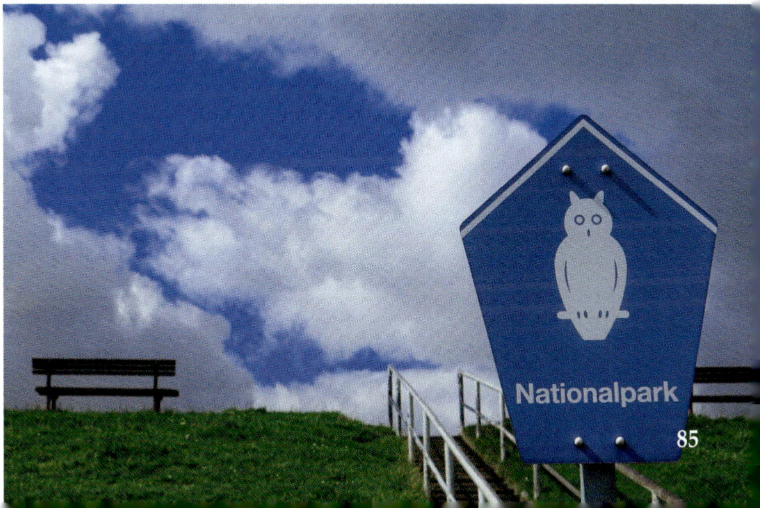

20 Unter der Bökelnburg

Vom toten Kliff zum lebendigen Nord-Ostsee-Kanal

Mittel | 17 km | 126 m 129 m | 4 Std.

Tourencharakter
Einfache Rundwanderung mit kurzem Ab- bzw. Aufstieg, zumeist auf kaum befahrenen Wirtschaftswegen

Ausgangs-/Endpunkt
Burg (Dithmarschen)

Anfahrt
Auto: A 23, Abfahrt Schafstedt, weiter auf L 145 über Eggstedt und Hochdonn nach Burg
Bus & Bahn: Burg liegt an der Bahnstrecke Hamburg–Westerland und wird zwischen 8–22 Uhr mindestens einmal pro Stunde angefahren.

Einkehr
Dat lütte Café in Burg genießt bei Naschkatzen Kultstatus. In Hochdonn Kiosk und Restaurant. Das besonders empfehlenswerte Burger Fährhaus ist Mietglied im Verein »Feinheimisch«, der regionale, nachhaltige Zutaten und Produkte verwendet.

Karte
Kompass Wanderkarte 1:50 000, Nr. 711, Nord-Ostsee-Kanal

Information
Tourist-Info Burg,
Tel. 04825/90 11 94,
www.burg-dithmarschen.de

Lieblingsplatz für Ship-Spotter: die Veranda des Burger Fährhauses (rechts)

Wo Deutschland seinen Tiefpunkt verortet, erhebt sich eine ehemalige Steilküste aus der flachen Landschaft. Wir wandern von der Geest in die Marsch und dann Seite an Seite mit mächtigen Ozeanriesen.

Zur Bökelnburg Ausgangspunkt dieser Wanderung ist der Ⓐ **Bahnhof von Burg**. Die Hauptstraße zieht sich quer durch den Luftkurort, der als »Perle der Westküste« gilt. Aufgrund seiner außergewöhnlich hügeligen Lage entspricht er so gar nicht dem allgemeinen Bild von Dithmarschen. Am Ortsausgang nach ca. 1,4 Kilometern weist ein Schild linker Hand zum Friedhof. Er befindet sich auf einer Anhöhe direkt am Geesthang. Seine Besonderheit: Der Friedhof liegt im Inneren eines sechs Meter hohen kreisrunden Wallrings. Im Jahr 800 befand sich hier die ❶ **Bökelnburg**, ein Verteidigungswerk, das der Bevölkerung in Kriegszeiten Schutz bot. Heute führt ein Rundweg um die Wallkrone. Obwohl keine Gebäudereste erhalten sind, kann man sich hier oben die Eignung als Fluchtburg gut vorstellen. Auf der weiten, flachen Marsch unterhalb des Geesthangs war es unmöglich, sich der Bökelnburg ungesehen zu nähern. Nichts verstellt den Blick, der weit über den Nord-Ostsee-Kanal hinausreicht. Am gegenüberliegenden Ufer befindet sich bei Neuendorf-Sachsenbande die tiefste Landstelle Deutschlands. Sie liegt 3,54 Meter unter Null.

Zum Nord-Ostsee-Kanal Die Burgstraße windet sich vom Friedhof rechter Hand den Hang hinunter und mündet nach ca. 300 Metern in die Hafenstraße. Diese überquert nach weiteren 300 Metern die Burger Au. Hier geht es rechts zur Straße ❷ **Am Hafen** ab. Von einem Hafen ist zwar weit und breit nichts zu sehen, doch die Burger Au war bis ins 19. Jahrhundert ein wichtiger Verkehrsweg. Heute gleiten nur noch Kanus über das Marschgewässer der stillen Wiesen- und Moorlandschaft. Wenn bei Wind die Gräser wie ein Meer wogen, ist es beinahe wie vor 5000 Jahren. Damals brandeten noch Wellen an den Geesthang. Es handelt sich um ein ehemaliges Kliff. Heute liegt die bis zu 30 Meter hohe Steilküste rund 20 Kilometer von der Nordsee entfernt. Bei klarer Sicht kann man sie vom Aussichtsturm des Waldmuseums dennoch ausmachen (siehe Tipp). Dass Burg heute wieder am Wasser liegt, ist Kaiser Wilhelm I. zu verdanken. Er machte wahr, wovon die Schleswig-Holsteiner schon seit dem 7. Jahrhundert träumten. 8900 Arbeiter gruben eine Wasserstraße quer durch das Land. Seitdem müssen Schiffe nicht mehr um Dänemark herumfahren, wenn sie von einem Meer ins andere wechseln wollen. Wo die Straße Am Hafen nach rechts abknickt, führt linker Hand der Wanderweg ❸ **Schuldamm** direkt zum Nord-Ostsee-Kanal hinunter.

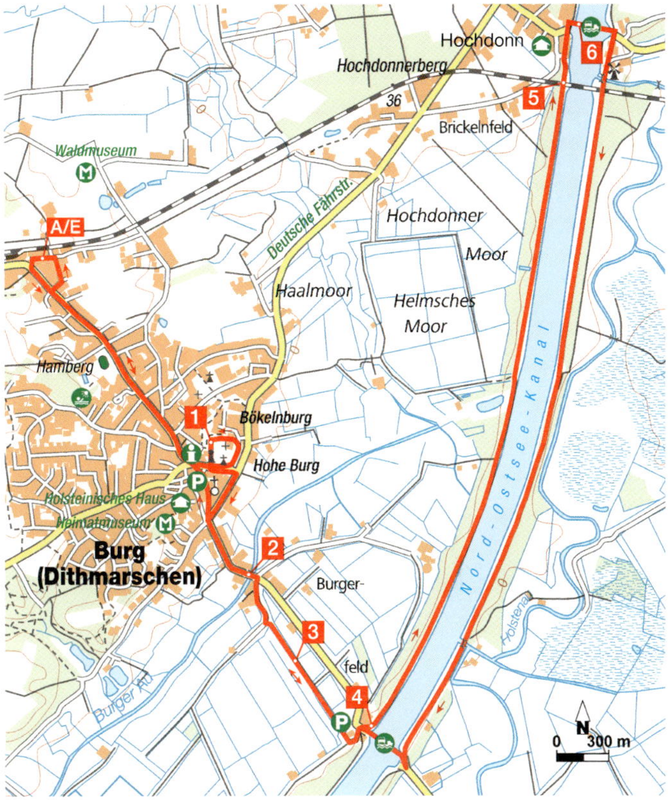

Nach Hochdonn Noch bevor der Kanal zu sehen ist, kündet das Tuckern von Schiffsmotoren die ❹ **Burger Fähre** an. Vorbei am alten Fährhaus, einem beliebten Ausflugslokal, geht es auf den naturbelassenen Wirtschaftsweg, der den Kanal begleitet. Mehr als hundert Kilometer könnte man von Bruns-

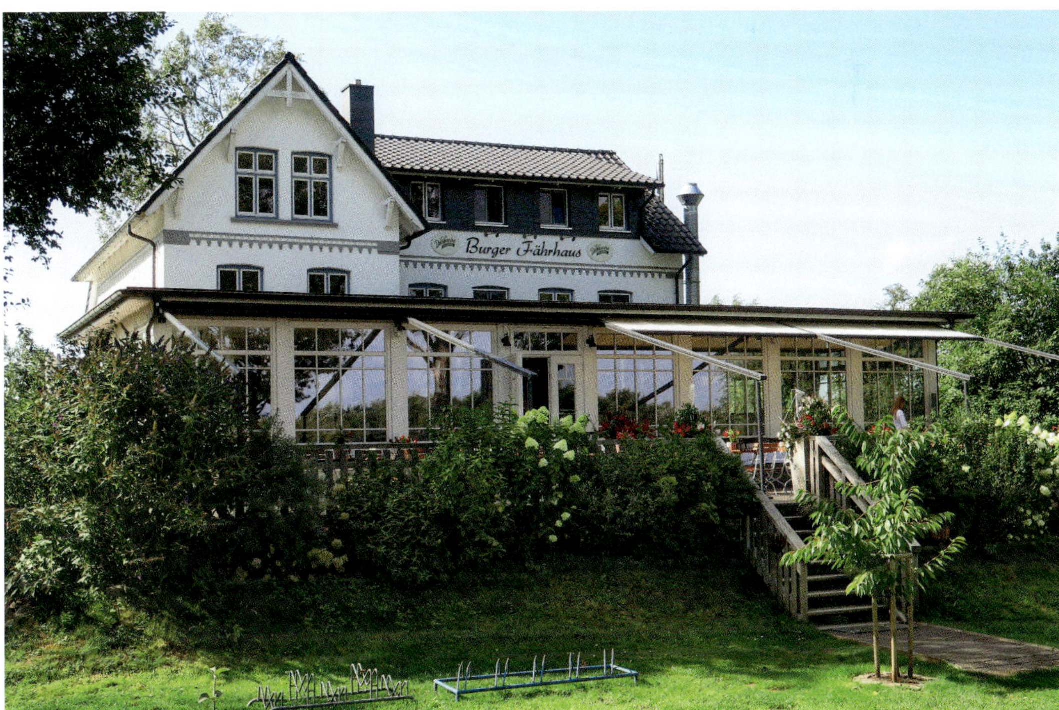

Burger Waldmuseum

Wald ist ein seltenes Gut in Dithmarschen. In Burg hat man ihm sogar ein Museum gewidmet. Im Erholungswald lässt sich die Ausstellung auf Lehrpfaden und Rundwegen erleben. Vom Aussichtsturm auf dem 66 Meter hohen Wulfsboom reicht der Blick bis zur Elbmündung (Infos unter www.waldmuseum.de).

büttel an der Nordsee bis nach Kiel an der Ostsee wandern und würde kaum jemals von einem Auto gestört. Doch in der Gesamtheit eignet sich die Route wohl eher für eine Radtour. Die knapp fünf Kilometer der heutigen Strecke eignen sich perfekt zu Fuß. Dass das Geradeausgehen nicht langweilig wird, erledigt der Schiffsverkehr. Der Nord-Ostsee-Kanal ist die meistbefahrene künstlich angelegte Wasserstraße der Welt. Panamakanal und Suezkanal können es nicht einmal zusammengenommen mit ihm aufnehmen. Bald ist die ❺ **Eisenbahnhochbrücke Hochdonn** zu sehen. Die Eisenfachwerkkonstruktion von 1920 misst an der höchsten Stelle über 56 Meter. Ihre Zufahrten befinden sich zum Teil auf ehemaligen Dünen – in Dithmarschen Donn genannt. Man findet die Wortendung in vielen Ortsnamen, so auch in Hochdonn. Der Ort verfügt über die einzige Badestelle des Nord-Ostsee-Kanals. Wer den Sandstrand von Klein-Westerland testen möchte, zählt knapp zwei Kilometer für die einfache Strecke zur Gesamtdistanz hinzu. Und badet neben Ozeanriesen.

Zurück nach Burg Die ❻ **Hochdonner Fähre** setzt ans andere Kanalufer über. Wie alle Fähren am Nord-Ostsee-Kanal pendelt sie rund um die Uhr und befördert Passagiere, Räder und Autos kostenfrei. Diese Bestimmung geht noch auf Kaiser Wilhelm I. zurück. Er legte den Grundstein für das Mammutprojekt 1887. Sein Enkel Kaiser Wilhelm II. eröffnete die neue Wasserstraße acht Jahre später. Dabei wurden weder Budget noch Zeitplan überschritten. Heute eine unvorstellbare Leistung! Wanderer sollten sich am Kanal alle Zeit der Welt lassen. Am schönsten ist die Stimmung, wenn die Sonne auf- oder untergeht. Und der bekannte Rückweg vom Burger Fährhaus zum Ⓔ **Bahnhof Burg** ist so einfach, dass man ihn auch im Dunkeln findet.

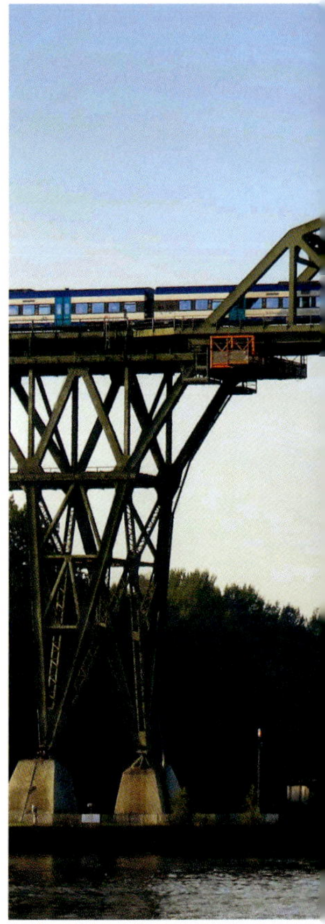

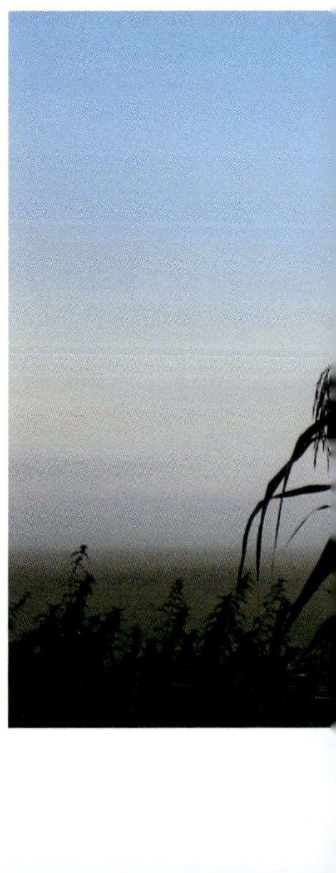

Oben: Eine von zehn: die Eisenbahnbrücke Hochdonn

Unten: In Burg trifft hügelige Geest auf flache Marsch.

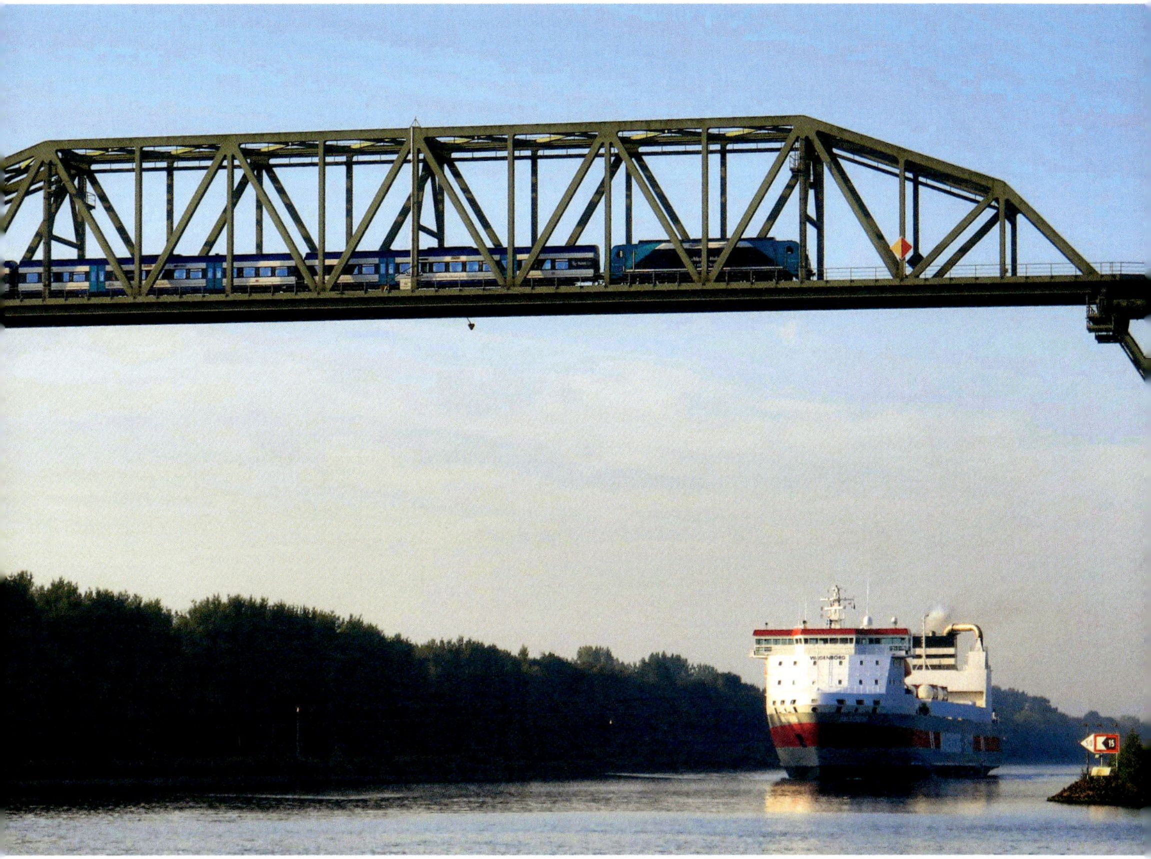

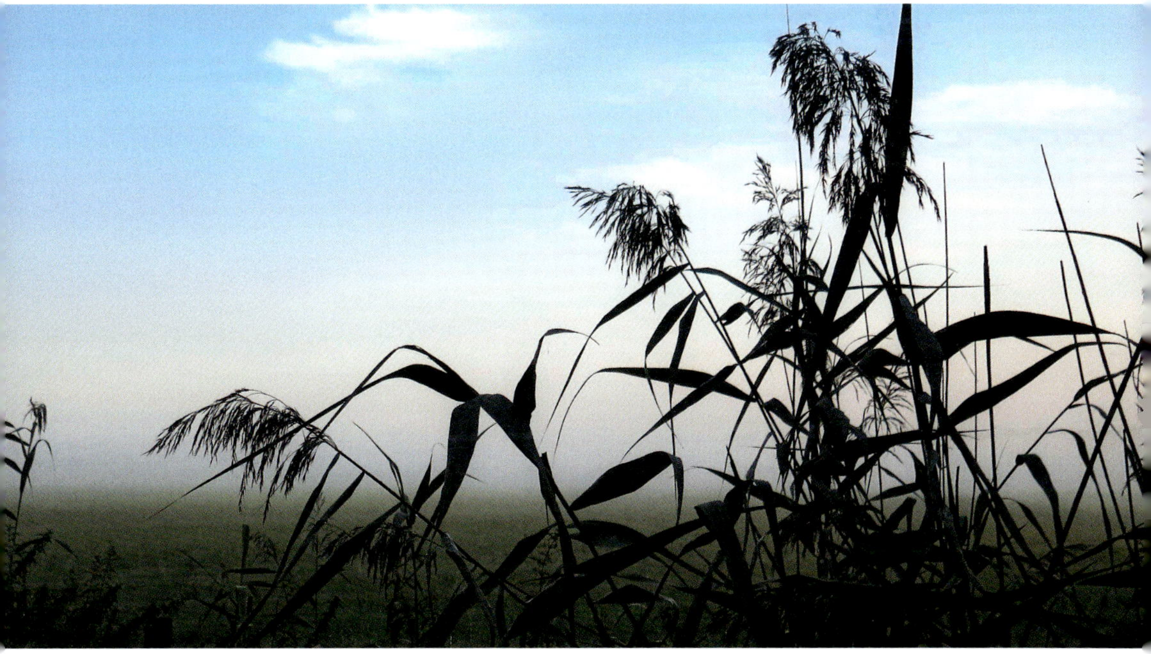

21

Zum Trischendamm von Friedrichskoog

Es waren einmal sieben Inseln …

Mittel | 14 km | ↑13 m ↓10 m | 4.30 Std.

Tourencharakter
Leichte Runde, einfach zu orientieren, meist auf der Deichkrone und asphaltierten Deichverteidigungswegen

Ausgangs-/Endpunkt
Parkplatz Hafen Friedrichskoog

Anfahrt
Auto: A 23 Hamburg-Heide, Abfahrt Itzehoe, B 5 Marne, von dort Ausschilderung nach Friedrichskoog folgen
Bus & Bahn: Vom Bahnhof St. Michaelisdonn Busverbindung nach Friedrichskoog-Spitze; Bus 2510

Einkehr
Unterwegs: Auf Höhe des Trischendamms wird im Deichrestaurant Zur Spitze das Dithmarscher Nationalgericht, Kohlrouladen, traditionell zubereitet. Nach der Wanderung lockt das Krabbenstübchen im Hafen mit Fischspezialitäten.

Karte
Landesvermessungsamt Schleswig-Holstein, Wander- und Freizeitkarte 3, Meldorf–Brunsbüttel, 1:50 000

Information
www.friedrichskoog.de

Hinweis
Zur Hochsaison, wenn es in anderen Seebädern viel zu voll wird, findet man in Friedrichskoog noch immer herrliche Ruhe.

Wo Elbe und Nordsee sich treffen, das Land jung ist und ein alter Hafen versandet, wollte man einst einen Damm zu einer wandernden Insel bauen. Was daraus wurde, zeigt diese leichte Deichtour und dazu den größten Salzwiesenkomplex des Nationalparks Wattenmeer.

Zum Seedeich Der Ⓐ **Hafen von Friedrichskoog** scheidet den Elbdeich vom Seedeich. Er entstand ab 1853 unter Friedrich VII. Der dänische König gab dem Koog auch seinen Namen. An der Nordseite der ❶ **Hafenanlagen** geht es Richtung Deich. Es herrscht nicht gerade lebhaftes Treiben am Kai. Dabei ist es noch gar nicht so lang her, da machte hier die größte Krabbenfischerflotte der Nordsee fest. Seit 2015 dient der Hafen in erster Linie touristischen Zwecken; der Unterhalt war aufgrund starker Versandung unwirtschaftlich geworden. Hauptanziehungspunkt ist heute die ❷ **Seehundstation** nahe der Schleuse. Die einzige Aufnahmestation für verlassene Heuler und erkrankte Tiere in Schleswig-Holstein finanziert sich ausschließlich über Spenden und Eintrittsgelder und verdient

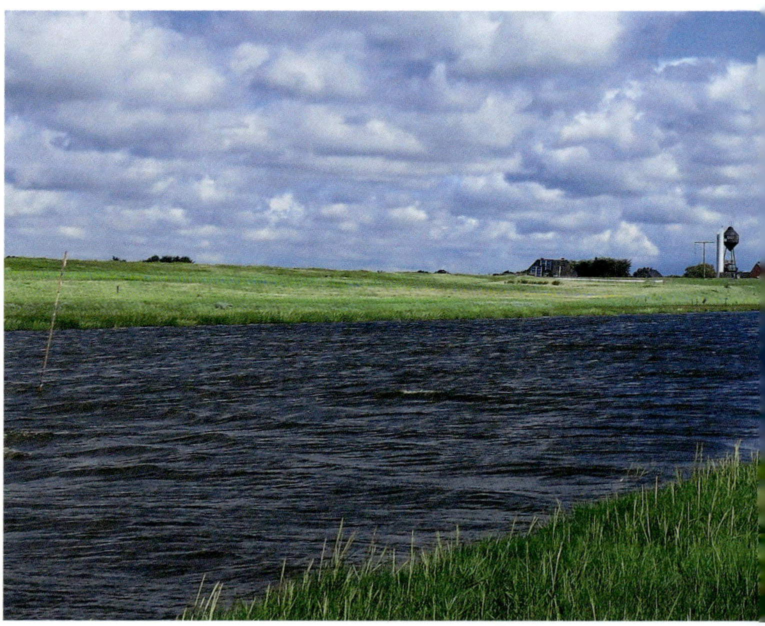

Die Gemeinde Friedrichskoog entstand in den 1850er-Jahren durch Eindeichung.

schon allein deshalb einen Platz auf der To-do-Liste. Vielleicht ja im Anschluss an diese Wanderung.

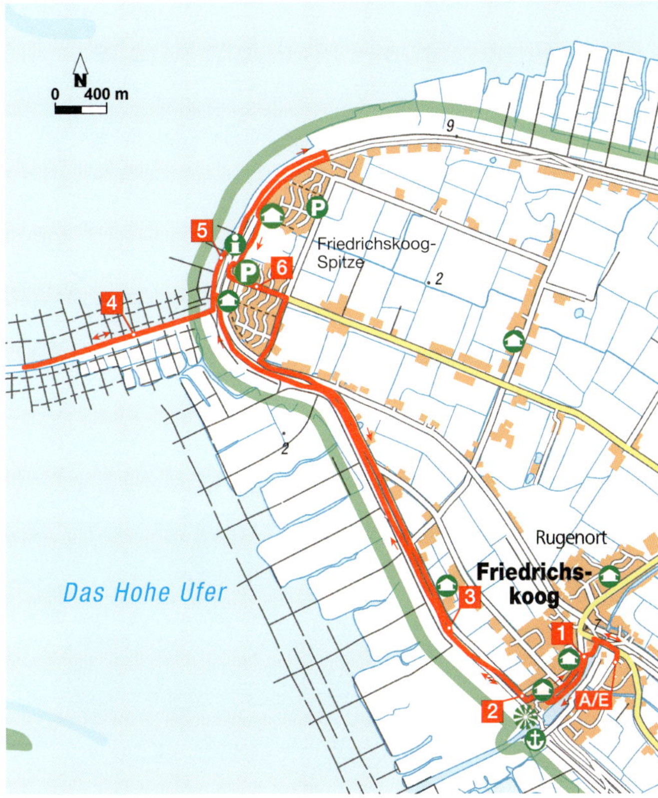

Zum Trischendamm Wer zum ersten Mal in seinem Leben den ❸ **Seedeich** erklimmt, könnte enttäuscht sein. Da ist kein Baum, kein Strauch, kein Strand. Kein Meer, nicht einmal Watt. Bloß eine Grasfläche, die beinahe öde wirkt. Aber dann … realisiert man die Stille, die höchstens von einsamen Vogelrufen durchbrochen wird. Nähern sich neugierige Schafe, die hier frei leben. Spürt man, wie aller Stress und jede Hektik von einem abfällt. Und wenn man dann noch weiß, dass man am Rande der größten Salzwiese des Wattenmeers steht, bei der es sich wiederum um den mit Abstand größten Nationalpark Mitteleuropas handelt, ist alles wie verwandelt.
Auf dem Weg nach Norden kann man dem Land beim Wachsen zusehen. Buhnen und Gräben vor den Deichen sorgen dafür, dass sich während des Gezeitenwechsels Schlick absetzt. Hat sich der

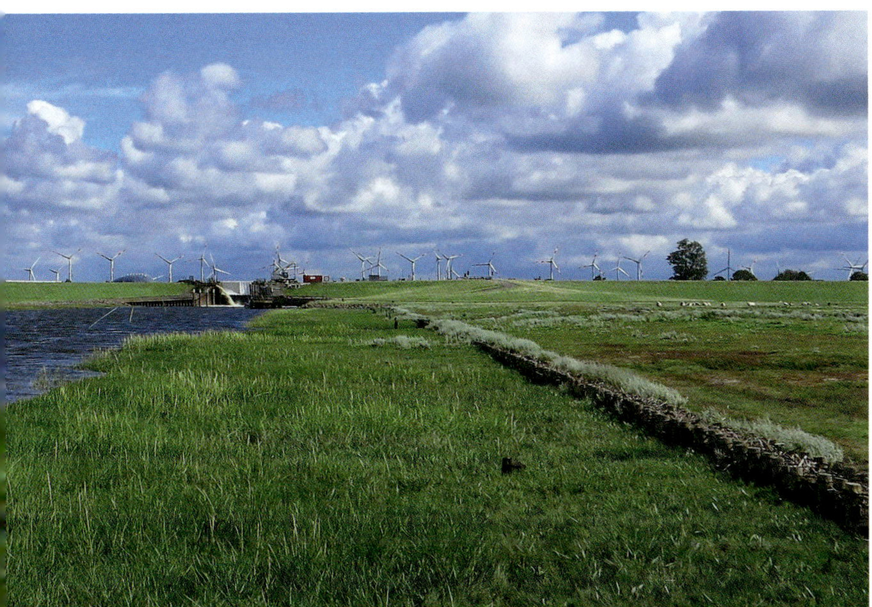

Die Neulandhalle – eine Anti-Kirche

Der Koog, dessen ursprünglicher Name nicht genannt werden darf, heißt heute Dieksanderkoog. Bei der Einweihung trug er den Namen des Gröfaz. Hier vergab die NSDAP Land an stramme Siedler. Eine Ausstellung im Garten der Neulandhalle erzählt die unrühmliche Geschichte. Sie befindet sich fünf Kilometer den Deich hinunter, der Eintritt ist frei (Infos unter www.lernort-neulandhalle.de).

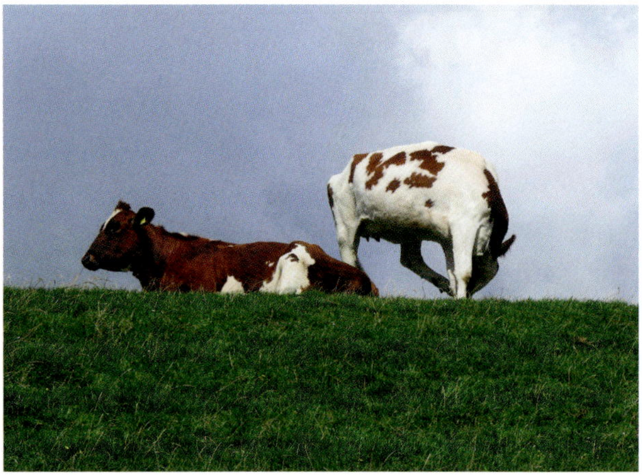

Meeresboden ausreichend erhöht, siedeln sich Pionierpflanzen an. Ist das Vorland groß genug, wird es eingedeicht. Das eingedeichte Land nennt man in Schleswig-Holstein Koog. Der heutige Friedrichskoog besteht aus sieben eingedeichten Inseln und Halligen. Der Boden unter den Füßen war einst die äußerste Insel, der frühere Dieksand. In der Ferne scheint ein schräges Schloss aus dem Meer zu ragen. Es sind die Fördertürme von Deutschlands größtem Ölfeld Mittelplate. Nach knapp fünf Kilometern, gerade rechtzeitig, bevor die Deichpartie langweilig wird, ist eines der seltsamsten Küstenschutz-Bauwerke von Dithmarschen erreicht, der ❹ **Trischendamm**.

Auf dem Trischendamm Der Schutzwall wurde in den 1930er-Jahren erbaut, als ein Priel den Deich zu unterspülen drohte. Der Damm besteht aus 16 000 Tonnen Steinen und sollte eigentlich bis Trischen führen. Die wandernde Insel liegt zwölf Kilometer vor der Küste. Sie ist bei guter Sicht rechts neben der Erdölplattform zu erkennen und wird in den Sommermonaten von einer Vogelwartin oder einem Vogelwart bewohnt. Andere Besucher sind auf Trischen nicht erlaubt. Dafür wird die Insel von Zehntausenden Vögeln bevölkert. Während des Baus des Trischendamms zeigte sich, dass er die Strömungsverhältnisse durcheinanderbrachte. Beinahe wäre es zum Deichbruch gekommen. So ließ man die Sache nach 2200 Metern gut sein. Die Piste ins Meer ist teilweise recht holperig. Sie lohnt jedoch jeden Schritt. Auf dem Rückweg richtet sich die Aufmerksamkeit auf den markanten Strandzugang von ❺ **Friedrichskoog-Spitze**.

Auf dem Grünstrand Im eigentlichen Sinn sind Grünstrände keine Strände. In der Regel handelt es sich um einige Strandkörbe, Ruhebänke und Duschen auf dem Deich, so auch hier. Nach etwa 1,2 Kilometern ist bereits der letzten Strandzugang erreicht. Auf dem Strandweg geht es binnendeichs, also an der Landseite, zurück. Hier konzentrieren sich die Ferienhäuser des Nordseeheilbads. Im Kurpark laden in den Sommermonaten Hängematten zum Abhängen ein. Mit der ❻ **Koogstraße** ist quasi das Zentrum erreicht, aber das bedeutet nicht viel in dieser abgelegenen Gegend. Auf den zweiten Blick finden sich allerdings mehr Einkehrmöglichkeiten als es zunächst den Anschein hat. Es geht landeinwärts und nach 400 Meter rechts in die Nordseestraße. Sie mündet auf den Süderdeich. Er führt zurück zum Seedeich, der uns wieder zum Ⓔ **Ausgangspunkt** im Hafen bringt.

Oben: Meist werden die Deiche von Schafen gepflegt.

Rechts: Salzwiesen verwandeln die Nordsee in Land.

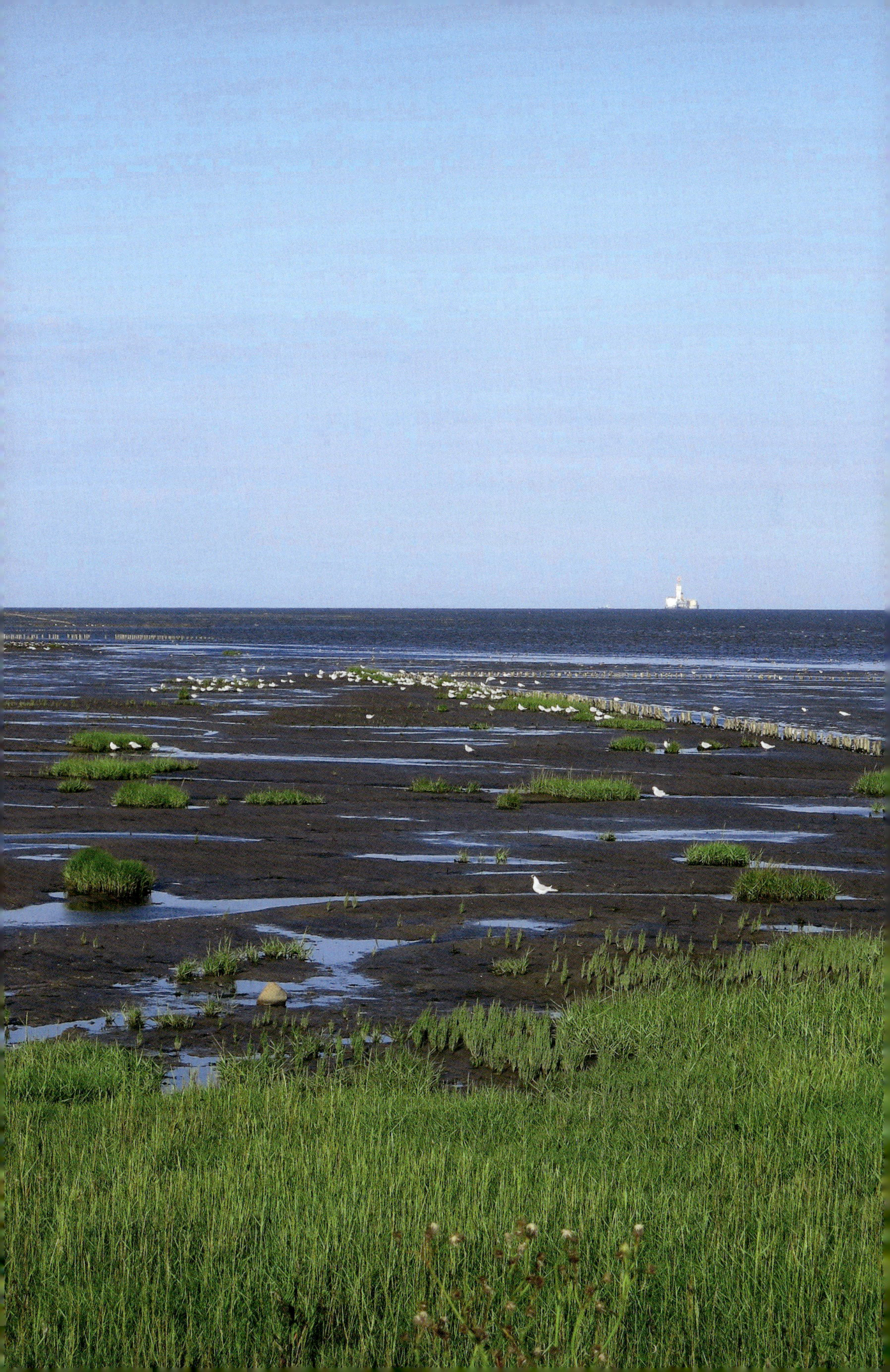

22

Trutz Blanke Hans

Nordic-Walking im Speicherkoog

Mittel | 16 km | ↑6 m ↓7 m | 4 Std.

Tourencharakter
Sportliche Runde, durchgängig ausgeschildert

Ausgangs-/Endpunkt
Parkplatz Badestelle Elpersbüttel

Anfahrt
Auto: A 23 Albersdorf, B 431 Meldorf, Hafenchaussee. Nach 1,9 km links auf Hafenstraße, ihrem Verlauf 6 km folgen. Sie knickt vor dem Hafen links zur Badestelle Elpersbüttel ab.
Bus & Bahn: keine Möglichkeit

Einkehr
Höchstens – aber nicht garantiert – an der Badestelle Elpersbüttel. Auf dem Weg keine. Genügend Wasser mitnehmen!

Karte
Landesvermessungsamt Schleswig-Holstein, Wander- und Freizeitkarte 3, Meldorf–Brunsbüttel, 1:50 000.

Information
Tourist-Info Meldorf,
Tel. 04832/978 00,
www.meldorf-urlaub.de

Hinweis
Im Speicherkoog ist Schatten Mangelware. Kopfbedeckung und Sonnencreme nicht vergessen, auch im Winter!

Wandern im Flachland bietet keine Herausforderung? Das sieht der Deutsche Skiverband anders. Er klassifizierte diese Tour als mittelschwierig. Um den Abstecher auf eine ehemalige Insel ergänzt, verwandelt sie sich gar in eine »schwarze Piste«.

Zur Hallig Helmsand An der Ⓐ **Badestelle Elpersbüttel** startet an einer Infotafel die mittelschwierige Nordic-Walking-Route 6. Der Deutsche Skiverband zertifizierte und klassifizierte die Strecken im Nordic-Walking-Park Dithmarschen rein aufgrund ihrer Länge. Berge oder auch nur Erhebungen gibt es hier nicht. Wer auf den ❶ **Deich** gekraxelt ist, hat die beiden Höhenmeter dieser Tour bereits geschafft. Dahinter warten die Nordsee oder das Watt. Und nun frisch gewalkt oder gewandert nach Süden! Auf dem Deich oder dem typischen Asphaltweg, der beinahe lückenlos von Dänemark bis zur Elbe reicht, geht es los. Nach 2,7 Kilometern ist die ehemalige ❷ **Hallig Helmsand** erreicht. Seit den 1930er-Jah-

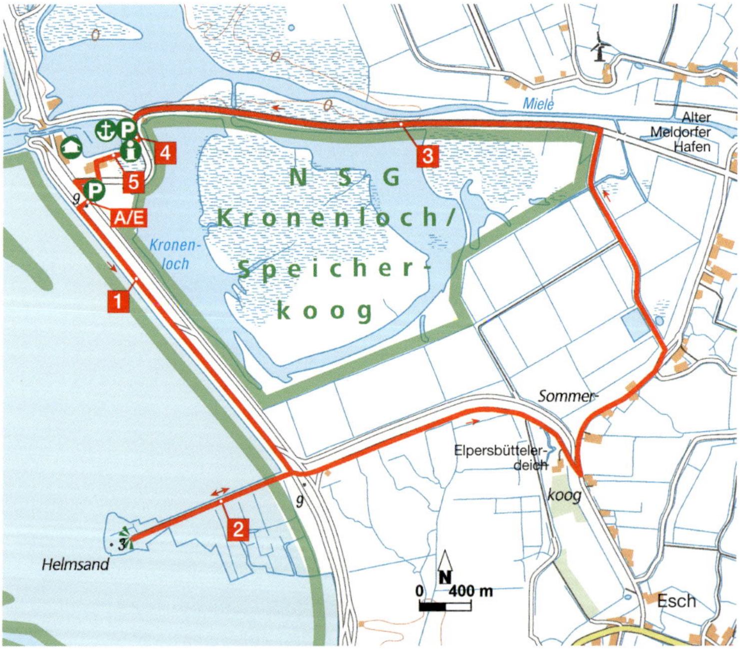

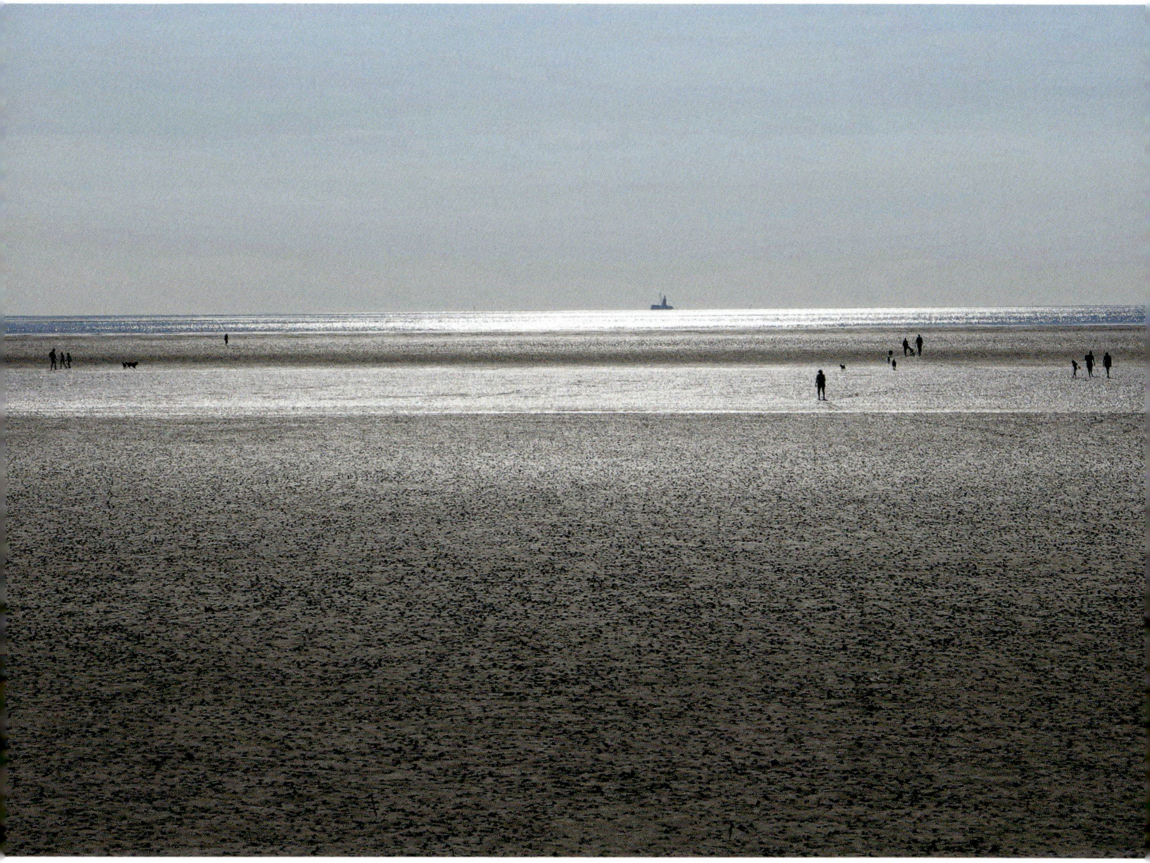

ren verbindet ein 1500 Meter langer Steindamm die frühere Insel mit dem Festland. Er ist ganzjährig begehbar. Der Halligkopf jedoch wird in der Brutzeit von April bis Juli für Besucher gesperrt. Helmsand ist ausgewiesenes Vogelschutzgebiet. Ein Hide lädt auf halber Strecke zum Birdwatching ein. In der friedlichen Stille kann man sich nur schwer vorstellen, dass die Geschichte des Speicherkoogs mit einer Katastrophe begann. Und das ist noch gar nicht so lange her.

Wer die Verhaltensregeln beachtet, findet im Watt tiefen Frieden.

Der Speicherkoog Vom Halligkopf geht es zurück zum Deich. Er ist noch relativ jung, der alte Deich brach in der Nacht auf den 17. Februar 1962. Anders als in Hamburg, wo bei der großen Flut 300 Menschen starben, kam in der Meldorfer Bucht zwar niemand ums Leben, doch die Schäden an Hab, Gut und Infrastruktur waren erheblich. Wieder einmal … Seit Menschengedenken ringen die Küstenbewohner mit dem Blanken Hans. So wird hier oben die tobende Nordsee genannt. Unzählige Dörfer, Inseln, Landstriche hat das Meer über die Jahrhunderte zerstört. Davon erzählt auch das Gedicht »Trutz Blanke Hans« von Detlev von Liliencron. Trutz meint dabei den Willen der Küstenbewohner, sich nicht geschlagen zu geben. Denn mit jedem verlorenen Kampf lernten die Menschen dazu. 1962 schließlich kamen sie auf die verwegene Idee, dem Blanken Hans einen Riegel vorzuschieben. Im wahrsten Sinne des Wortes: Es ist der Deich, mitten ins Meer gebaut. So wurde eine giganti-

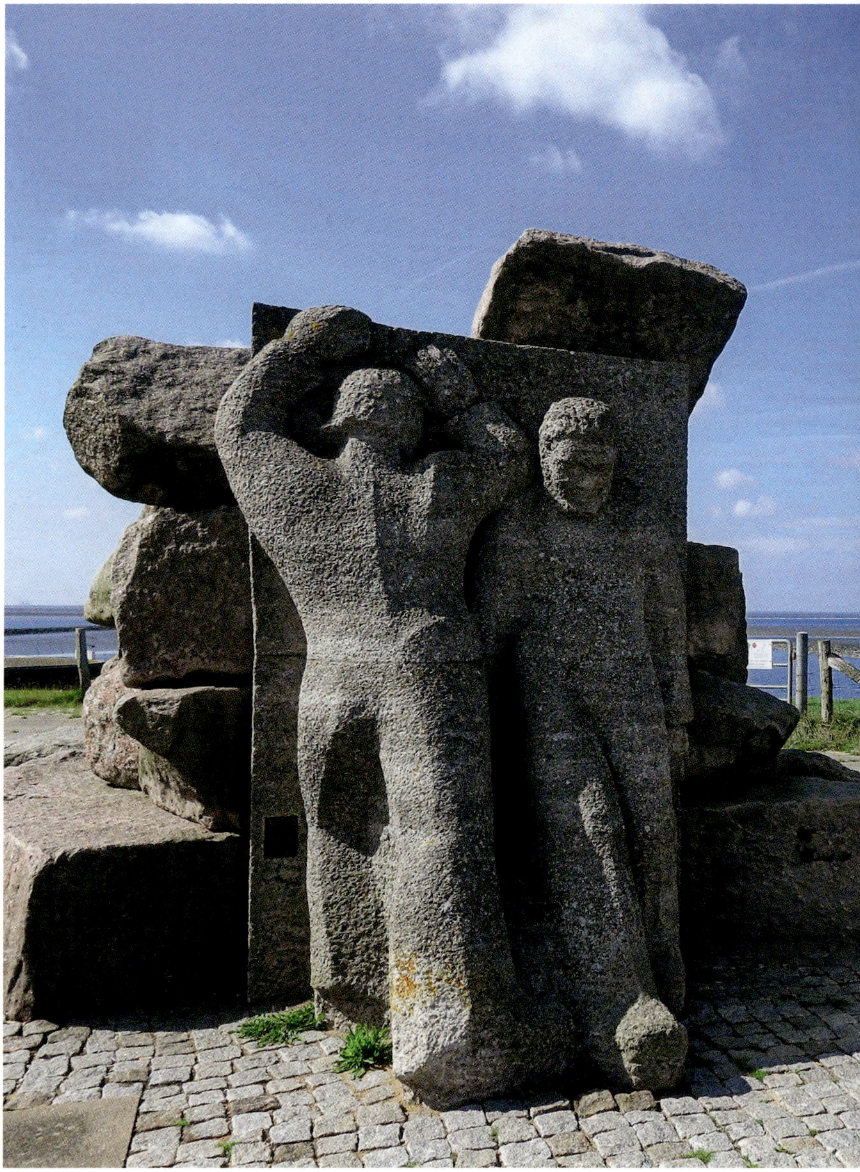

Das Deicharbeiterdenkmal am Sperrwerk im Meldorfer Hafen

Wilde Landschaftspfleger

Auch die leichte Nordic-Walking-Route 5 im Speicherkoog lohnt sich. Sie führt vom Sperrwerk des Speicherkoogs zur Badestelle Nordermeldorf. Ambitionierte Walker brauchen für die 6,3 km nicht einmal eine Stunde. Professionelle Genießer können am Rand des von Wildpferden bewohnten Wöhrdener Lochs locker einen langen, glücklichen Tag verbringen.

sche Entwässerungsfläche geschaffen. Der weit entfernte Meldorfer Dom, einst ein Seezeichen, dient als Anhaltspunkt, um die Größe des neu gewonnenen Landes zu erfassen.

Durch neues Land Man darf sich im weiteren Verlauf gern auf die Beschilderung verlassen. Sie leitet großzügig um das ❸ **Naturschutzgebiet Kronenloch**. Zusammen mit dem benachbarten Naturschutzgebiet Wöhrdener Loch ersetzt es den Le-

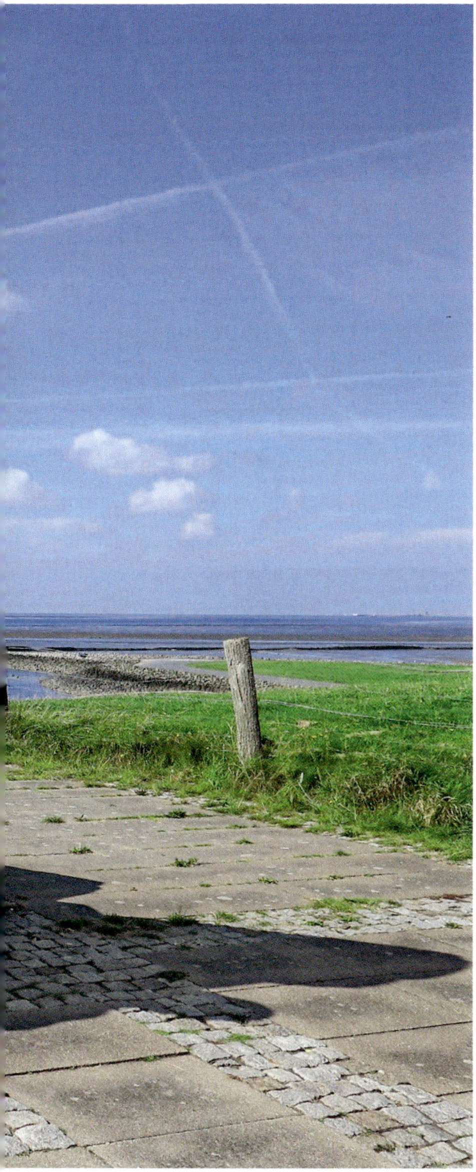

bensraum unzähliger Vögel und Pflanzen auf der verlorengegangenen Wattenmeerfläche. Heute brüten wieder mehr als 180 Vogelarten im Speicherkoog oder machen Rast zur Zeit der großen Vogelzüge im Frühling und Herbst. Bis zu 10 000 Vögel gleichzeitig tummeln sich dann an den Gewässern der Naturschutzreservate. Die Rückzugsgebiete dürfen nicht betreten werden. Doch werden auf der Tour einige Beobachtungspunkte und Aussichtsplattformen mit Infotafeln passiert. Der letzte Hide befindet sich direkt gegenüber des ❹ **Infozentrums Wattwurm**, das der NABU betreibt. Neben einer ständigen Ausstellung bietet die Nationalparkstation auch Führungen und Wattwanderungen an.

Zurück ans Meer Auf den letzten Metern wird erstmals die ausgeschilderte Route verlassen. Hinter dem Infozentrum Wattwurm führt ein Trampelpfad zum ❺ **Hafen**. Über ihn gelangt man schnell zur Ⓔ **Badestelle Elpersbüttel**. Ob die Wanderung tatsächlich mit einem erfrischenden Nordseebad oder einer Schlammpackung endet, ist allerdings eine Frage von Ebbe, Flut und dem Blanken Hans.

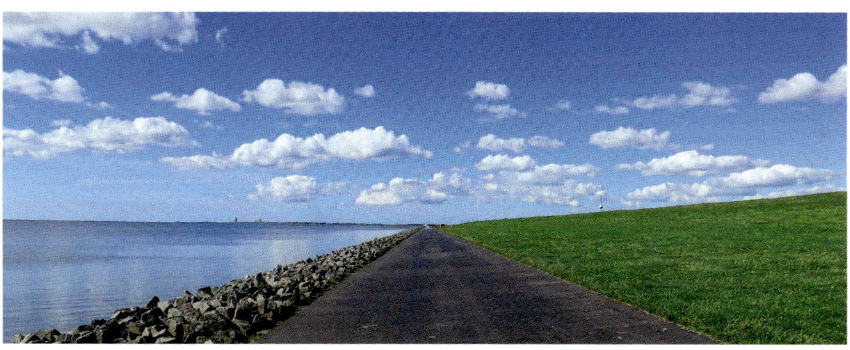

Nirgendwo Schatten: An der Küste ist Kopfbedeckung Pflicht.

23 Das Schreckenstor

Im Katinger Watt an der Eidermündung

Mittel | 22 km | ↑8 m ↓4 m | 5.30 Std.

Tourencharakter
Ausgedehnte Rundwanderung mit allerlei Highlights an Meeresrand und Flussufer, durch Wald und Wiesen, teils auf asphaltierten Deichwegen, teils auf federnden Pfaden

Ausgangs-/Endpunkt
Parkplatz am Eidersperrwerk

Anfahrt
Auto: Von Süden A 23 bis Heide-West, weiter B 203 bis Wesselburen und L 305. Von Norden Anfahrt nach Wesselburen über B 5
Bus & Bahn: Zum ganz normalen ÖPNV-Tarif fährt der RufBus von 8–19 Uhr jede gewünschte Haltestelle an, z. B. die Bahnhöfe Tönning, Katharinenheerd oder Garding. Spätestens zwei Stunden zuvor unter Tel. 04841/677 77 bestellen. Die Rückfahrt vereinbaren Sie mit dem Fahrer bzw. der Fahrerin.

Einkehr
Von März–Oktober beidseitig des Eidersperrwerks Fischbrötchen und Currywurst. Auf der Strecke: Schankwirtschaft Andresen, Öffnungszeiten unter www.schankwirtschaft-andresen.de

Karte
Publicpress Rad- und Wanderkarte Eiderstedt 1:60 000

Information
Tourist- und Freizeitbetriebe Tönning, Tel. 04861/684 20, www.toenning.de

Hinweis
Der Aussichtsturm, den Sie zum Ende der Tour vom Seedeich sehen, ist aktuell gesperrt. Der NABU spart für die Renovierung.

Wo Schleswig-Holsteins längster Fluss in die Nordsee mündet und das größte deutsche Küstenschutzwerk Dithmarschen mit Nordfriesland verbindet, beginnt die Halbinsel Eiderstedt mit Natur- und Vogelschutzgebieten und einem Wald, in dem man Muscheln sammeln kann.

Entlang der Eider Vor dem Besuch des mächtigen **A Eidersperrwerks** lohnt es sich, am Aussichtspunkt hinter dem Kiosk den längsten Fluss des Landes auf sich wirken zu lassen. Er gleicht an seiner Mündung einer Meeresbucht. 50 Millionen Kubikmeter Wasser strömen mit jeder Tide aus oder in die Eider. In früheren Zeiten kam es dabei häufig zu Überschwemmungen bis weit ins Land hinein. Egidor nannten die Germanen den wilden Fluss daher, »Schreckenstor«. Der Name ist abgeleitet von Ægir, dem Meeresriesen. Gemeinsam mit seiner Ehefrau Rán, einer Göttin halb Mensch, halb Fisch und ihren neun Töchtern, den Wellen, herrschen sie über alles Leben im Meer – und über die Toten. Bei Ebbe oder

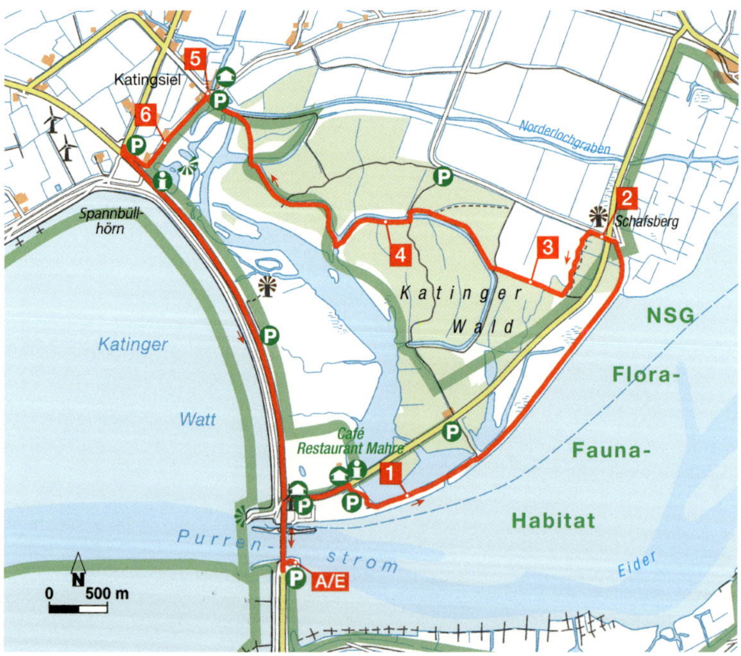

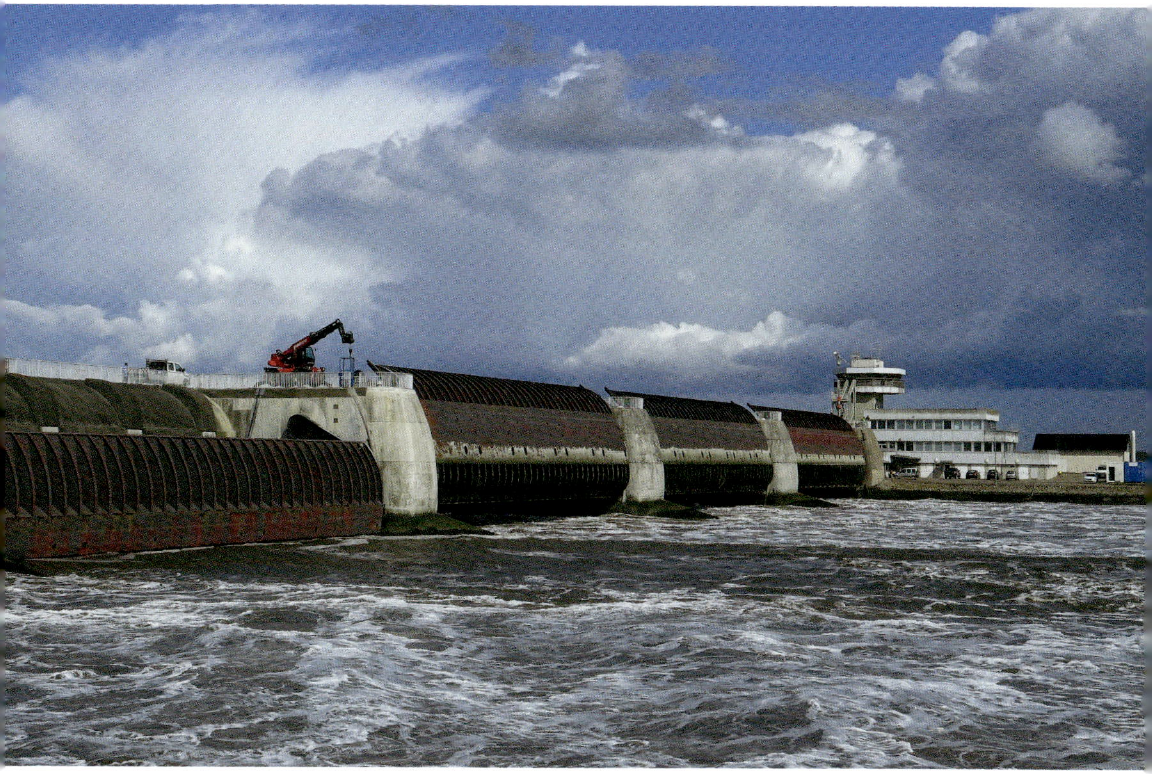

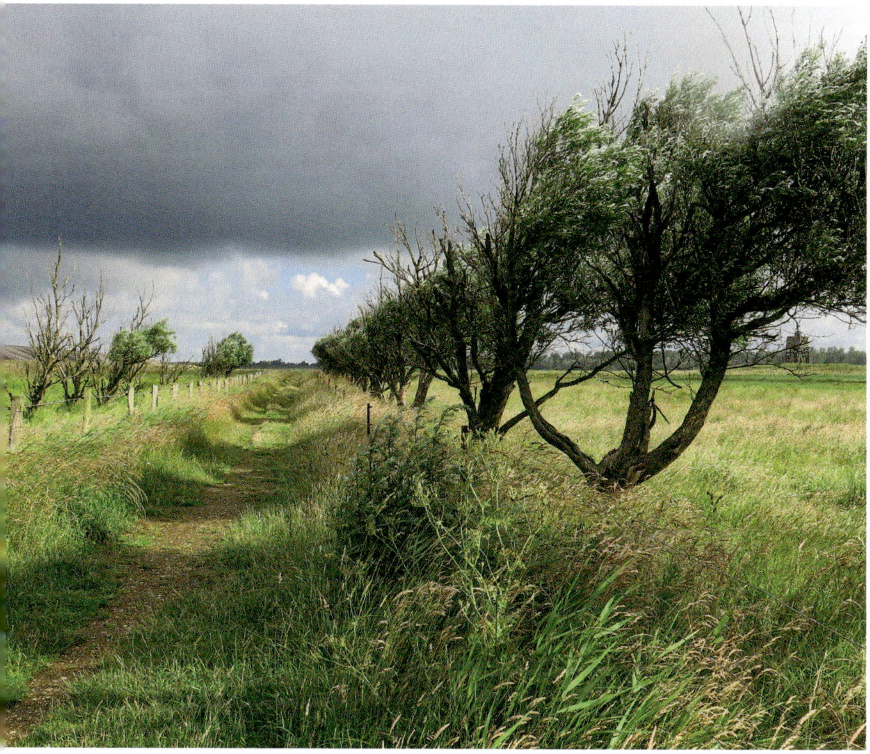

Oben:
Jahundertbauwerk
Eidersperrwerk

Unten:
Naturerlebnisraum
Katinger Watt

Die Vögel

In den Frühlingsmonaten brüten zu beiden Seiten des Eidersperrwerks Küstenseeschwalben und Lachmöwen. Die Kolonien lassen sich hier gut beobachten und fotografieren. Sicherheitsabstand und eine Kopfbedeckung sind allerdings ratsam. Speziell die elegante Küstenseeschwalbe kann ungemütlich werden, wenn man dem Nachwuchs zu nahe kommt.

an windstillen Tagen wirkt die Eider hingegen friedlich. Dann lassen sich hier Robben blicken und wenn nicht gleich, dann vielleicht bei der Rückkehr. Nun aber hinauf auf das gigantische Küstenschutzwerk, das seit 1973 verlässlich vor Überflutungen schützt! Die fünf gewaltigen Fluttore, jedes 40 Meter breit und mit Schleusenkammer versehen, fungieren zugleich als Brücke auf die andere Eiderseite. Am anderen Ufer müssen sich Wanderer etwa 600 Meter die Straße landeinwärts mit Autos teilen. Dann geht es rechts auf einen Parkplatz, von dem sich ein Fußpfad zum ❶ **Eiderdamm** schlängelt. Er zieht sich drei herrlich ungestörte Kilometer als schmale Piste zwischen Fluss und den von Prielen durchzogenen Wiesen dahin. Auf den letzten 300 Metern knickt der Damm zur Landstraße ab.

Der Katinger Wald Auf der gegenüberliegenden Straßenseite thront der ❷ **Aussichtsturm Kiekut** auf dem Schafsberg. Natürlich ist das kein Berg, sondern nur ein kaum wahrnehmbarer Hügel. Unter einem ganz ähnlichen soll irgendwo hier in der Nähe König Dan ruhen. Einer alten Sage nach ist der erste König von Dänemark nicht tot, sondern er schläft bloß und zweimal hunderttausend Mann mit ihm. Es heißt, die Männer werden erwachen, wenn es gilt, eine Schlacht zu schlagen. Doch wann genau, das weiß niemand. Und auch die genaue Lage des Hügels kennt niemand. Aber der Schafsberg ist es jedenfalls nicht; er ist genauso jung wie der ❸ **Katinger Wald**. Den Pfad hinein in den ❹ **Naturerlebnisraum Wald-Wasser** im Katinger Watt kann man vom Schafsberg aus sehen. Es warten Info- und Spielstationen und ein Staunen über den neuen Wald, der früher einmal Meer war. Bis heute lassen sich hier Muscheln finden.

Die Eider ist Schleswig-Holsteins längster Fluss.

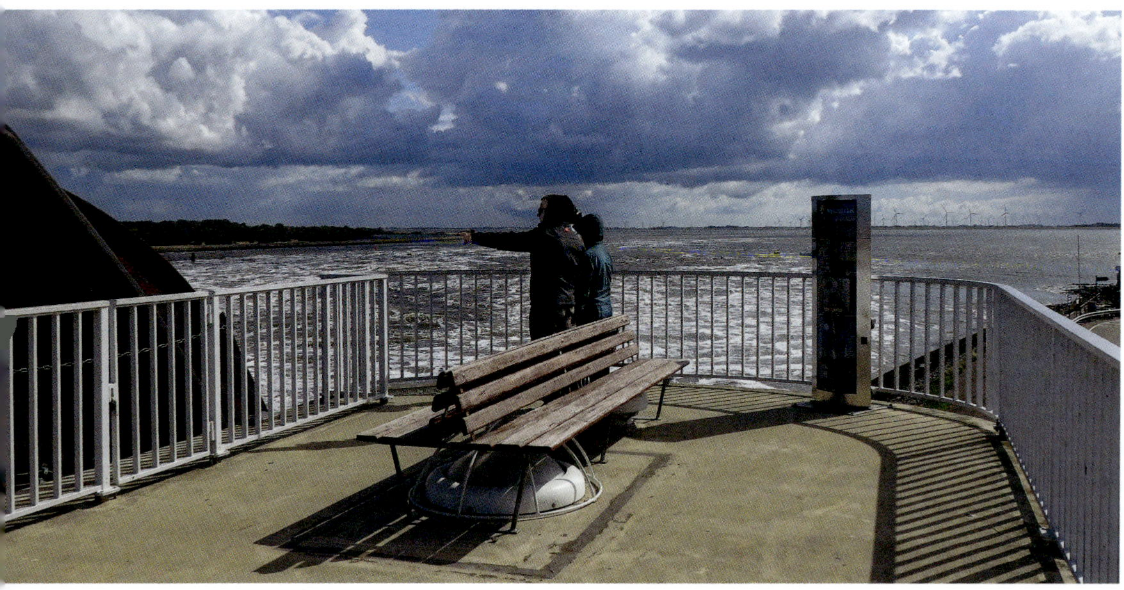

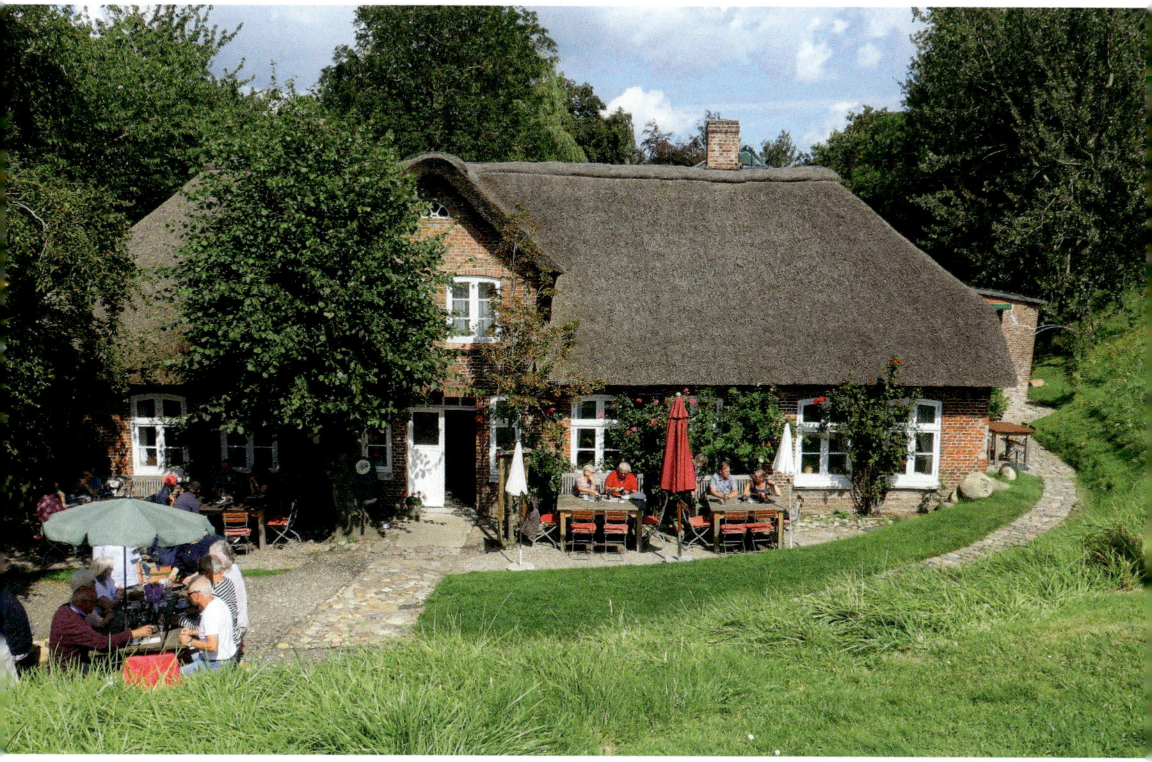

Die Schankwirtschaft Andresen duckt sich hinter den Deich.

Durch das Katinger Watt Von der Eisvogelhütte bis zur Bodensonnenuhr begleitet der Erlebnispfad den Ringpriel, um dann nach rechts abzuknicken. Wir bleiben auf dem Weg am Priel. Das Naturschutzgebiet ist ein Paradies für Vögel. Je nach Jahreszeit tummeln sich hier Enten, Gänse, See- oder Wiesenvögel. Die besten Beobachtungsstellen erkennt man an den Experten mit ihren gewaltigen Objektiven. Wenn der Weg kurz vor Katingsiel aus dem Waldgebiet heraustritt, sind schon 16 Kilometer geschafft. Allerhöchste Eisenbahn für eine Einkehr in der ❺ **Schankwirtschaft Andresen**. Sie duckt sich hinter den Deich, so dass es selbst bei starkem Wind im Bauerngarten angenehm warm ist. Dort oder im historischen Gastzimmer erholen sich müde Wanderer schon seit 1668 bei Krabbenbrot und Trümmertorte.

Zurück zum Eidersperrwerk Gestärkt geht es auf dem Eiderdeich zurück zur See. Bevor sie erreicht ist, taucht nach etwa 900 Metern rechter Hand das ❻ **Naturzentrum Katinger Watt** auf. Es liegt etwas versteckt in einem idyllischen Garten mit Fühlpfad und Duftbeeten. Neben einer Ausstellung zu Tieren und Pflanzen an der Eidermündung kann man hier auch Ferngläser leihen, um in der nahen Schutzhütte selbst zum Ornithologen zu werden. Die letzten vier Kilometer zum Ⓔ **Eidersperrwerk** ist Deichwandern angesagt. Falls Ægirs Bruder Kári, der Herrscher der Winde, mal wieder unverhofft miese Laune bekommen hat, kann er einem hier heftig um die Ohren pfeifen. Eine wind- und wasserabweisende Jacke gehört darum für diese Wanderung auf jeden Fall ins Gepäck. Aber das wissen geübte Nordseewanderer ja sowieso – aus leidvoller Erfahrung.

24

Strandläufer

St. Peter-Dorf bis Böhler Strand

Leicht | 5 km, bei Ebbe mehr | ↑5 m ↓8 m | 1.15 Std.

Tourencharakter
Streckenwanderung vom quirligen Ortskern durch Dünen und Salzwiesen zum ruhigsten Strand von St. Peter-Ording

Ausgangspunkt
St. Peter-Dorf, Marktplatz

Endpunkt
Böhler Strand, Seekiste

Anfahrt
Auto: Von Süden: A 23, B 5 Tönning, B 202. Von Norden: B 5 Tönning/Heide, B 202. Von Osten: A 7 Schleswig-Schuby, B 201 Richtung Husum
Bus & Bahn: Bahnhof St. Peter-Süd, mehrmals täglich über Husum

Einkehr
Im Dorf findet sich für jeden Geschmack das Richtige; am Böhler Strand die Seekiste

Karte
Publicpress Rad- und Wanderkarte Eiderstedt 1:60 000

Information
Tourist-Info im Ortsteil Dorf, Tel. 04863/99 90, www.st-peter-ording.de

Hinweis
Die Strände von St. Peter-Ording sind ganzjährig kurtaxenpflichtig.

Nirgends kommen Strandläufer an der deutschen Nordseeküste verlässlicher auf ihre Kosten als in St. Peter-Ording. Das war schon immer so auf der Halbinsel Eiderstedt. Doch die Strandlöper früherer Zeiten hatten es nicht auf Ruhe und Erholung abgesehen. Ganz im Gegenteil.

St. Peter-Dorf Die erst 1967 zusammengefasste Gemeinde St. Peter-Ording verfügt über die mit Abstand größte Wirtschaftskraft der Region. Angesichts des Trubels und der schmucken Reetdachhäuser am Ⓐ **Marktplatz** von Dorf kann man sich schlecht vorstellen, dass St. Peter und Ording noch bis weit ins 20. Jahrhundert als Armenhäuser von Eiderstedt galten. Wie mühsam sich die Menschen hier einst ernährten, verdeutlicht die ➊ **Skulptur »Jan und Gret«** an der Südseite des Marktplatzes. Gret fängt Krabben mit dem Schiebnetz, Jan sticht Aal mit der Forke. Die beiden hat es wirklich gegeben. Es heißt, dass die Skulpturen

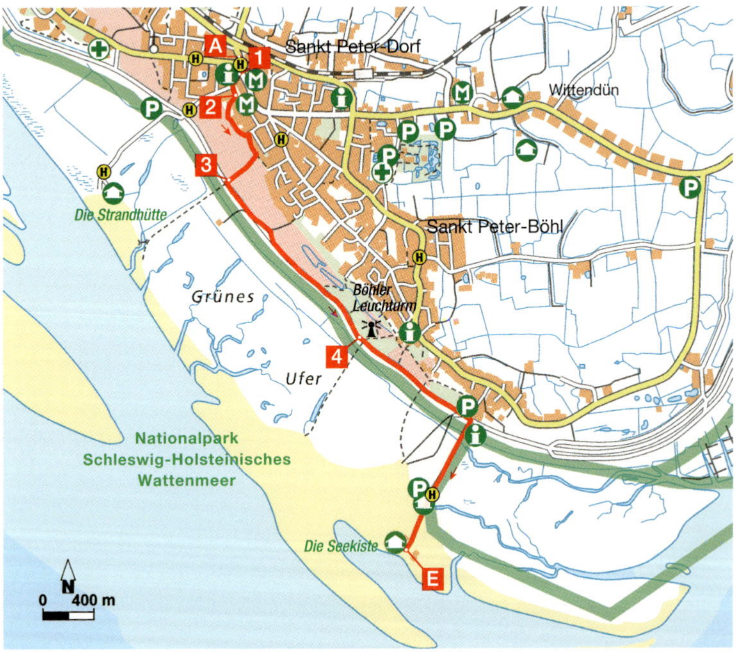

Sandwatt wie in Böhl ist selten an der Nordseeküste und gut begehbar (rechts).

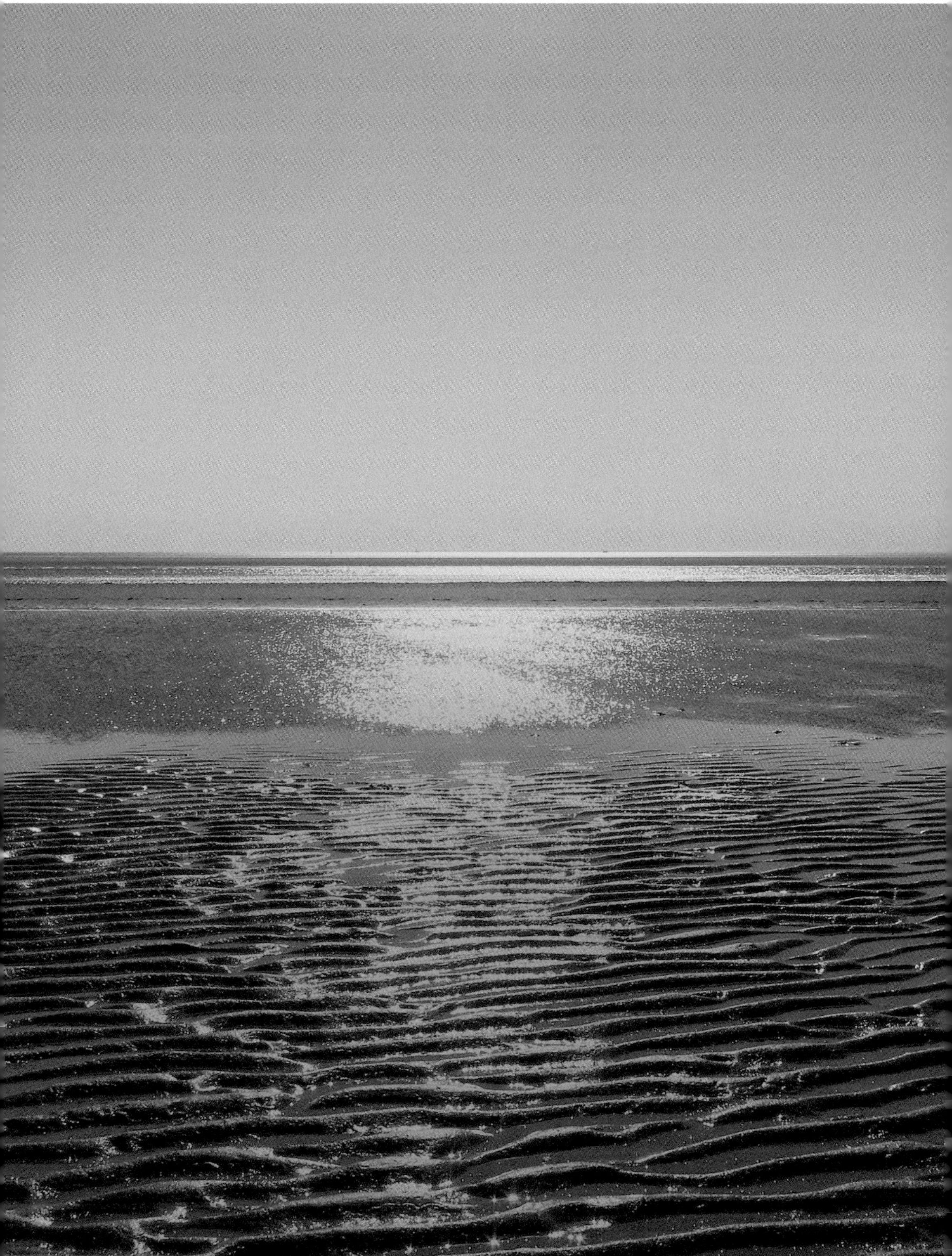

sich einmal im Jahr einander zuwenden, um sich endlich in die Augen zu schauen. Auf der gegenüberliegenden Seite der Straße Zum Südstrand zeigt die ❷ **Historische Insel** das Leben früherer Tage. Neben dem Backhus, in dem Besucher jeden zweiten Donnerstag frisches Brot genießen können, sind unter anderem ein alter Eiskeller, ein Eiderstedter Heck und das Schipperhus zu bestaunen. Hier verwahrte man Strandleichen zur Identifizierung auf. Oft wurden die Ertrunkenen, zumeist Seefahrer, von sogenannten Strandläufern entdeckt. Zu ihrem Arbeitsplatz führt am Ende der Historischen Insel ein Fußpfad. Es geht etwa 700 Meter durch die Dünen, bis er rechts Richtung ❸ **Deich** abknickt.

Links:
Nirgends im Land sind Sommertage so lang wie an der Nordsee.

Mitte:
Es raschelt leise, wenn der Wind durch das hohe Gras fährt.

Rechts:
In Böhl treffen Sandbank und Salzwiese aufeinander.

Süderhöft/Böhl Im Süden liegt eine der gewaltigen Sandbänke, die heute das größte Kapital von St. Peter-Ording ausmachen. Früher waren sie ein Fluch. Sandflug machte die Äcker unfruchtbar, begrub Häuser und Kirchen, ließ den Hafen immer wieder versanden. So sind hier trotz direkter Meerlage nie nennenswerte Fischerdörfer entstanden. Den besten Zugang hatte der zusammengewachsene Ort Süderhöft/Böhl, der sich nach etwa 1,5 Kilometern mit dem ❹ **Böhler Leuchtturm** ankündigt. Der Backsteinturm ersetzte eine hölzerne Quermarkierung, die seit dem

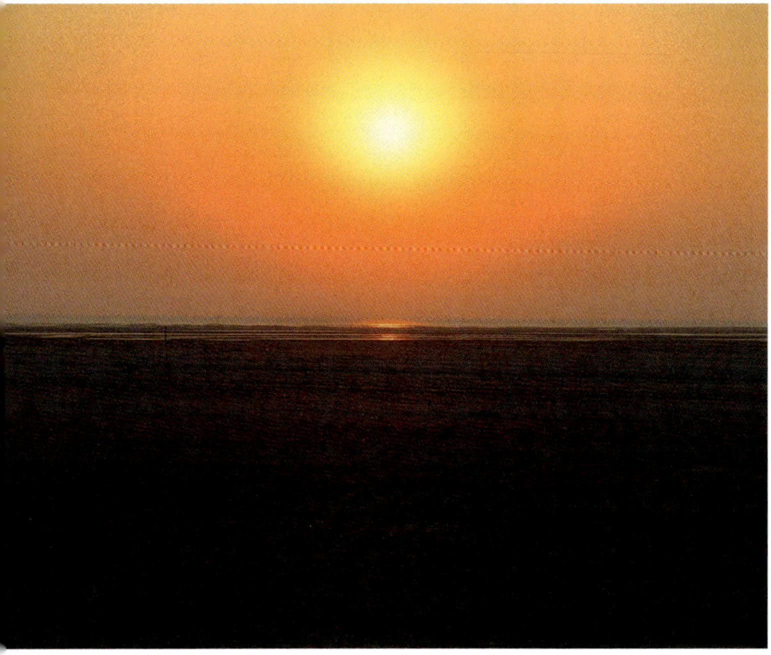

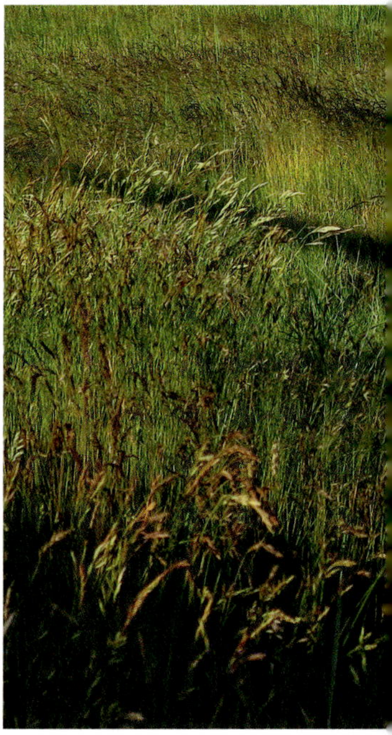

17. Jahrhundert die Einfahrt in die Eider erleichtern sollte. Der Ort litt allerdings sehr unter der Sturmflut von 1533 und musste 1558 seine Eigenständigkeit aufgeben. Nur der Friedhof für Wasserleichen und Landstreicher wurde noch eine Weile länger betrieben. Heute wird in der Nähe Golf gespielt. In der Ferne sind nun schon einige der berühmten ❺ **Pfahlbauten** zu sehen. Welchen Trampelpfad man durch die Salzwiesen nimmt, ist eine Frage der Tide. Der erste Pfad, der sich direkt gegenüber vom Leuchtturm zum Strand zieht, und der zweite, einige hundert Meter wei-

ter, sind bei Hochwasser oder nach starken Regenfällen nur eingeschränkt nutzbar. Wer ganz sicher gehen will, wartet bis zur Zufahrt, die auch von Bussen und Autos genutzt wird. Hier schlängelt sich ein verlässlicher Bohlenweg zum Strand.

Am Böhler Strand Dass man den Strand erreicht hat, heißt in St. Peter-Ording noch lange nicht, dass man am Meer ist. Je nach Tide sind es einige hundert Meter zum Wasser. Es können auch schon mal zwei Kilometer sein, bis man auch nur bis zu den Knöcheln in der Nordsee steht. Wer in südlicher Richtung dem Böhler Strand bis zum Lagunenende folgt, addiert gut drei Kilometer zum Tagespensum. In nördlicher Richtung kann es weit mehr werden. Diese gewaltige Fläche war der Arbeitsplatz der Strandlöper. Sie hatten in Eiderstedt einen denkbar schlechten Ruf. Nicht, dass sie Müßiggänger gewesen wären. Nach jeder Flut suchten sie den Strand nach Strandgut ab, nach Waren von gekenterten Schiffen, Holz oder Bernstein. Und manchmal fanden sie dabei eben auch Leichen, die nicht selten gefleddert wurden. Auch die Abgabe, die der Herzog auf Strandgut erhob, zahlte man längst nicht immer. Kostbare Dinge wurden in den Dünen versteckt. Wein oder – noch besser: Rum – trank man direkt aus. Heute sorgt die E **Seekiste** für den

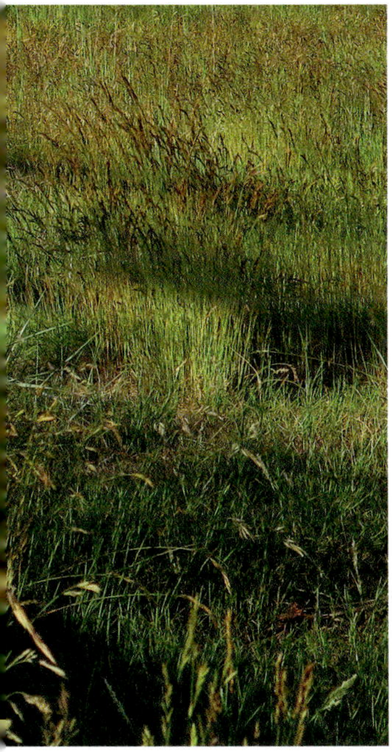

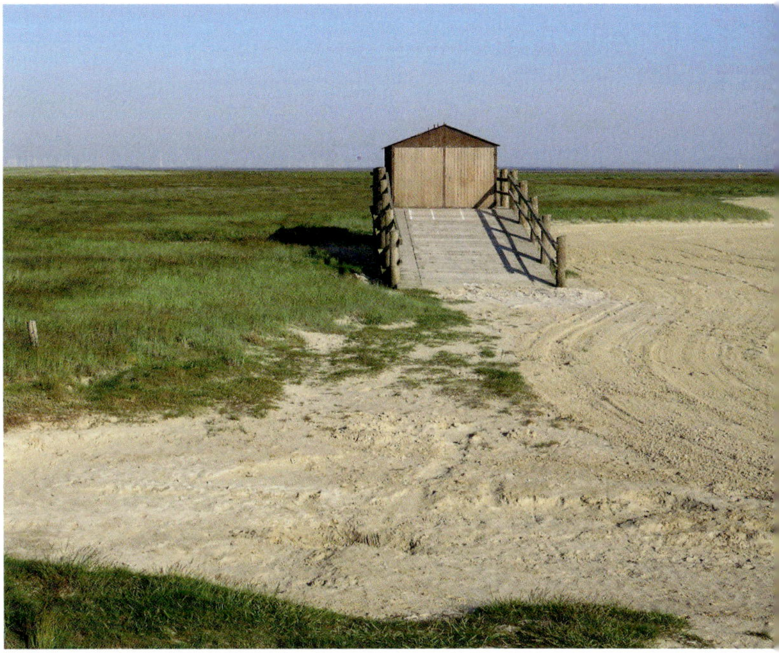

krönenden Abschluss der Wanderung. Für den Rückweg kann man in den Ortsbus steigen. Er fährt im Sommer von Sonnenauf- zum Sonnenuntergang stündlich, im Winter etwas seltener.

Museum der Landschaft Eiderstedt

Das Museum in St. Peter-Dorf versteht sich als Langzeitgedächtnis von Eiderstedt und erzählt von den harten Jahrhunderten auf der Halbinsel wie auch von der jüngeren illustren Geschichte. Es befindet sich in einem 1752 erbauten, reetgedeckten Langhaus unweit vom Startpunkt dieser Tour (Infos unter museum-landschaft-eiderstedt.de).

25 Dünengeister und Brandungsmeister

Nordseetraum St. Peter-Ording

Leicht | 10,5 km | ↑16 m ↓16 m | 2.30 Std.

Tourencharakter
Rundwanderung größtenteils auf Naturwegen und am Strand. Die Laufrichtung entscheidet der Wind: Am Strand ist es angenehmer, wenn er von hinten kommt.

Ausgangs-/Endpunkt
St. Peter-Bad, Dünentherme

Anfahrt
Auto: Von Süden: A 23, B 5 Tönning, B 202. Von Norden: B 5 Tönning/Heide, B 202. Von Osten: A 7 Schleswig-Schuby, B 201 Richtung Husum

Bus & Bahn: Die DB fährt St. Peter-Bad stündlich von Husum an.

Einkehr
Wenigstens eines der berühmten Pfahlbautenrestaurants muss man mal besucht haben.

Karte
Publicpress Rad- und Wanderkarte Eiderstedt 1:60 000

Information
Tourist-Info im Ortsteil Bad, Tel. 04863/99 90, www.st-peter-ording.de

Hinweis
Am schönsten ist die Tour frühmorgens, spätabends und außerhalb der Hochsaison.

Zwölf Kilometer lang und bis zu zwei Kilometer breit, flankiert von Dünen, Salzwiesen und Küstenwäldchen, macht der Strand von St. Peter-Ording seinem Namen als größter Sandkiste der Nordseeküste alle Ehre – und Wanderer glücklich bis begeistert.

Durch die Dünen Einstieg ist an der Tourismus-Zentrale im Ortsteil Bad auf dem Gelände der Ⓐ **Dünentherme**. Hier starten diverse Nordic-Walking-Routen. Diese Wanderung beginnt mit der Wald- und Wiesenroute (Strecke 15 lila). Sie führt am nördlichen Ende in ein Kiefernwäldchen und erreicht nach ca. 800 Metern die Aussichtsplattform ❶ **Maleens Knoll**. Mit 16 Metern ist die auch Magdalenenspitze genannte Düne

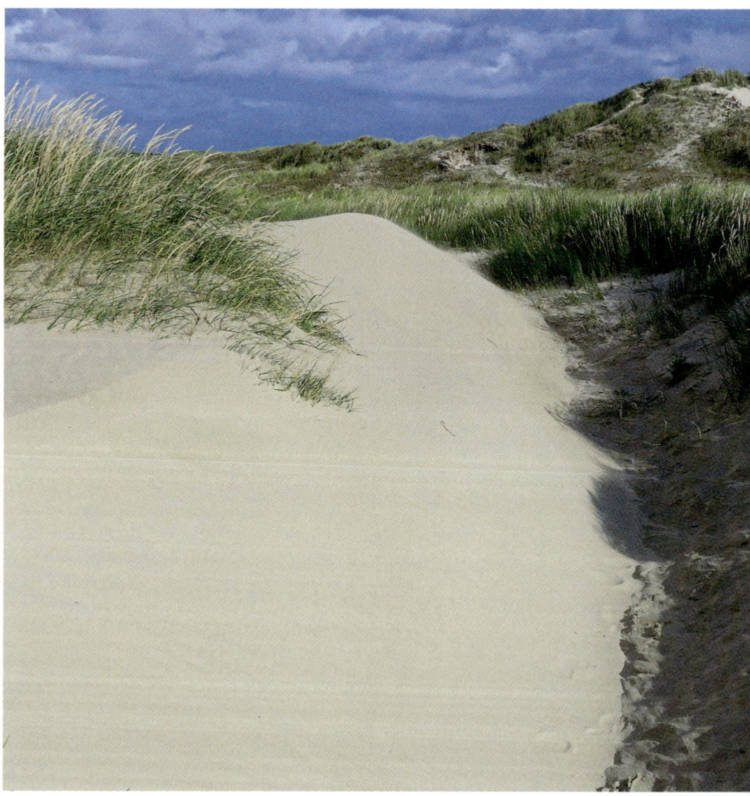

Dünen am Ordinger Strand

nicht gerade der Mount Everest. Aber doch die höchste Erhebung weit und breit. Hier soll vor etlichen Zeiten das Mädchen Maleen Abend für Abend nach ihrem Liebsten Ausschau gehalten haben. Er war zur See gefahren, um Geld für die Hochzeit zu verdienen. Jahre soll sie hier gesessen haben mit einer weithin leuchtenden Laterne und ihrem Spinnrad, um die Wartezeit gut zu nutzen. Bis eines Abends die hohe Düne dunkel blieb. Man fand Maleen tot hinter ihrem Spinnrad. Vier Wochen später wurde ein toter Seemann an den Strand gespült. Er trug den gleichen Verlobungsring wie Maleen.

Zum Norderdeich Die Nordic-Walking-Route 15 führt weiter durch den Wald und die mit Farn und Heide bewachsenen Dünen. Nach insgesamt zwei Kilometern ist ein asphaltierter Rad- und Wanderweg erreicht. Die Route 15 knickt hier nach links, die Wanderung führt allerdings rechter Hand weiter. Es ist keine Schikane, wenn Gäste gebeten werden, in den Dünen auf den Wegen zu bleiben. Auf dem empfindlichen Dünenbewuchs können die Folgen etwaiger Zerstörung verheerend sein. Das haben die Ordinger in ihrer Geschichte leidvoll erfahren.

Das Wattenmeer

In der Dünentherme betreibt die Schutzstation Wattenmeer das Nationalparkhaus. Der Eintritt in die Erlebnisausstellung, das Wattenmeer-Kino und die Meerwasseraquarien mit typisch schleswig-holsteinischen Bewohnern ist frei (Infos unter www.schutzstation-wattenmeer.de).

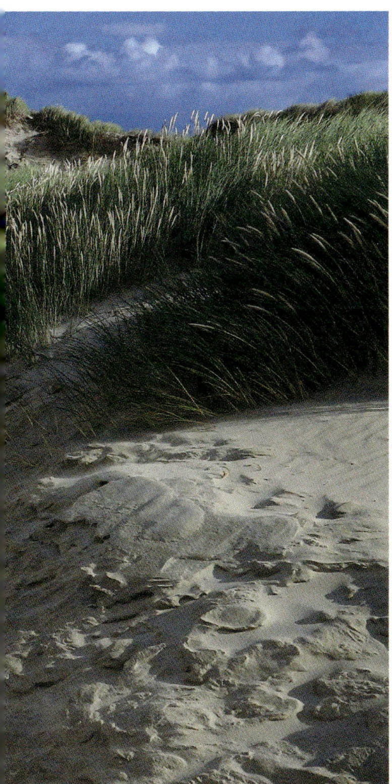

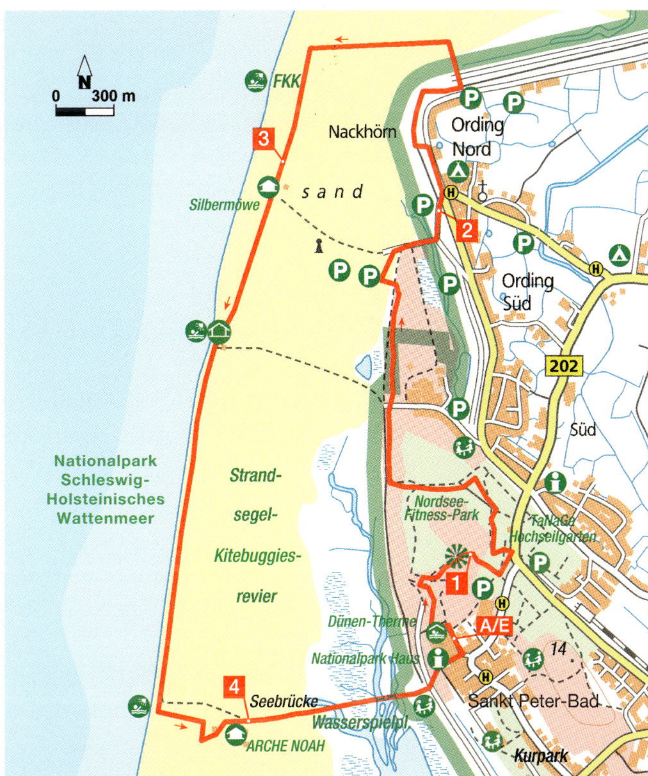

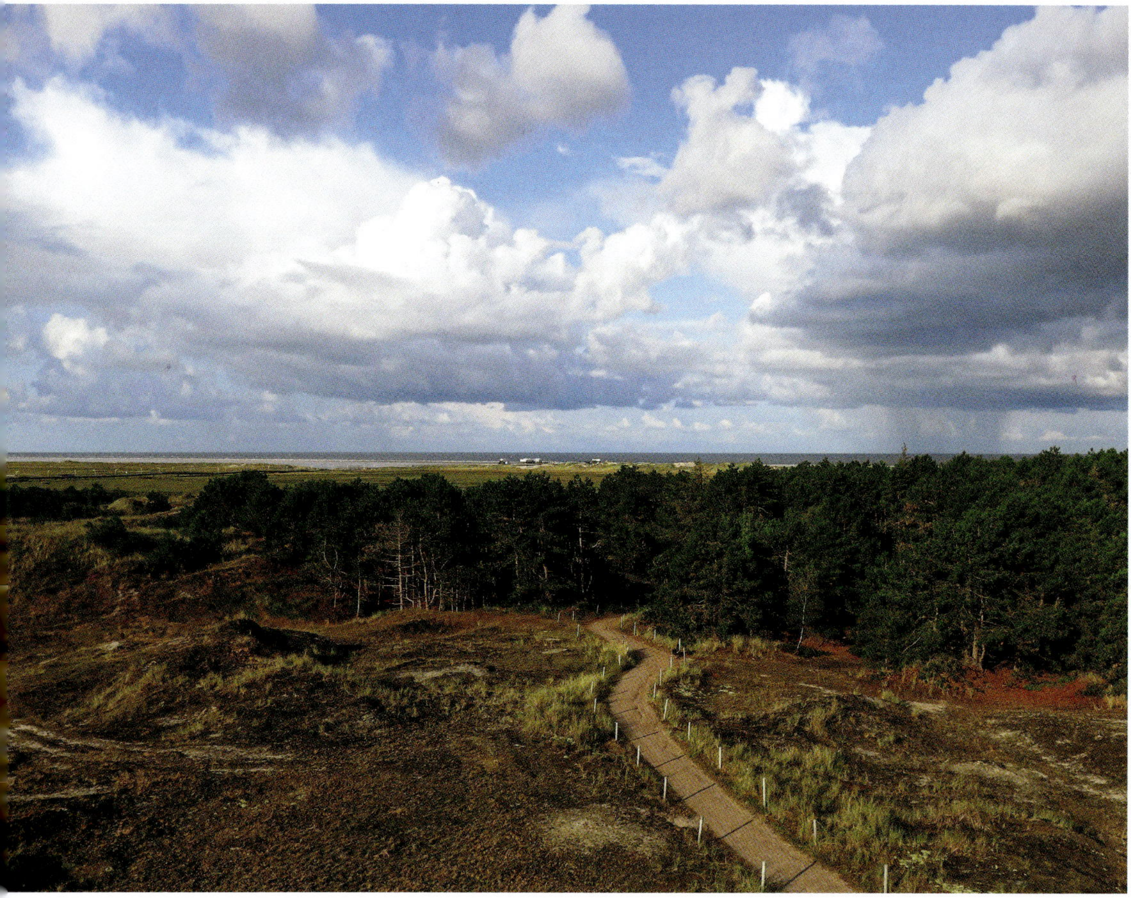

Dünen, ein einzigartiger Lebensraum

Zweimal machte Sandflug die Versetzung des Orts nötig. Erst als der dänische König 1826 eine Dünenpolizei installierte, gelang es, die damals so genannte »Wüste Arabiens« zu bändigen.

Nach circa 700 Metern ist ein weiterer Aussichtspunkt erreicht. Zur Seeseite tobt das Badleben. Die eigentliche Attraktion aber stellt der Dünengürtel selbst dar. Er ist einmalig an der deutschen Nordseeküste. Abgesehen von St. Peter-Ording findet man nur noch auf den Inseln alle Dünenarten in dieser Fülle: junge Weißdünen, die durch Sandanwehungen entstehen; Graudünen, die schon durch Vegetation festgelegt sind. Und Braundünen, bewachsen mit Sträuchern und Heide. Sie bieten etlichen bedrohten Pflanzen, Tieren und Insekten einen Lebensraum. Darum wurde auch der beinahe 5,5 Kilometer lange Dünengürtel von der EU unter Schutz gestellt. Am ❷ **Strandparkplatz Ording** erfolgt der Wechsel auf die Deichkrone. Nach etwa 600 Metern führt ein Bohlenweg quer durch die Dünen zum Strand.

Auf der Sandbank Zurück geht es nun an der Flutkante, vielleicht etwa fünf Kilometer, ganz genau ist das nie vorherzusagen. Der Strand, der eigentlich eine Sandbank ist, zeigt sich bei jeder Witterung anders. Berauschend ist er aber immer, bei jedem Wetter, zu jeder Jahres- und Tageszeit. Ruhig geht es nur noch in den Morgen-

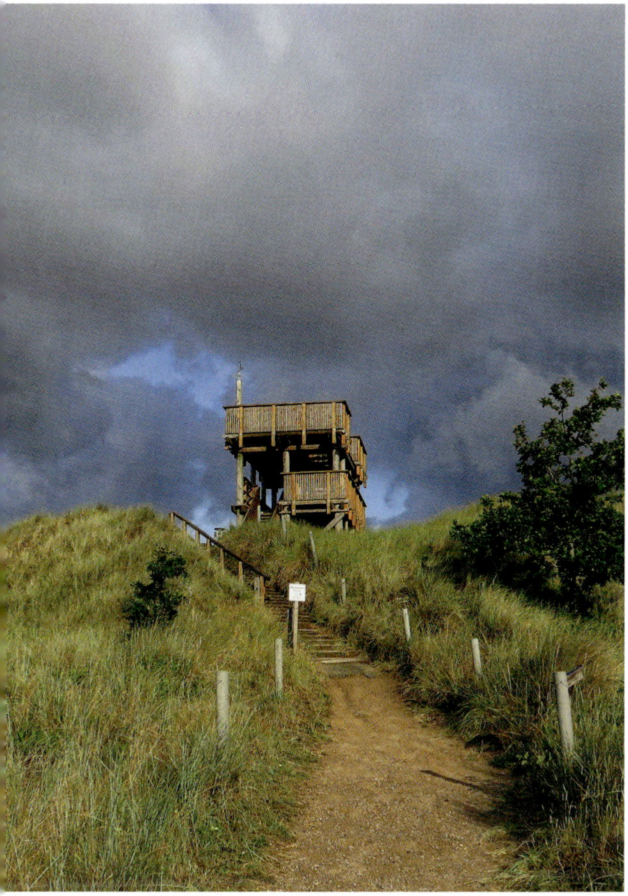

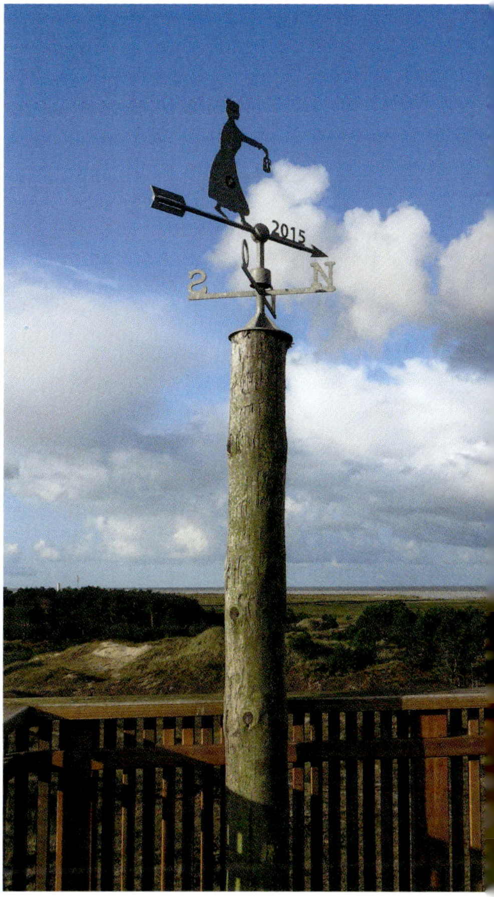

Links: Aussichtsplattform Magdalenenspitze

Rechts: Windmesser an Maleens Knoll

und Abendstunden und außerhalb der Saison zu. Aber selbst im Hochsommer vergisst man in der schier unendlichen Weite rasch die Meute und fühlt sich schnell eins mit Wind und Wellen. Bald sind die ersten ❸ **Pfahlbauten** erreicht. Das erste charakteristische Holzhaus, die Giftbude, wurde 1911 errichtet. Ihr Name leitete sich aus dem Plattdeutschen dor gifft dat wat (»da gibt es was«) her. Damit waren hochprozentige Erfrischungen gemeint. Und so ist es bis heute geblieben. Zwar existiert die Giftbude nicht mehr, dafür thronen aber fünf andere Restaurants auf bis zu sieben Meter hohen Stelzen aus Lärchenholz über dem Sand. Um jedes große Gebäude stehen kleinere Pfahlbauten. Dort befinden sich die Badeaufsicht und sanitäre Anlagen. An Einkehrmöglichkeiten herrscht also kein Mangel. Beim letzten Pfahlbau, der Arche Noah, verlassen wir den Strand.

Über die Seebrücke Spätestens mit Betreten der ❹ **Seebrücke** ist man Teil einer Massenprozession. Scharen von Badegästen flanieren auf dem geschwungenen Bauwerk mit den schiefen Lampen und Sitzecken über die Salzwiesen. Infotafeln erzählen von den Vorgängerinnen der heutigen Brücke und der stetigen Veränderung des Strands. Nach exakt 1095 Metern ist der Ortsteil Bad erreicht. Über die Straße Am Kurbad sind es dann nur noch wenige Schritte zum Ⓔ **Ausgangspunkt**.

26

Uthlande

Am Ende der Welt liegt Westerhever

Leicht	6,5 km	↑9 m ↓14 m	2 Std.

Tourencharakter
Einfache Rundwanderung auf asphaltierten Deichwegen, Watt- und Sandflächen

Ausgangs-/Endpunkt
Stufhusen, Parkplatz

Anfahrt
Auto: Von St. Peter-Ording über Neuweg, Koogstraße, Süderhever-Koogchaussee, Westerheverstraße, Dorfstraße, Stufhusen
Bus & Bahn: Ab Bahnhof Garding oder St. Peter-Ording mit dem Ruf-Bus nach Westerhever

Einkehr
Lammbratwurst und Krabbenbrötchen beim Imbiss am Deich, direkt dort, wo die Leuchtturmbesucher parken

Karte
Publicpress Rad- und Wanderkarte Eiderstedt 1:60 000

Information
Tourismusverein Westerhever-Poppenbüll, Tel. 04865/12 06, westerhever-nordsee.de

Hinweis
Eine Leuchtturmführung ist nur nach Anmeldung möglich. Die Tickets müssen am Vortag beim Tourismusverein abgeholt werden.

Westerhever bildet die nordwestliche Spitze von Eiderstedt und zieht mit dem berühmten Leuchtturm Scharen von Touristen an. Sie gehen alle den gleichen Weg. Dabei wartet nur ein paar Schritte abseits die Gottverlassenheit alter Tage, als noch Piraten das Sagen hatten.

Die Uthlande Hinter dem kleinen Parkplatz von Ⓐ **Stufhusen** führt eine Treppe auf den Deich. Bei guter Sicht ist die Ruhebank auf der Deichkrone beinahe schon die erste Pause wert. Am Horizont liegt Pellworm flankiert von Süderoog und Südfall. Uthlande nennt man die vorgelagerten Inseln und Halligen in Nordfriesland, »Außenlande«. Viele sind im

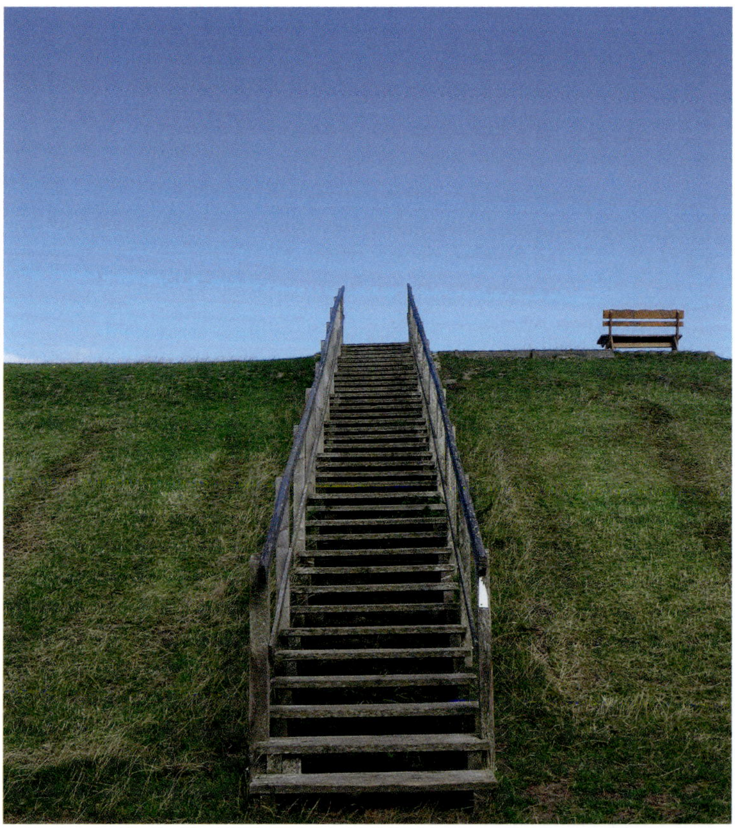

Gleich beim Boot des Leuchtturmwärters geht es auf den Deich.

Laufe der Jahrhunderte untergegangen. Andere wurden zu Festland so wie die heutige Halbinsel Westerhever. Stufhusen gehört zu den ersten Dorfwarften, die im 12. Jahrhundert errichtet wurden. Warften sind aufgeschüttete Erdhügel zum Schutz vor Sturmfluten und Hochwassern.

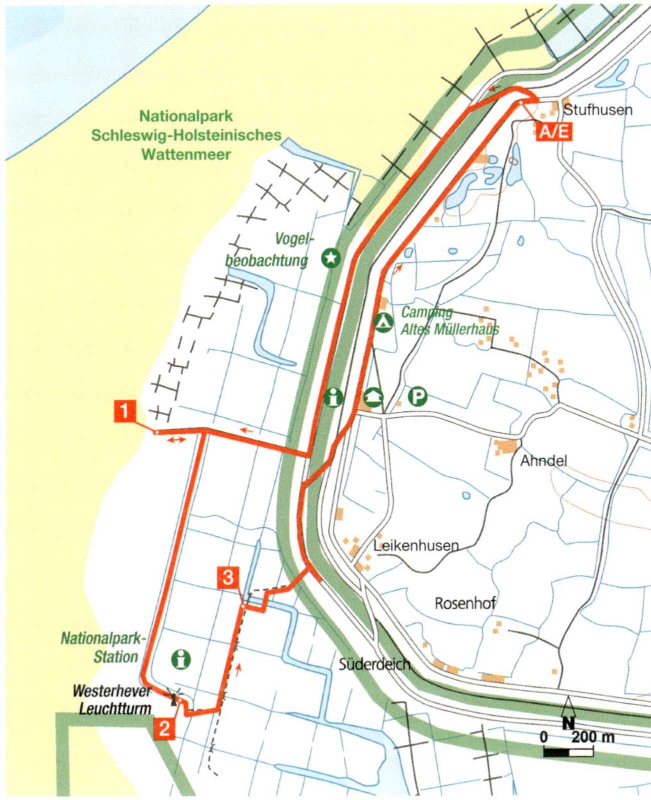

Das Vorland In nordwestlicher Richtung zieht der Leuchtturm von Westerheversand alle Blicke auf sich. Das Wahrzeichen von Eiderstedt gehört zu den meistbesuchten Attraktionen in Nordfriesland. Umso schöner lassen sich die ersten ruhigen Kilometer auf dem Fuß- und Radweg am Rand der Salzwiesen an. Schafe sind auf diesem Teil der Strecke meist in der Überzahl. Es handelt sich bei den an der Nordsee allgegenwärtigen Deichpflegern um sanfte Geschöpfe. Am liebsten ist es ihnen, wenn man sie in Ruhe ihre Arbeit verrichten lässt. Das gilt besonders im Frühling. Wer den Lämmern zu nahe kommt, versetzt sie und die Muttertiere leicht in Panik. Nach knapp zwei Kilometern stoßen Heerscharen von Touristen dazu, die den Leuchtturm besuchen wollen. Der gemeinsame Weg knickt nun rechts in die Salzwiesen ab und führt nach rund 300 Metern links zur Leuchtturmwarft. Geradeaus empfiehlt sich aber zunächst ein Abstecher auf die Sandbank ❶ **Westerheversand**.

Der Hochsand Eine Sandbank, die so hoch liegt, dass sie nur noch selten überspült wird, nennt man Hochsand. Um auf den Westerheversand zu gelangen, muss man ein wenig durchs Watt marschieren. Wie weit es danach weitergeht, ist eine Frage von Wind, Wetter, Ebbe und Flut. Niemals sollte man bei Nebel, Sturm, Gewitter oder in der Dunkelheit ins Watt wandern. Schnell verliert man hier die Orientierung. Bei gutem Wetter und der entsprechenden Tide kann man sich ewig durch die unendliche Weite bewegen. Die Sandbank ist beinahe neun Kilometer lang. Pfähle markieren den Weg, manchmal wird er überflutet. In der warmen Jahreszeit macht es Spaß, die Hosenbeine hochzukrempeln, um durchs Wasser zu waten. Der beste Zeitpunkt für diesen Abstecher liegt zwei Stunden vor Niedrigwasser.

Der Leuchtturm Im Anschluss geht es nun aber wirklich zum ❷ **Leuchtturm Westerheversand**. Das Schmuckstück von 1906 mit den zwei identischen Leuchtturm-

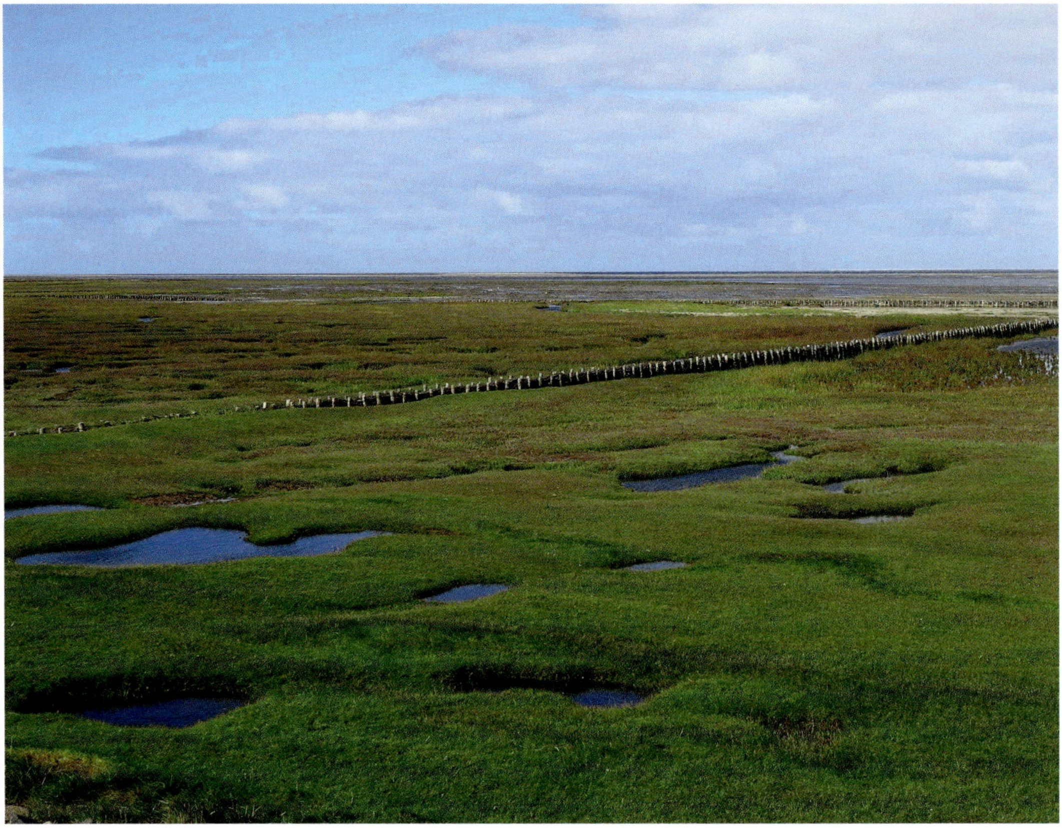

Oben: Die Salzwiesen dehnen sich weit aus.

Rechts: Der Leuchtturm von Westerheversand

wärterhäuschen ist sicher einer der bekanntesten Leuchttürme Deutschlands. Er zierte schon Werbe- und Filmplakate, Briefmarken und natürlich jede Menge Urlaubskataloge. Trotzdem wirkt die Realität beeindruckend. Der 41 Meter hohe Turm wurde auf einer Warft errichtet. Sein Licht scheint 50 Kilometer weit. In den Sommermonaten kann man über den ❸ **historischen Stockenstieg** zurückgehen. Der mit Ziegeln geklinkerte, schmale Steig führt direkt durch die Salzwiesen und über drei kleine Brücken. Er darf nur in einer Richtung begangen werden; zwischen November und Mai sogar überhaupt nicht. Dann muss man zum Festland zurückkehren, wie man gekommen ist. In jedem Fall steht man aber am Ende auf dem Seedeich und blickt nach Westerhever. Aus der Ferne scheint sich gar nicht viel verändert zu haben, seit die Uthlande noch Inseln waren. Reetgedeckte Bauernhäuser auf weitgestreuten Großwarften bestimmen das idyllische Bild.

Auf der Deichstraße geht es nun wieder Richtung Stufhusen. Die ersten 200 Meter noch gemeinsam mit den Leuchtturmtouristen. Aber die drehen beim Schäfermarkt ab, so dass der Rückweg bis zum Ⓔ **Parkplatz** wieder in aller Ruhe verläuft.

Die Wogemannburg

Die Wogemänner waren eine Piratenbande, die zwischen 1362 und 1370 die Uthlande in Angst und Schrecken versetzte. Sie lebten und raubten an Land, überfielen aber auch Schiffe. Das Piratennest, die Wogemannburg, befand sich exakt dort, wo heute der älteste Kirchturm Eiderstedts aus der Marsch ragt. Er wurde auf den Fundamenten der geschleiften Wogemannburg errichtet.

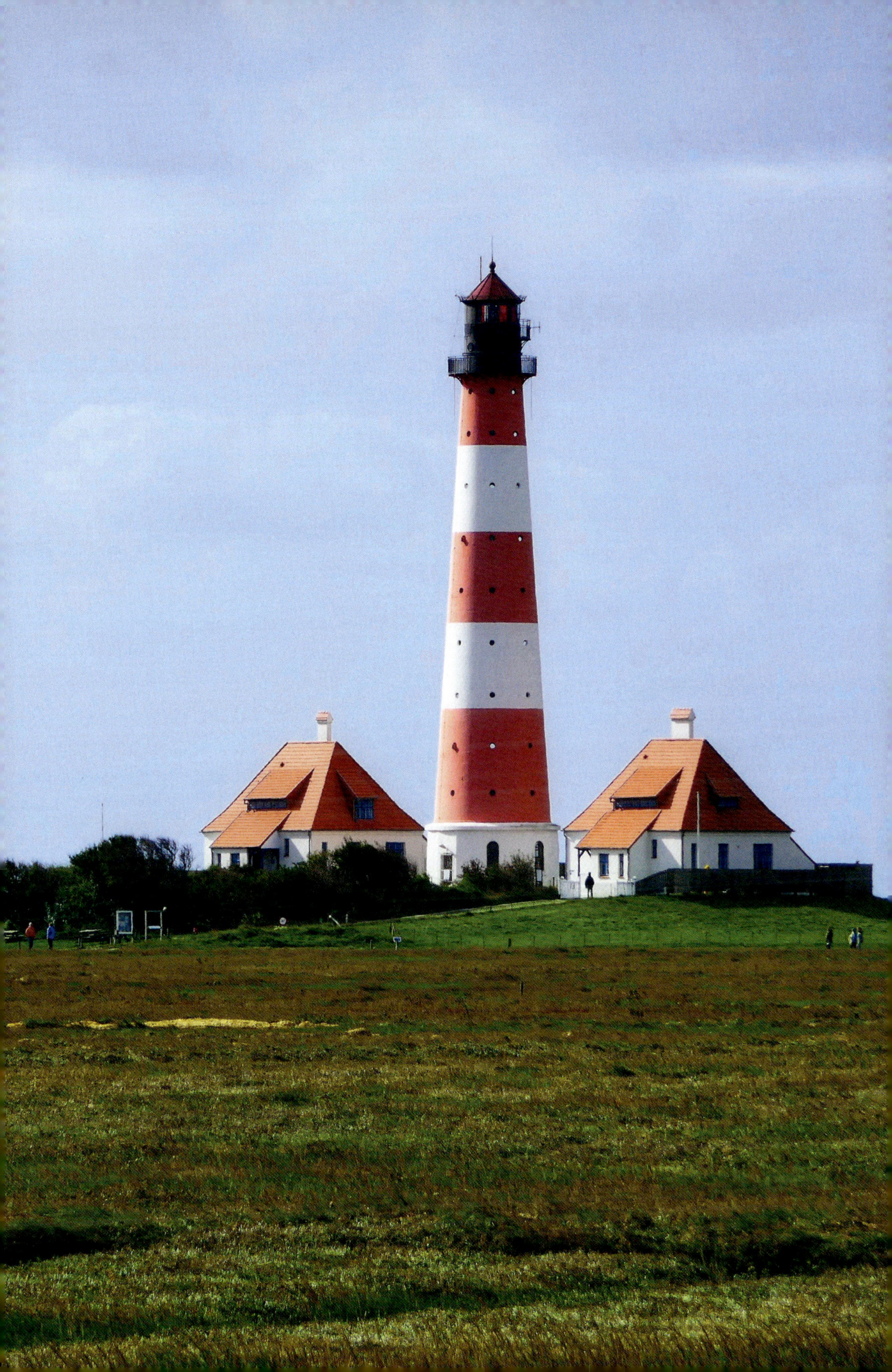

27 Der Rote Haubarg

Himmel und Hölle am Deich bei Simonsberg

Leicht | 10 km | ↑8 m ↓11 m | 2.30 Std.

Tourencharakter
Rundwanderung durch traditionelle Bauerndörfer, beinahe ausschließlich auf Deichen verlaufend

Ausgangs-/Endpunkt
Roter Haubarg, Witzwort

Anfahrt
Auto: A 7 Schleswig/Schuby, B 201, B 5, L 31. Oder A 23, B 5, L 31
Bus & Bahn: Ab Bahnhof Husum, RufBus Tel. 04841/676 66

Einkehr
Im Roten Haubarg, außer montags

Karte
Publicpress Rad- und Wanderkarte Eiderstedt 1:60 000

Information
Husum Tourismus, Tel. 04841/898 70, www.husum-tourismus.de

Hinweis
Das Wrack des »Zuckerschiffs« zeigt das Schifffahrtsmuseum in Husum.

Diese Wanderung verspricht doppelten Genuss. Zum einen führt sie durch idyllische Dörfer und ein Naturschutzgebiet. Zum anderen darf man nach sportlichem Einsatz ganz ohne schlechtes Gewissen in den historischen Stuben oder im prächtigen Garten des Roten Haubargs schlemmen.

Die Deichrunde Vom Parkplatz am Ⓐ **Roten Haubarg** geht es die Auffahrt wie gekommen zurück und linker Hand auf den Mühlendeich. Anfänglich ist noch mit Verkehrslärm zu rechnen, doch der vergeht, wenn der Mühlendeich nach circa 1,5 Kilometern in ❶ **Simonsberg** auf die Dorfstraße trifft. Sie verläuft auf einem alten Deich, an den sich reetgedeckte Katen schmiegen. Drei Mal schon wurde der Ort von Sturmfluten zerstört und landeinwärts neu aufgebaut. Am Seedeich angekommen geht es links zum ❷ **Naturschutzgebiet Westerspätinge**. Die Gewässer entstanden aus einer bereits seit dem 16. Jahrhundert genutzten Entnah-

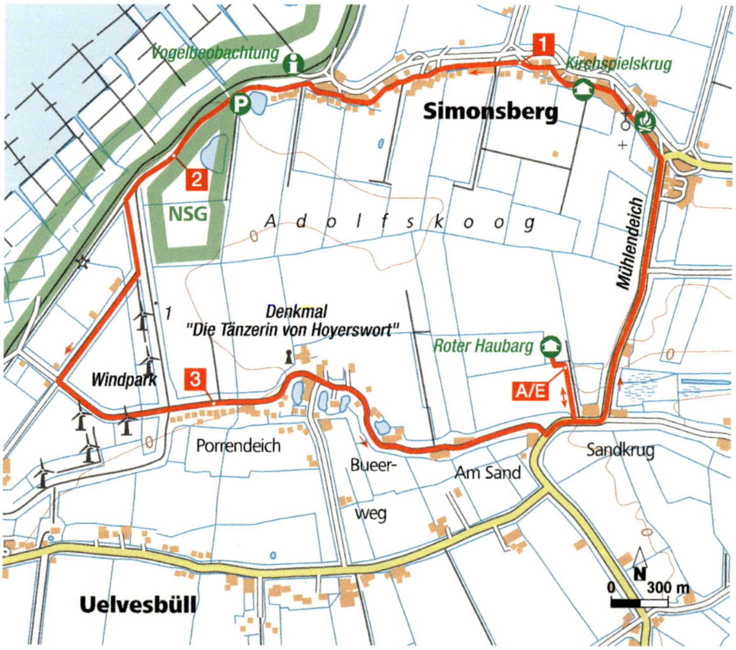

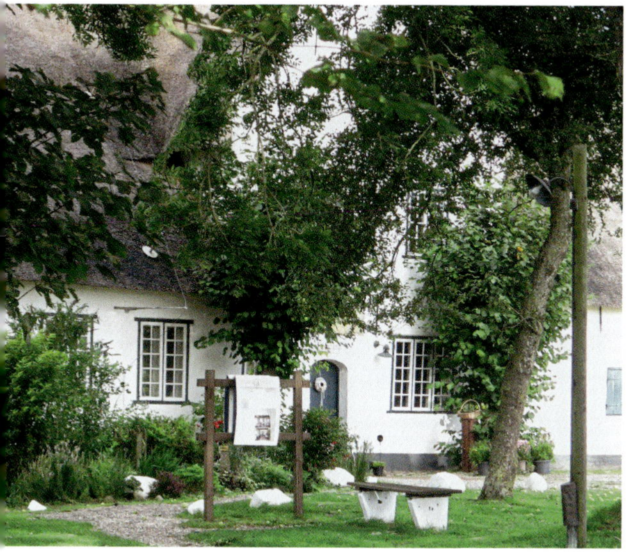

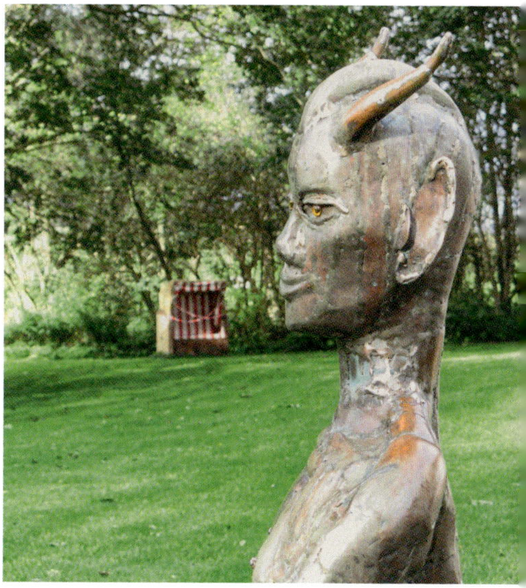

Weiß der Teufel, warum: Der Rote Haubarg ist strahlendweiß.

mestelle von Sedimenten für den Deichbau. In der NABU-Station verleiht man Ferngläser zur Vogelbeobachtung – die lohnt sich besonders zur Zeit der Brut- und Vögelzüge im Frühling und Herbst. Direkt hinter den Gewässern zweigt der Weg links ab in den Uelvesbüllerkoog. Eine Stele erinnert an den Wrackfund des »Zuckerschiffs«, eines Lastenseglers aus dem 17. Jahrhundert. Der erste Abzweig links führt auf den ❸ **Porrendeich**. Er ist gesäumt von stattlichen Häusern mit großzügigen Gärten. Fünf Wehlen, Restgewässer, die durch Deichbrüche entstanden sind, machen die Idylle perfekt. Der Porrendeich geht in den Mühlendeich über, von dem der Weg links zum Ⓔ **Roten Haubarg** abschwenkt.

Der Rote Haubarg Der strahlend weiße Rote Haubarg, ein historischer Hof von 1648, zeugt vom Reichtum der Marschbauern. Errichtet hat ihn der Teufel persönlich, so will es jedenfalls die Sage. An gleicher Stelle lebte einst ein junger Mann in einem ärmlichen Haus. Er hatte sich in die Tochter des reichen Schmieds verliebt. Dem war der Anwärter jedoch zu arm, deshalb verschrieb der junge Mann seine Seele dem Teufel, wenn er ihm bis zum ersten Hahnenschrei ein großes Haus bauen wollte. Der Teufel wollte und machte sich auch gleich ans Werk. Da bekam es der junge Mann mit der Angst zu tun. In seiner Not lief er zu seiner Auserwählten. Zum Glück war ihre Mutter ihm gewogen und fürchtete sich nicht vor dem Leibhaftigen. Der hatte sein Werk beinahe vollendet. Nur noch das hundertste Fenster in dem prächtigen Gebäude fehlte. Doch bevor er es einsetzen konnte, griff sich die Mutter den Hahn und schüttelte ihn gehörig durch – und der Hahn krähte. Da hatte der Teufel verloren. Das glauben Sie nicht? Dann fragen Sie mal im Roten Haubarg nach, was passiert, wenn man versucht, das hundertste Fenster in das Gebäude zu setzen.

Das Erbe der Westfriesen

Nicht nur die Kunst der Landgewinnung, sondern auch die Haubarge sind niederländischen Siedlern zu verdanken. Ein Museum im Roten Haubarg erzählt vom Reichtum der Marschbauern und der Blütezeit der großen Höfe, die es in Nordfriesland nur auf Eiderstedt gibt (Infos unter www.roter-haubarg.de).

28

Mit Blick auf Rungholt

Logenplätze im Tiden-Theater von Nordstrand

Leicht | 4 km | 18 m 19 m | 1 Std.

Tourencharakter
Diesen kurzen Deichspaziergang hält man selbst bei Sturm durch. Bei schönem Wetter darf die Auszeit gern Stunden dauern.

Ausgangs-/Endpunkt
Hafen, Strucklahnungshörn

Anfahrt
Auto: Nach Husum A 7 Abfahrt Schleswig/Schuby, B 201 oder A 23, B 5. Von Husum über Nordseestraße immer geradeaus, auf der Insel der Ausschilderung nach Strucklahnungshörn folgen.
Bus & Bahn: Ab Bahnhof Husum, Buslinie 1407

Einkehr
Die Fischbrötchenbude Neptun-Snack am Ausgangspunkt ist Kult, bei Schietwetter allerdings geschlossen. Am Norderhafen diverse Restaurants, Cafés, Bistros

Karte
Publicpress Rad- und Wanderkarte Eiderstedt 1:60 000

Information
Nordstrand Tourismus,
Tel. 04842/454,
www.nordstrand.de

Hinweis
Im Watt finden sich bis heute Spuren von Rungholt und Strand. Termine für geführte Touren unter www.rungholt-wattwanderungen.de

Nordstrand und die Insel Pellworm, die Halligen Südfall und Nordstrandischmoor – auf dieser kurzen Tour sieht man, was von der alten Insel Strand geblieben ist und erfährt, wie sich die Küstenbewohner auf den Klimawandel einstellen.

Wann kommt die Flut? Am **Ⓐ Hafen Strucklahnungshörn** befindet sich am südlichen Ende ein Gedenkstein für auf See bestattete Menschen. Hier reicht der Blick zur Hallig Südfall und zur Insel Pellworm. Etwa dazwischen lag Rungholt, ein Handelsort, um den sich unzählige Mythen ranken. Reich wie Rom soll Rungholt gewesen sein – und gottlos. Realisten sprechen von einer bäuerlichen Siedlung auf dem damaligen Landstrich Strand. Fest steht: das »Atlantis der Nordsee« ging bei der Sturmflut von 1362 verloren. Die Grote Mandränke schliff die bisherige Küstenlandschaft zur Insel. Die so entstandene Insel Strand existierte rund 300 Jahre. 1634 riss sie die Burchardiflut auseinander. Damit so etwas nicht noch einmal

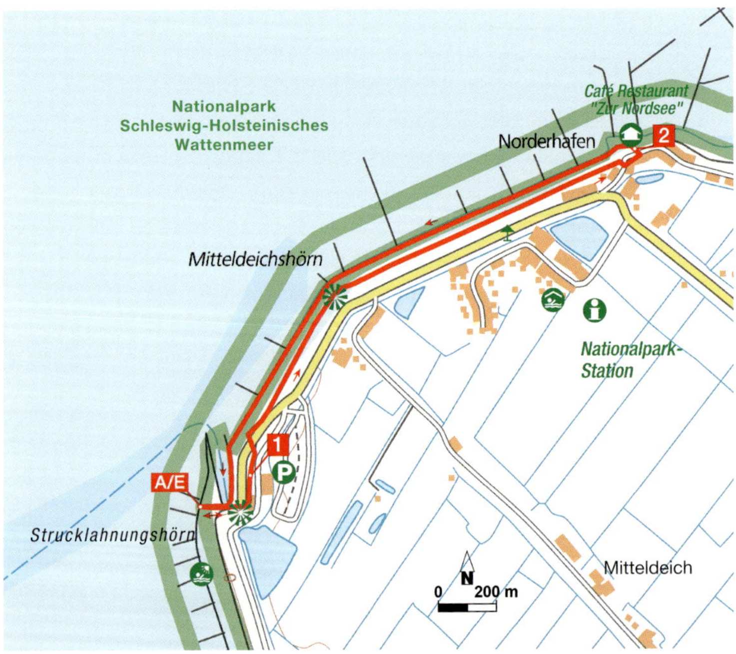

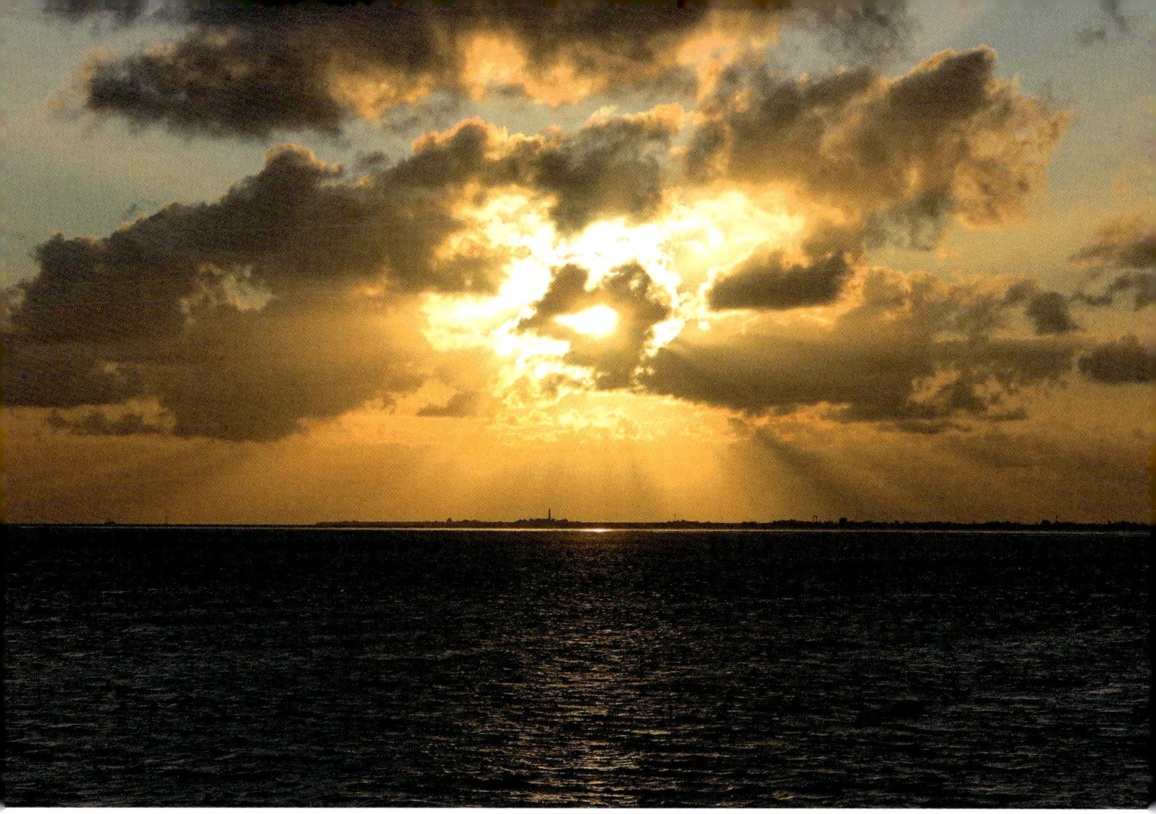

passiert, wird Nordstrand heute vom ersten ❶ **Klimadeich** Europas geschützt. Seine Krone ist breit genug für eine Promenade. Thementafeln informieren über das Projekt. Während andernorts noch über den Klimawandel diskutiert wird, bereitet man sich an den Küsten längst auf den Anstieg des Meeresspiegels vor. Anstrengung und Kosten sind gewaltig, auch weil man beim Bau an kommende Generationen gedacht hat. Sollten selbst die schlimmsten Befürchtungen übertroffen werden, kann der Deich mit relativ geringem Aufwand erhöht und verbreitert werden. Kompliziert ist hingegen die Aufwarftung der Halligen geworden. Am Horizont sind deutlich die vier Warften der Hallig Nordstrandischmoor zu erkennen.

Bereits im 3. Jahrhundert vor Christus schützten die aufgeschütteten Erdhügel Menschen und Tiere vor Sturmfluten. Heute braucht es große und hohe Plateaus, damit die Häuser weiter sicher stehen, wenn bei Landunter die übrige Hallig unter Wasser steht. Nach knapp zwei Kilometern verbreitert sich der Deich zu einem kleinen Platz, der sogenannten ❷ **Eventfläche am Norderhafen**. Aber das sollte Ruhesuchende nicht abschrecken. Hier geht es selten hektisch zu, und der Sonnenuntergang ist das größte Event des Tages. Man zelebriert ihn gern in den Strandkörben der ansässigen Gastronomie. Danach geht es retour entlang der Waterkant. Sollte die Nordsee zufällig zugegen sein und sich dann auch noch friedlich geben, verzögern diverse Badestellen die Rückkehr zum Ⓔ **Hafen**.

Das Radfahrerparadies

Der Klimadeich empfiehlt sich auch als Zwischenstopp im Rahmen der wunderbaren Radtour um den Beltringharder Koog (siehe Tour 29) mit Einstieg auf der Eventfläche am Norderhafen. Direkt oberhalb der Treppen stimmen eine erste Infotafel und ein »sprechendes Fernrohr« auf den 2,5 km langen Rundweg ein.

Bis Pellworm reichte die Insel Strand.

29 Storms Nordfriesland

Naturlehrpfade im Beltringharder Koog

Leicht | 5,3 km | ↑8 m ↓10 m | 1.30 Std.

Tourencharakter
Schleifenwanderung durch geschützte Natur auf zumeist unbefestigten Wegen. Nach längerem Regen ist festes Schuhwerk ratsam.

Ausgangs-/Endpunkt
Parkplatz Arlau-Schleuse

Anfahrt
Auto: Von Husum über Wobbenbüll der Ausschilderung zum Hotel Arlau-Schleuse folgen

Einkehr
Hotel Arlau-Schleuse

Karte
Liegt vor Ort aus

Information
Nationalpark Station Arlau-Schleuse, Tel. 04846/601 79 61, www.beltringharderkoog.de

Hinweis
Nördlich der Arlau-Schleuse geht es über den Lüttmoordamm zu einem der seltsamsten Bahnhöfe überhaupt: Von Lüttmoor-Siel tuckert die Lorenbahn durchs Wattenmeer auf die Hallig Nordstrandischmoor.

Durch die Eindeichung der Bucht 1987 verlor Nordstrand den Inselstatus, erhielt aber das größte Naturschutzgebiet des Schleswig-Holsteinischen Festlands zum Geschenk. Als hübsche Schleife obendrauf kann diese Kurzwanderung gelten – besonders für Natur- und Tierfreunde.

Nordschleife Beim alten Schöpfwerk der Ⓐ **Arlau-Schleuse** hat das Team der Naturschutzstation ein Begleitheft deponiert. Es ist mit einer Karte versehen und liegt neben der großen Infotafel in einem Holzkasten. Man steigt über ein kleines Gatter, dann den Deich hinauf, bis man auf den Naturpfad gelangt. Als Nord- und Südschleife führt er in unterschiedliche Landschaftsformen. Zunächst geht es auf die nördliche Runde hinunter zum ❶ **Holmer See**. Im dichten Röhricht ist der Pfad kaum auszumachen, das lieben viele Enten- und Vogelarten, etwa die scheue Bartmeise. Der Pfad schwingt leicht links zum ❷ **Deich** zurück. Und eben hier, zumindest nicht weit entfernt, wird es wohl gewesen

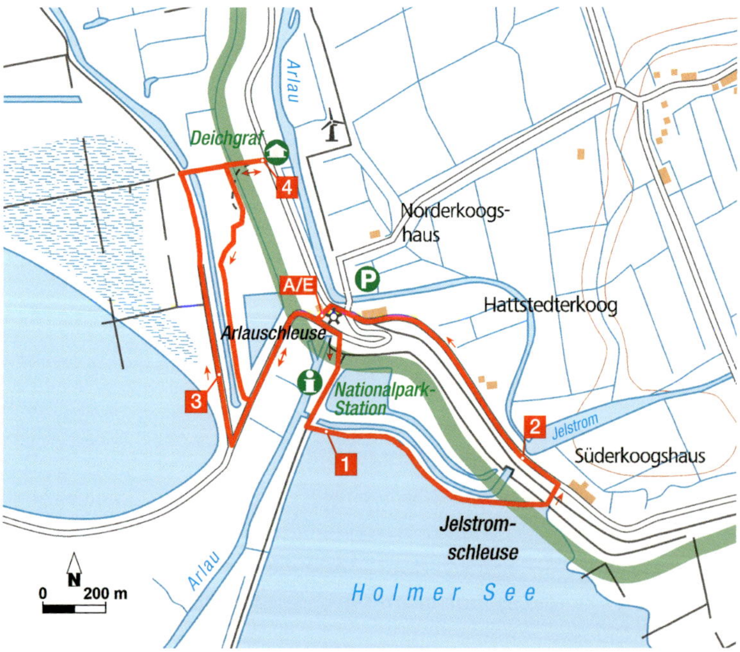

sein, dass einst einem Reisenden in finsterer Nacht der Schreck in die Glieder fuhr. Da näherte sich ihm in großer Eile eine dunkle Gestalt auf einem weißen Pferd. Und es war zu unheimlich: Obwohl Ross und Reiter doch dicht an ihm vorüber galoppierten, hörte er keinen Laut. Theodor Storm liebte Spukgeschichten ebenso wie die Landschaft, der er eine »imponierende Einsamkeit« bescheinigte. Das Gasthaus, in dem Storm die Rahmenhandlung seiner Novelle »Der Schimmelreiter» ansiedelte, lag noch etwas nördlicher. Die Wanderung führt hingegen in südlicher Richtung zurück zur Arlau-Schleuse. Der Deich ist übrigens einer der ältesten in

Die Arlau mündet am Beltringharder Koog in die Nordsee.

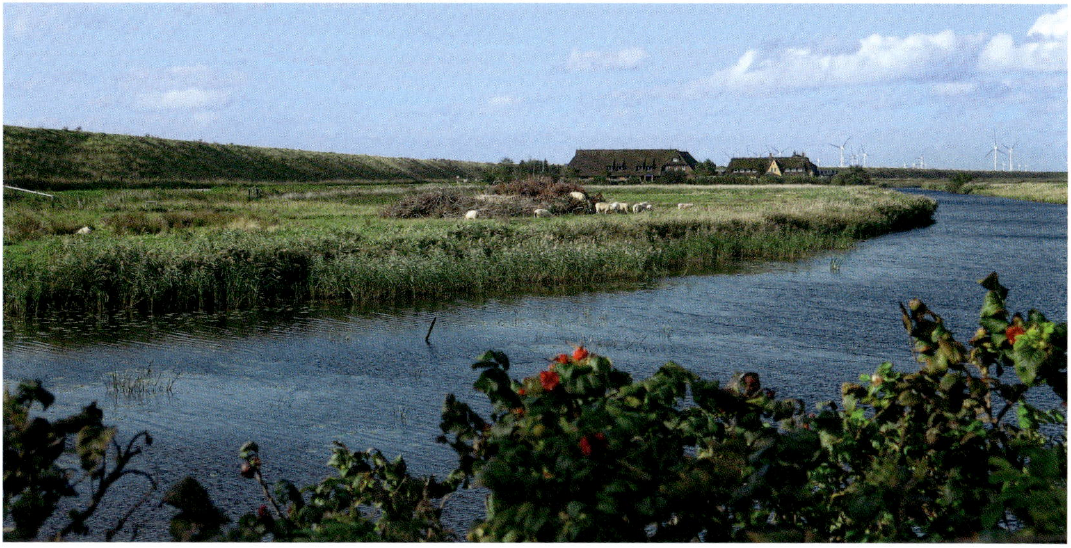

Nordfriesland. Deutlich steiler und damit angreifbarer als moderne Vertreter.

Südschleife Nun geht es auf den eigentlichen Lehrpfad. Nach einem ersten Hide an einem kleinen See führt der zweite Pfad rechts zur ❸ **Beobachtungshütte an der Salzwasserlagune**. Sie ist das Herzstück des Naturschutzgebiets Beltringharder Koog. Zu Zugzeiten sammeln sich hier große Schwärme von Watvögeln. Auf künstlichen Inseln brüten Seeschwalben, Säbelschnäbler und Regenpfeifer. Selbst Robben lassen sich ab und zu blicken. Im weiteren Verlauf mag es sein, dass man sich den Weg nicht nur mit Schafen, sondern auch mit Robustrindern teilt. Aber keine Angst. Solange man sie nicht reizt, sind es friedliche Wesen. Nach 400 Metern knickt der Pfad rechts ab, um kurz darauf erneut rechts in dichtes Schilf zu tauchen. Doch es lohnt sich, zuvor noch den Deich zu besteigen. Hier sieht man besonders gut seine steile Beschaffenheit. Auch gibt es im ❹ **Hotel Arlau-Schleuse** die Möglichkeit zur Einkehr. Danach geht es über eine kleine Brücke zurück auf den Naturlehrpfad, der an seinem Ende zum Ⓔ **Ausgangspunkt** führt.

Graue Stadt am Meer

Husum ist ganz und gar nicht so grau, wie Theoder Storm dichtete. Ein Kultur-Pfad führt auf 34 Stationen durch die sehenswerte historische Altstadt mit dem einzigen Schloss Nordfrieslands und zu vielen Orten, die mit Storm in Verbindung stehen. Der Flyer ist in der Tourismusinformation kostenlos erhältlich oder online unter www.husum-tourismus.de.

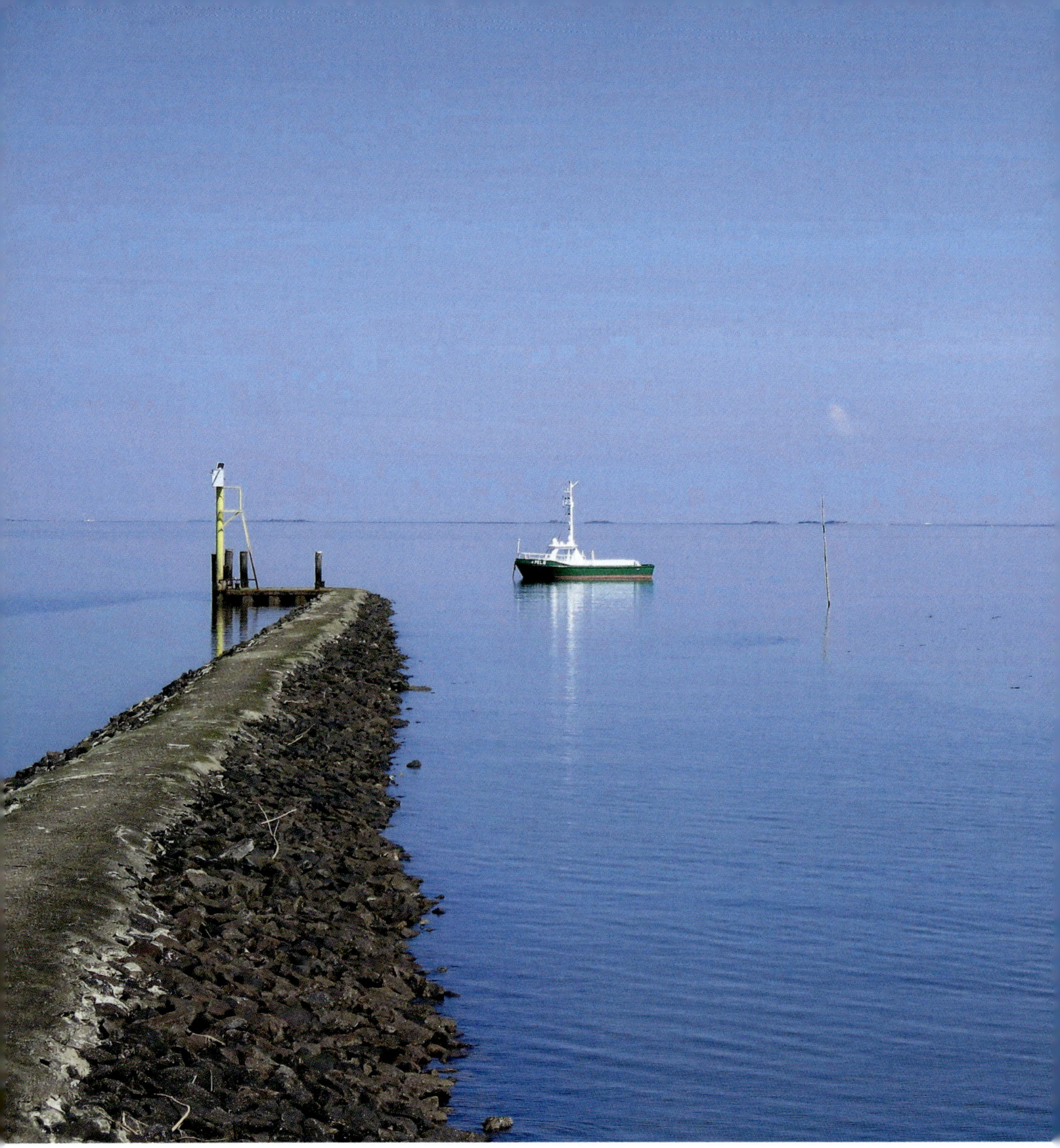
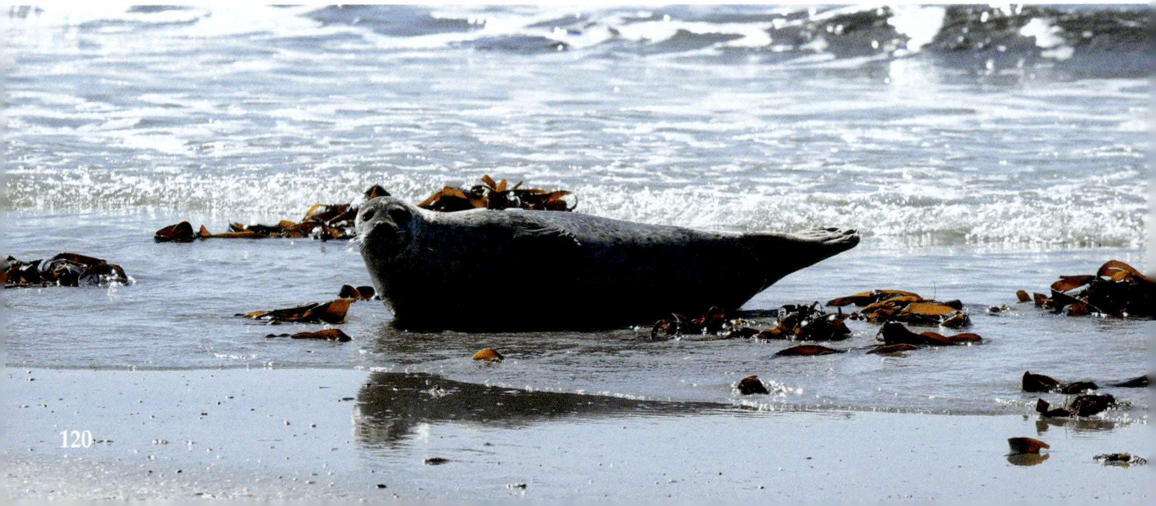

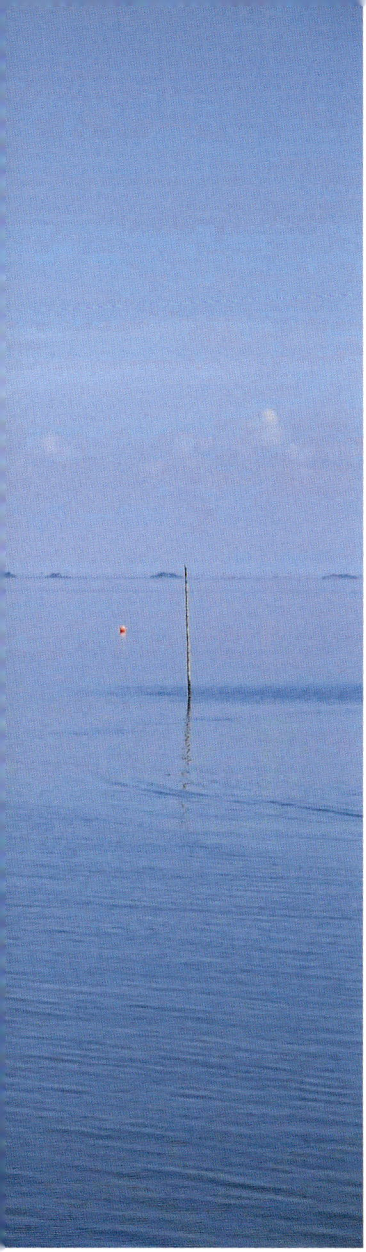

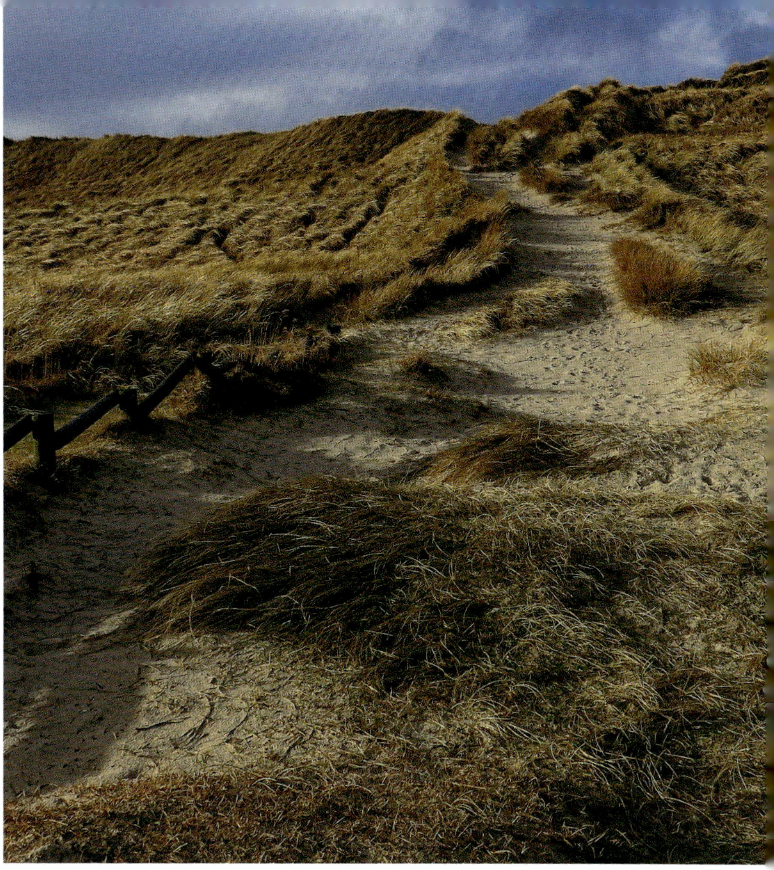

Nordseeinseln

Bei wolkenloser Windstille trägt die Nordsee vor Pellworm azurblau (o. li.). Amrum ist die Sandkönigin der nordfriesischen Schwestern (o. re.). Schon die Anreise auf die Inseln ist ein Vergnügen (u. re.). Auf Helgoland kommen sich Menschen und Robben recht nah (u. li.).

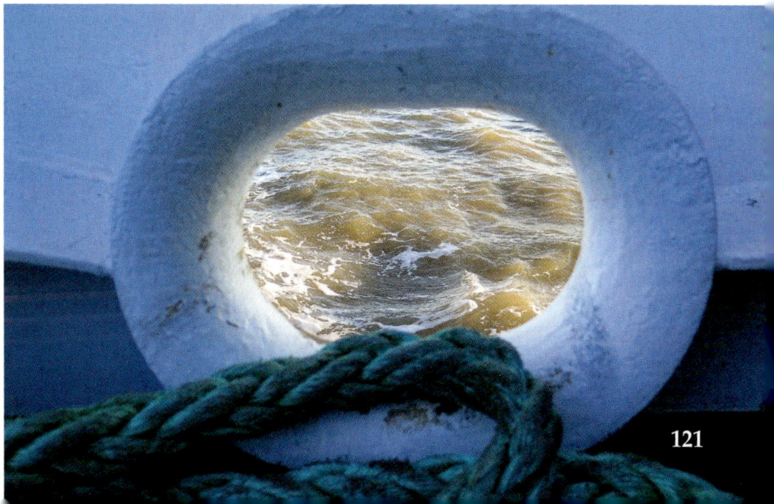

30

Deät Lun

Panoramarundweg auf Helgoland

Leicht | 6 km | ↑75 m ↓31 m | 1.45 Std.

Tourencharakter
256 Treppenstufen führen auf einen leicht zu laufenden Panoramarundweg hoch über dem Meer

Ausgangs-/Endpunkt
Südstrand Helgoland

Anfahrt
Auto: Helgoland ist autofrei.
Bus & Bahn: Mit der Bahn bis Cuxhaven, Büsum oder Hamburg. Von dort fahren Fähren ebenso wie von Nordstrand und Sylt.

Einkehr
Knieper, Taschenkrebse, werden in Rickmers Galerie-Restaurant mit den traditionellen drei Saucen serviert und den Worten: »Grün ist das Land, rot ist die Kant, weiß ist der Sand, das sind die Farben von Helgoland.«

Karte
Publicpress Stadtplan Cuxhaven mit Helgoland, 1:16 000

Information
Helgoland Tourismus-Service, Tel. 04725/808 80 80, www.helgoland.de

Hinweis
Es kann ganz schön stürmisch werden auf den Klippen. Warm anziehen!

Das Piratenschätzchen unter den Nordseeinseln zieht Tag für Tag Tausende Ausflügler an. Daher ist diese Rundwanderung am allerschönsten in den Abendstunden. Denn erst, wenn es wieder ruhig wird auf dem windzerzausten Klotz im Meer, beginnt sein Zauber so richtig zu wirken.

Wie Helgoland entstand Diese Tour beginnt nachmittags auf einer Ruhebank am Ⓐ **Südstrand** von Helgoland. Dann prozessieren Massen von Tagesausflüglern zu ihren Schiffen. Und wenn endlich der letzte Ausflugsdampfer zum Abschied tutet, atmet die Insel spürbar auf. Das ist die beste Zeit für eine Rundwanderung auf dem kleinen, roten Eiland im Meer, 50 Kilometer vom Festland entfernt. Los geht es über Nordseeplatz und Kurpromenade auf den Nordostdeich. Vis-à-vis leuchtet die Düne, wie die Nebeninsel genannt wird. Einer Sage nach reichte das Festland einst bis hierher. Doch dann verschmähte die Tochter der Königin, Prinzessin Walguna, den liebestrunkenen Riesen Ligur. Darüber geriet der

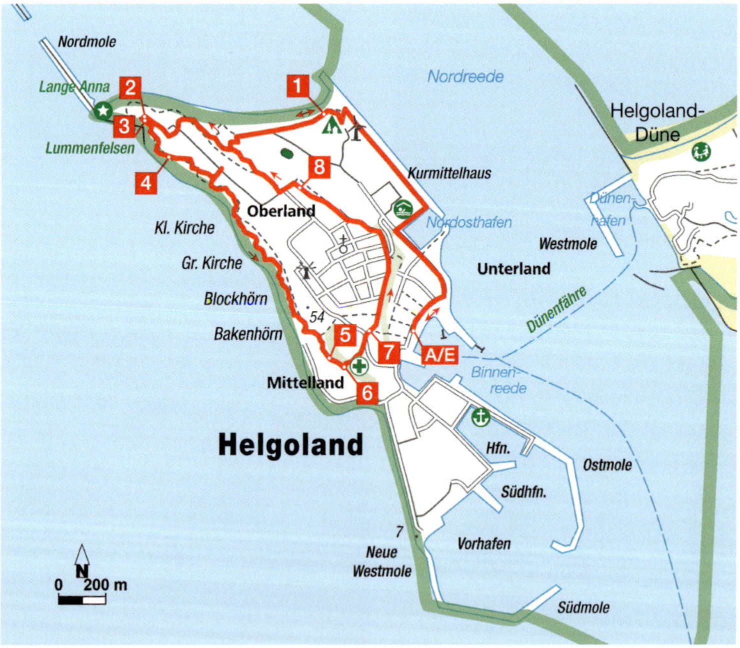

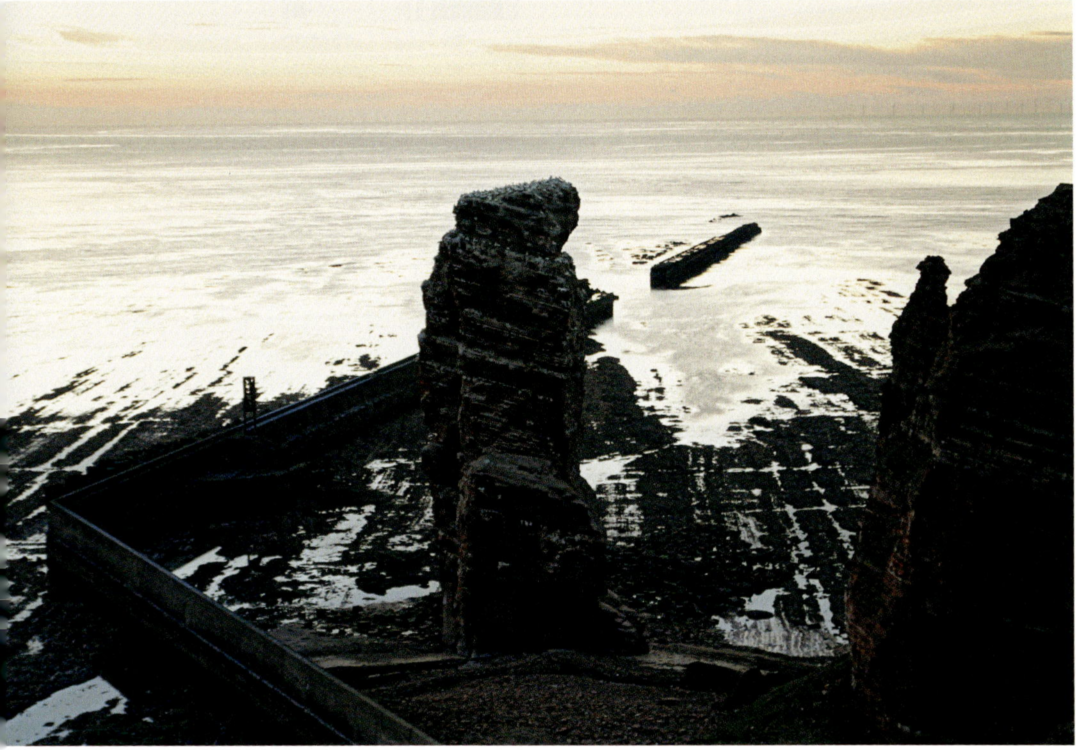

Deät Lun, das Land, nennen die Helgoländer ihre Insel.

grausame Herrscher der Meere derart in Rage, dass er alles Land ringsum zerstörte. Ein Zauberer aus Plön eilte zu Hilfe. Seine Geister schleuderten einen riesigen Felsbrocken auf den wütenden Riesen. Das ist Helgoland. Vom ❶ Nordstrand führt eine Treppe, der Jägerstieg, ins Oberland.

Wie die Lange Anna entstand Auf dem Klippenrundweg geht es im Uhrzeigersinn weiter. Nach 400 Metern ist das Klippenende erreicht, das der ❷ Langen Anna am nächsten ist. Unromantische Seelen halten das 47 Meter hohe Wahrzeichen von Helgoland für einen Brandungspfeiler. In Wahrheit ist der Felsenturm aber der drohend ausgestreckte Arm des Meeresriesen Ligur. Wer's nicht glaubt, kann ja mal in einer stillen Nacht kommen. Dann hört man Ligurs Geheul bis heute. Allerdings ist es nicht oft wirklich still. So viele Seevögel auf so kleinem Raum hört man selten um die Wette kreischen. Und nirgends in Deutschland ist die Brutvogeldichte höher als auf den benachbarten ❸ Lummenfelsen. Schleswig-Holsteins kleinstes Naturschutzgebiet ist nur 220 Meter lang, aber 60 Meter hoch. Manche der Vögel brüten nirgends sonst im Land, etwa Trottellummen, Eissturmvögel, Tordalken, Dreizehenmöwen und die wundervollen Basstölpel, die alle Blicke und Objektive auf sich ziehen. Und noch etwas ist auf Helgoland einmalig: Wenn Gipfelstürmer den 61 Meter hohen ❹ Pinneberg bezwungen haben, sehen sie kein Land ringsum, nirgends.
Zwar ist die Bezeichnung »Deutschlands einzige Hochseeinsel« eine touristische Erfindung. Helgoland liegt nicht auf der hohen See. Aber immerhin auf offener See. Das machte die Insel für die Nazis höchst interessant. Mit dem Projekt »Hummer-

schere« rüsteten sie Helgoland zur Kriegsfestung hoch. Auf dem größten maritimen Vorposten in der Nordsee entstanden wahnwitzige Hafen- und Bunkeranlagen. Damit hätten die Nazis beinahe das Ende der Insel besiegelt. Denn natürlich galt sie fortan auch den Alliierten als Ziel. Auf dem Klippenweg sieht man bis heute gewaltige Bombenkrater. Doch die größten Schäden offenbaren sich erst, wenn man an der Südspitze ins 5 **Mittelland** hinuntersteigt.

Wie das Mittelland entstand Nach dem Zweiten Weltkrieg wurde Helgoland von Großbritannien übernommen. Alle Einwohner mussten die Insel verlassen. Die Briten nutzten sie fortan als Übungsabwurfplatz für Bomben. Darüber verloren sie aber nicht ihr eigentliches Ziel aus dem Blick: Alle militärischen Anlagen sollten für immer zerstört werden. Und weil Helgoland einer einzigen Militäranlage glich, entschied man, es gänzlich zu versenken. Beim Big Bang lösten 6700 Tonnen Sprengstoff die größte nichtnukleare Explosion der Geschichte aus. Die Erschütterung soll noch im 70 Kilometer entfernten Cuxhaven zu spüren gewesen sein. Doch die Insel hielt sich tapfer. Nur ein Teil des Oberlands sackte ab – so entstand das Mittelland. Rund um den gewaltigen Bombentrichter, den die Insulaner 6 **Kringel** nennen, führt ein Weg zum Invasorenpfad. Dort geht es über die Südtreppe zum Falm.

Wie der heutige Look entstand Auf dem 7 **Falm**, den man als Promenade des Oberlands bezeichnen kann, sieht Helgoland aus wie ein Wirtschaftswunder-Deutschland en miniature. Erst 1952 durften die evakuierten Einwohner zurückkehren. Im Architektenwettbewerb wurde damals schon die zukünftige touristische Nutzung von Helgoland berücksichtigt. Die 8 **Kleingartenkolonie**, deren Lauben beinahe über die Klippen zu stürzen scheinen, stammt aber erst aus den 1960er-Jahren. Kurz danach ist wieder die E **Jägertreppe** erreicht, wo diese Wanderung endet. Ganz egal, wohin es einen im Anschluss zieht, weit ist es nicht. Die Hauptinsel ist nur einen Quadratkilometer groß. Beziehungsweise klein.

In der Dämmerung, ganz ohne Tagestouristen, entfaltet Helgoland einen besonderen Zauber.

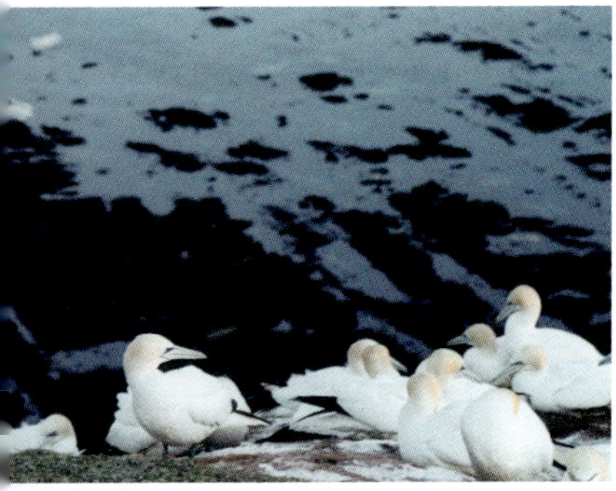

In der Unterwelt

Das Museum Helgoland bietet Führungen in das weitverzweigte Stollensystem der alten Bunkeranlagen. Etwa eine Stunde dauert die eindrucksvolle Reise in die Vergangenheit der Insel. Um Voranmeldung wird gebeten unter www.museum-helgoland.de.

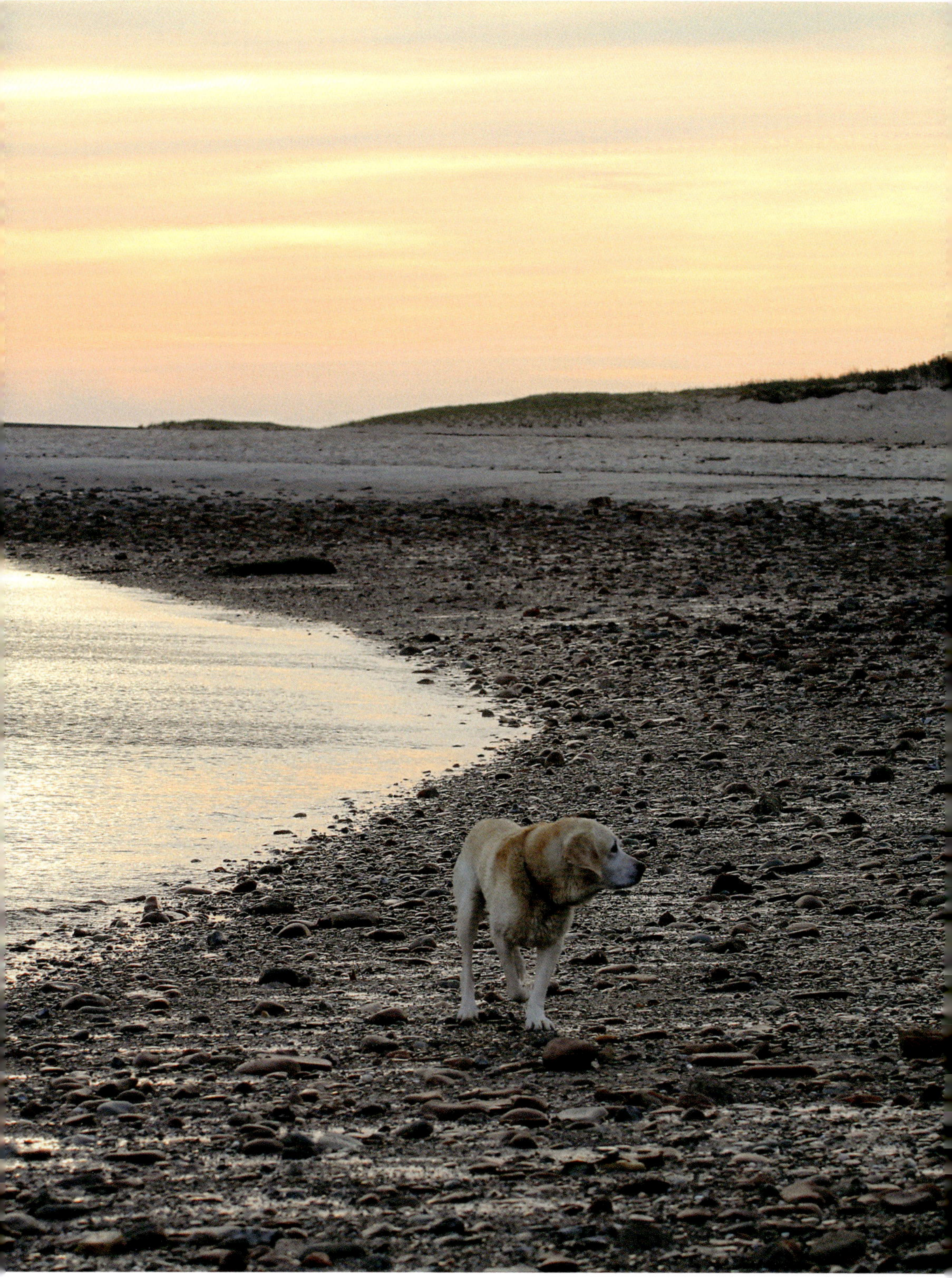

31

Wo die wilden Tiere wohnen

Strandspaziergang um die Helgoländer Düne

Leicht | 3 km | ↑10 m ↓6 m | 0.45 Std.

Tourencharakter
Rundwanderung für Wildtierfreunde – am Strand, auf Sand- und Bohlenwegen

Ausgangs-/Endpunkt
Fähranleger Düne

Anfahrt
Fähre: Von der Hauptinsel pendelt die Fähre im Halbstundentakt, je nach Wetterlage von der Landungsbrücke oder dem Nordosthafen.

Einkehr
Das Dünenrestaurant hat die bessere Lage, das Flughafenrestaurant ist noch einen Tick skurriler.

Karte
Publicpress Stadtplan Cuxhaven mit Helgoland, 1:16 000

Information
Helgoland Tourismus-Service, Tel. 04725/808 80 80, www.helgoland.de

Hinweis
Am schönsten ist der Morgen auf der Düne, bevor die Tagesausflügler kommen und so lange die Langzeiturlauber noch schlafen.

Die Nebeninsel von Helgoland, die Düne, wird aufgrund ihrer herrlichen Strände auch als Juwel bezeichnet. Der eigentliche Schatz sind aber die Inselbewohner: Hunderte Robben und Seehunde aalen sich auf der flachen Sandinsel. Berührungsängste kennen sie nicht.

Die Düne Unweit vom Ⓐ **Anleger** der kleinen Pendlerfähre »Witte Kliff« erhob sich einst ihre Namensgeberin, die Witte Klyppe. Das Kliff aus Muschelkalk und Kreide war in etwa so hoch wie die roten Felsen von Helgoland. Von einem zum anderen konnte man trockenen Fußes gelangen. Doch das Meer nagte über die Jahrhunderte schwer an der Landenge, die mit der Zeit zu einem reinen Steinwall schrumpfte. Zur Zerstörung des weißen Kliffs trug der Mensch wesentlich bei. Es wurde als Steinbruch genutzt, denn Baumaterial war auf der Insel rar. Den Rest besorgte eine schwere Sturmflut. In der Neujahrsnacht 1720/21 wurden Kliff und Wall unter Wassermassen begraben. Seitdem stellt sich die Düne als sandiges

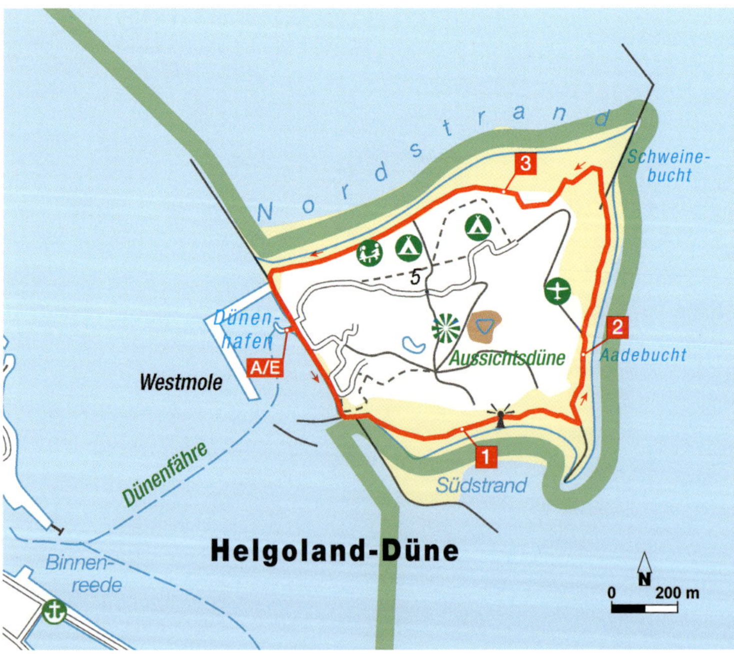

Paradies dar – für Seevögel, Badegäste, Seehunde und ihre großen Verwandten, die Robben. Nirgends tummeln sie sich in so großer Anzahl und derart unbeeindruckt von neugierigen Betrachtern. Das macht diese Rundwanderung zu einem einmaligen Erlebnis.

Friedhof der Namenlosen

Der Seemannsfriedhof von Helgoland liegt auf der Düne mit Blick aufs offene Meer. Die Anlage mit schlichten Holzkreuzen auf anonymen Gräbern, mit Denkmälern und Gedenksteinen wurde mehrfach umgebettet. Heute befindet sie sich wieder am ursprünglichen Ort hinter dem Dünenrestaurant, südöstlich der Bungalow-Siedlung.

Am superweißen Strand von Helgoland Da sich Kegelrobben und Seehunde den ❶ **Südstrand** mit Urlaubern teilen, sind sie Menschen gewöhnt. Darum darf auch die normalerweise empfohlene Distanz von mindestens 100 Metern deutlich unterschritten werden, 30 Meter sollten es aber in jedem Fall sein. Die Robben sind mit einem Gewicht von bis zu 320 Kilogramm die größten Raubtiere Deutschlands. Sie haben scharfe Zähne und Krallen und sind an Land ganz und gar nicht unbeholfen, sondern robben mit bis zu 20 Stundenkilometern über den Sand. Im Wasser sind sie mehr als doppelt so schnell. Angst haben sie nicht einmal vor Schweinswalen.
Die andere Attraktion wartet am ❷ **Oststrand**. Das Kollern der Steine in der Brandung vor der früheren Halbinsel Aade klingt beinahe wie ein Lied. Unter den Kieseln befinden sich auch »rote Diamanten«, eine Feuersteinart, die es nur auf Helgoland gibt. Sie ist rund 90 Millionen Jahre alt. Den ❸ **Nordstrand** schätzen Windsurfer aufgrund seiner rauen, wilden Wellen. Für Kegelrobben gerade richtig, um eine gemütliche Kinderstube einzurichten. Im November beginnt die Wurfzeit. Dann heißt es, unbedingt auf dem Bohlenweg bleiben. Die Tiere reagieren in dieser Phase besonders sensibel auf Störungen. Gönnen wir ihnen die Ruhe und wandern leise weiter zum Ⓔ **Ausgangspunkt**!

Der Strand der Düne ist voll belegt.

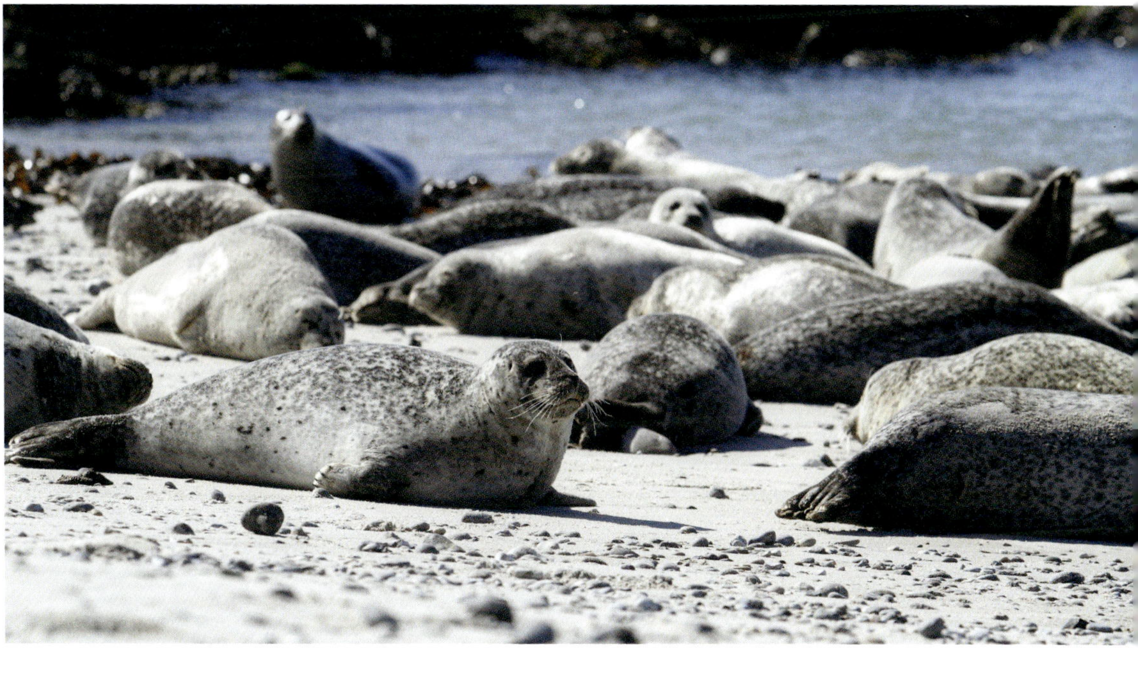

32

Stille Inseln sind tief

Zum Finger Gottes auf Pellworm

Mittel | 18 km | 18 m 18 m | 4.30 Std.

Tourencharakter
Flacher als auf dieser Rundwanderung kann es kaum zugehen. Der Deich ist die einziger Erhebung.

Ausgangs-/Endpunkt
Hafen Tammensiel

Anfahrt
Auto: Fähre ab Nordstrand, Strucklahnungshörn
Bus & Bahn: Mit der Bahn bis Husum. Das Ticket für den Zubringer sowie die Fähre selbst können über die DB gebucht werden.

Einkehr
In Tammensiel bekommt man immer etwas Gutes; unterwegs ist es aufgrund von Ruhetagen oder geschlossenen Veranstaltungen nicht garantiert. Verpflegung im Rucksack kann nicht schaden.

Karte
Kompass Wanderkarte 1:70 000, Nr. 3001, Nordfriesland, Sylt, Amrum, Föhr

Information
Kur- und Tourismusservice Pellworm, Tel. 04844/189 40, www.pellworm.de

Hinweis
Der Bustransfer von der Fähre nach Tammensiel ist im Ticket enthalten.

»Von der Nordsee, der Mordsee, vom Festland geschieden, liegen die friesischen Inseln in Frieden«, dichtete Detlev von Liliencron. Für Pellworm gilt das bis heute. Anders als ihre stolzen Schwestern hat sie weder Sandstrände noch Highlife zu bieten – dafür die Ruhe selbst.

Vom Hafen nach Seegarden Im Ⓐ **Hafen von Tammensiel**, wo der Pendlerbus die Passagiere der Fähre ausspuckt, führen Treppen über den Deich am Ostersiel. Links am Kur- und Tourismusservice vorbei gelangt man bald zu einer Brücke, an die sich ein schmaler Plattenweg anschließt, der »Fußweg«. Er mündet in die Straße ❶ **Seegarden**. Einst gab es ein adeliges Gut gleichen Namens, das dem älteren zweier Brüder vererbt wurde. Der Jüngere lebte von da an auf der Burg Gurde. Sie hätten wohl glücklich bis ans Ende ihrer Tage sein können, hätten sie sich nicht in das gleiche Mädchen verliebt. Sie wählte den Erbherren von Seegard. Das erbitterte den jüngeren Bruder derart, dass er am Tag der Hochzeit seinen

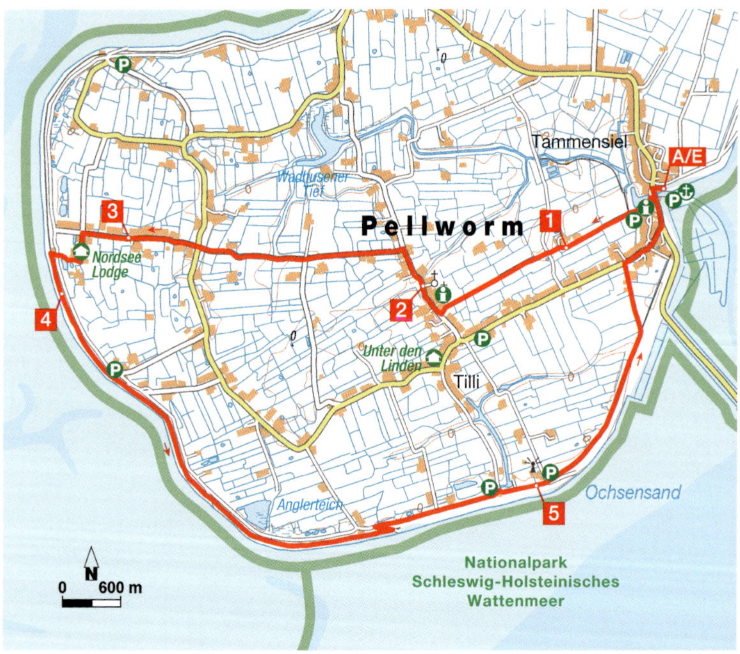

Bruder erschlug. So jedenfalls stand es 1837 im Husumer Wochenblatt. Die Sage hat wohl einen wahren Kern. Seegard gehörte um 1500 Wunke Knutsen, den Staller von Nordstrand. Und tatsächlich tötete sein Sohn Knut den Bruder Hans. Noch heute existiert ein Hof Seegard. Von der historischen Bebauung ist jedoch nichts erhalten, doch die Bäume zählen wohl noch zum alten Bestand. Nach insgesamt 2,7 Kilometern ist der Liliencronweg erreicht. Hier geht es rechts.

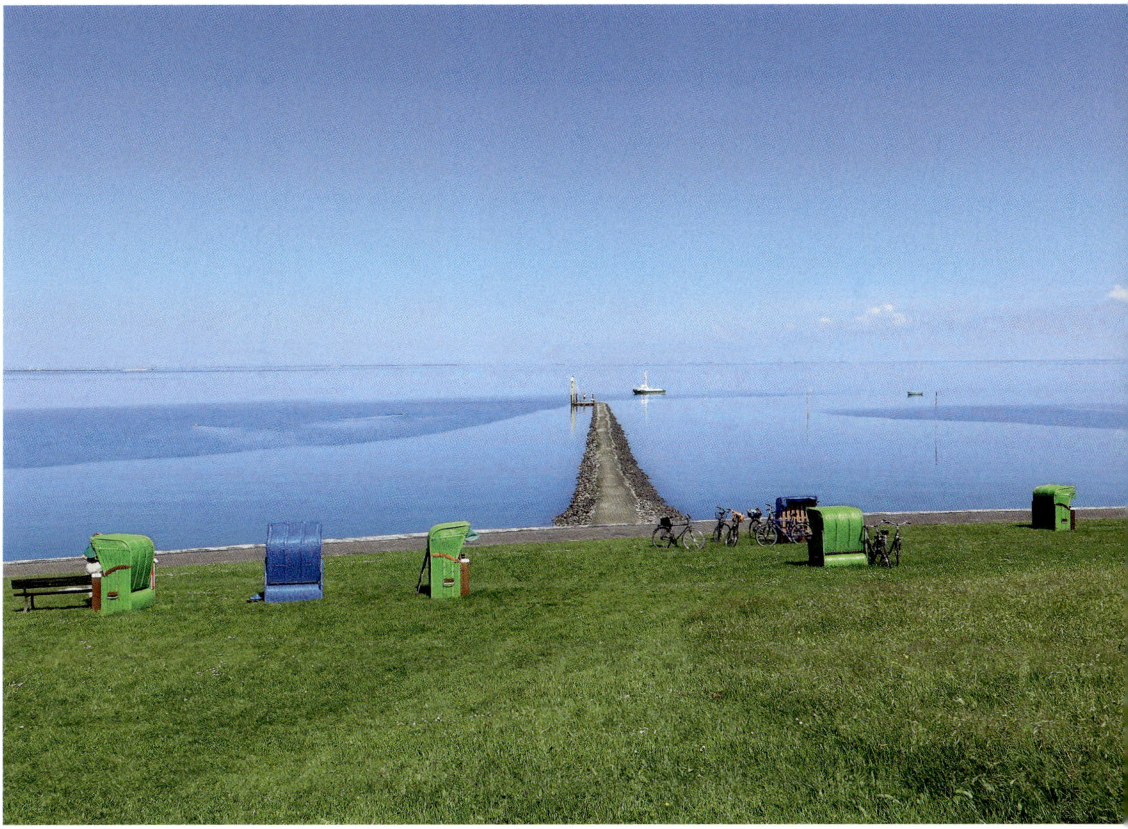

Grünstrand am Anleger der Hooger Fähre

Auf Dichters Spuren Detlev von Liliencron kam 1882 als Vogt nach Pellworm, da hatte er schon die halbe Welt gesehen und Schulden bis zum Hals. Er genoss das Leben dennoch in vollen Zügen, trank und tanzte, spielte und liebte und dichtete sein wohl bedeutendstes Werk »Trutz Blanke Hans«. »Herrlich« nannte er die grenzenlose Einsamkeit und gab als Absender auf Briefen an: »Pellworm – Insel im Atlantischen Ozean, gegenüber England, Nordkap gleich rechts.« Auch Rainer Maria Rilke verfiel dem Charme dieser kleinen, abgeschiedenen Welt, als er sich auf die Spuren seines Vorbilds Liliencron begab. Aber man muss gar kein Dichter von Weltrang sein, damit Pellworm der Fantasie Flügel verleiht. Eine Insel, deren **»Neue Kirche«** ❷ St. Crucis auf das Jahr 1623 datiert, hat natürlich jede Menge Geschichten zu bieten. Es lohnt sich, das Gotteshaus zu besuchen, bevor es linker Hand über die Alte-Kirch-Chaussee zur **»Alten Kirche«** ❸ St. Salvator geht.

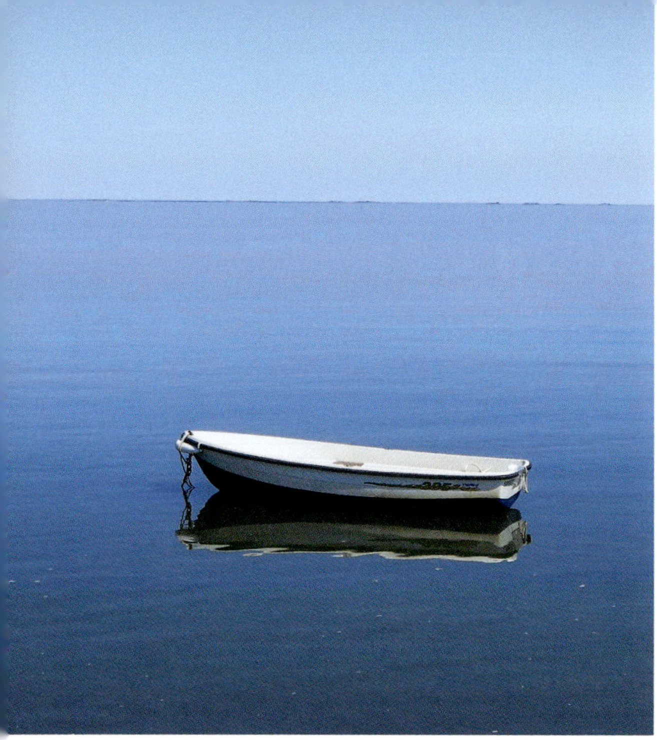

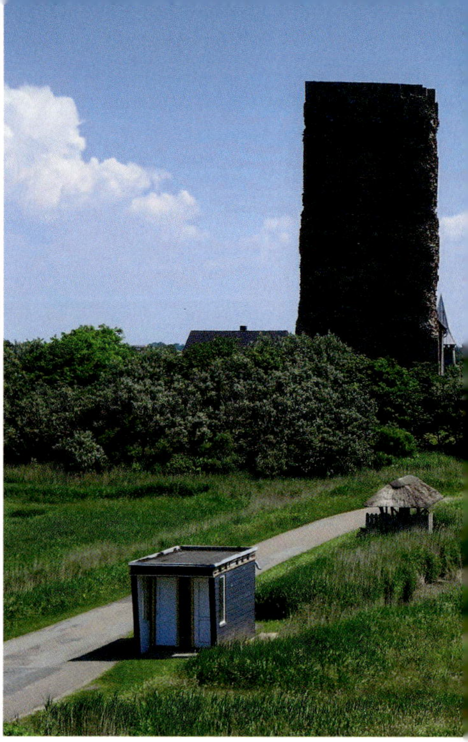

Links:
Pellworm ist die sanfteste Nordfriesin.

Mitte:
Gottes Zeigefinger: Kirche Sankt Salvator

Rechts:
Der Leuchtturm, das höchste Bauwerk der Insel

Der Finger Gottes Schon aus weiter Entfernung fasziniert die 25 Meter hohe Turmruine. Bei der Erbauung 1095 soll der Turm von St. Salvator mehr als doppelt so hoch gewesen sein. Selbstverständlich ranken sich Legenden über Legenden um das Gemäuer aus rotem, verwittertem Backstein. Zeitweise soll eine ganze Piratenbande dort gehaust haben. Mit Leuchtfeuern lockten sie Schiffe in flaches Gewässer, um sie sodann zu plündern. Eine alte Frau bei lebendigem Leib zu begraben, hätten sie sich aber lieber sparen sollen. Denn die schaffte es noch, einen Fluch auszustoßen. Und es heißt, es war Gott selbst, der am 5. April 1611 den Kirchturm einstürzen ließ. Dabei begrub er auch das Kirchengebäude aus dem Jahr 1280 unter sich. Der heutige Bau beherbergt einige Schätze, darunter eine Arp-Schnitger-Orgel. Das kostbare Taufbecken stammt aus der Kirche des 1634 untergegangenen Orts Buphever.

Ab auf den Deich Der nahegelegene ❹ **Deich** ist acht Meter hoch und für Pellworm überlebenswichtig. Die Insel liegt nämlich einen Meter unter dem Meeresspiegel. Bis zur Burchardiflut 1634 bildete sie den Westteil einer größeren Insel namens Strand. Weitere Bruchstücke sind Nordstrand und einige Halligen. Vom Deich reicht der Blick bis nach Süderoog und Hooge im Norden. Auch die großen nordfriesischen Außensände – Jappsand, Süderoogsand und Norderoogsand – sind von hier zu sehen. Letzterer entwickelt sich an seiner Nordspitze langsam, langsam zu einer Düneninsel. Die meterhohen Dünen werden bei Flut nicht mehr überspült, so dass sich Pflanzen ansiedeln konnten. Eine Wanderung von Pellworm zu einer Hallig oder einem Außensand ist ein ganz besonderes Erlebnis. Dafür braucht es einige Kondition und eine professionelle Führung. Ganz einfach ist hingegen der Rückweg der heutigen Tour, immer außendeichs und zudem ausgeschildert. Die Südrunde zieht vorbei am rotweißgeringelten ❺ **Leuchtturm** und zurück zum Ⓔ **Hafen von Tammensiel**.

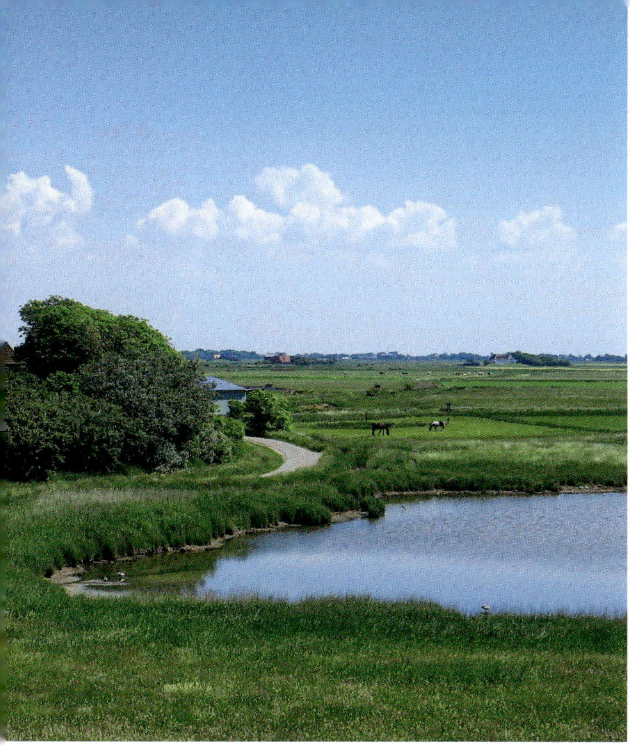

Eine Halligwanderung

Beinahe so einsam wie in Storms Novelle »Halligfahrt« leben Nele und Holger Spreer mit ihren beiden kleinen Töchtern auf Süderoog. Die Familie kümmert sich um den Erhalt der Gebäude, um Küsten- und Naturschutz. Wenn Knud Knudsen ihnen die Briefe zustellt, darf man den Wattpostboten begleiten (Infos unter www.pellworm.de).

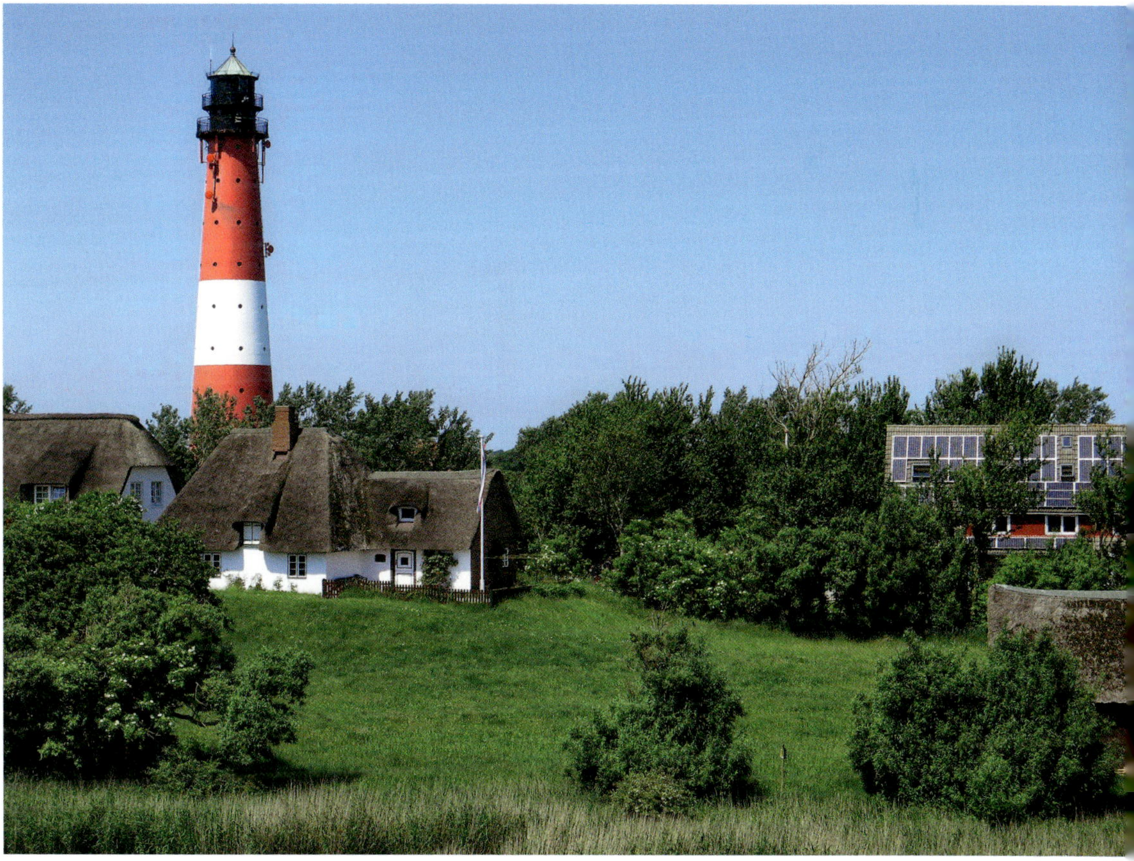

33

Gonger, Gräber und Gespenster

Die ganz große Amrumrunde

Schwer | 31 km | ↑126 m ↓125 m | 7.30 Std.

Tourencharakter
Diese Rundwanderung auf Pfaden, Bohlenstegen, Strand und Waldwegen verlangt Kondition. Aber Amrum muss man einfach mal zur Gänze gesehen haben.

Ausgangs-/Endpunkt
Wittdün, Fähranleger

Anfahrt
Auto: Fähre ab Dagebüll
Bus & Bahn: Mit der Bahn über Niebüll nach Dagebüll, weiter per Fähre. Reine Personenfähren starten auch von Sylt, Föhr und Nordstrand.

Einkehr
In Wittdün, Nebel, Norddorf. Strandbuden und Beachbars haben allerdings nur im Sommer geöffnet.

Karte
Kompass Wanderkarte 1:70 000, Nr. 3001, Nordfriesland, Sylt, Amrum, Föhr

Information
AmrumTouristik,
Tel. 04682/940 30,
www.amrum.de

Hinweis
Die Tour kann jederzeit abgekürzt oder abgebrochen werden. Busse verkehren regelmäßig, und die nächste Haltestelle ist nie weit.

Die kleinste Nordfriesin gilt vielen auch als die prächtigste. Aber sie hat auch eine andere, düstere Seite. Unzählige Spukgeschichten wabern durch die weiten Dünentäler. Und selbst die wahren Erzählungen sind schwer zu fassen. So wie auch Amrums Schönheit unfassbar ist.

Nebel voraus Auf Amrum ist das Leben leicht. Direkt am **Ⓐ Fähranleger in Wittdün** beginnt ein Promenadenweg an der Ost- also der Wattseite der Insel. Er geht bald in einen sandigen Pfad über. Spätestens wenn hinter **❶ Steenodde** Vogelschwärme über das Kliff ziehen, kann man sich

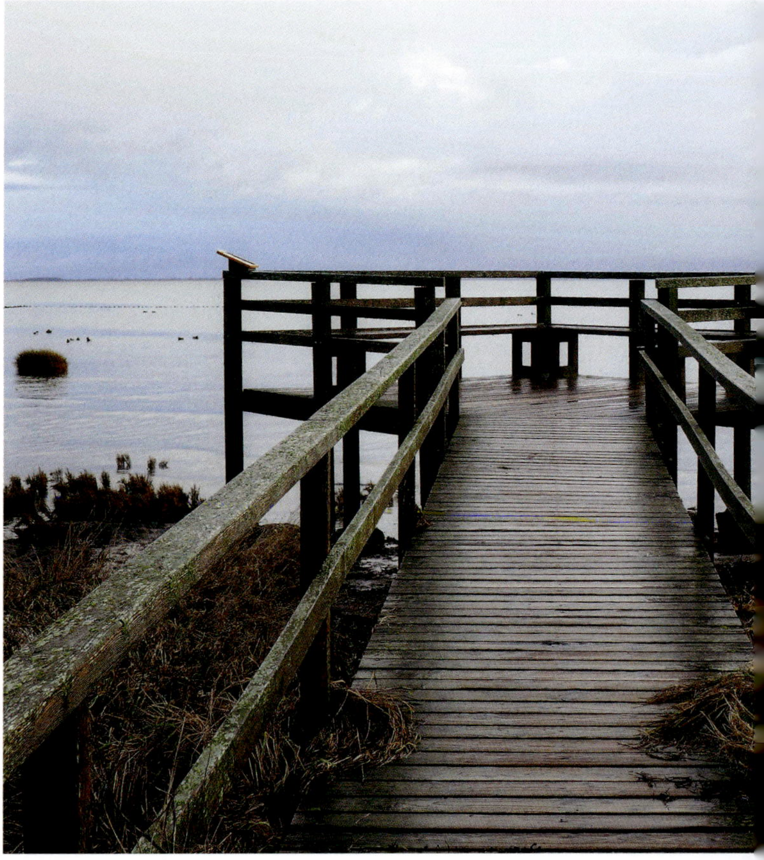

Links: Im Winter hört man das Watt auf Amrum knistern.

Rechts: Selbst bei grauem Himmel setzt die Sonne goldene Akzente.

vorstellen, welches Heimweh Hark Olufs plagte. Der mythische Inselheld und Seefahrer wurde 1724 von Sklavenhändlern nach Algier verschleppt und kam erst elf Jahre und viele Abenteuer später nach Amrum zurück. Olufs liegt auf dem Friedhof von ❷ **St. Clemens in Nebel** begraben. Das Friesendorf par exellence ist nach rund vier Kilometern erreicht. Für die Inschriften der »sprechenden Grabsteine« sollte man sich ein wenig Zeit nehmen. Über 150 Lebensgeschichten sind auf ihnen verewigt.

Föhr im Blick Zurück auf dem Wanderpfad geht es dicht am Wattenmeer durch ein Naturschutzge-

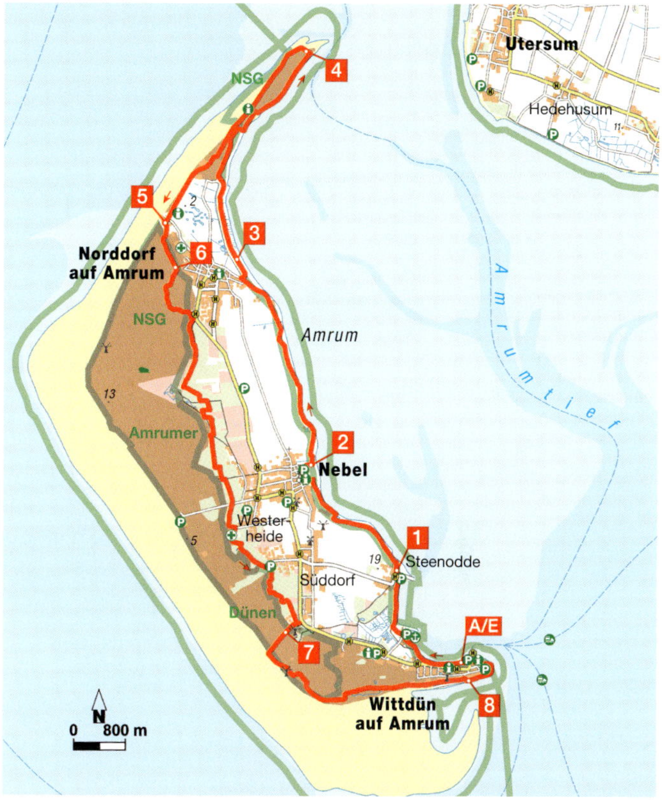

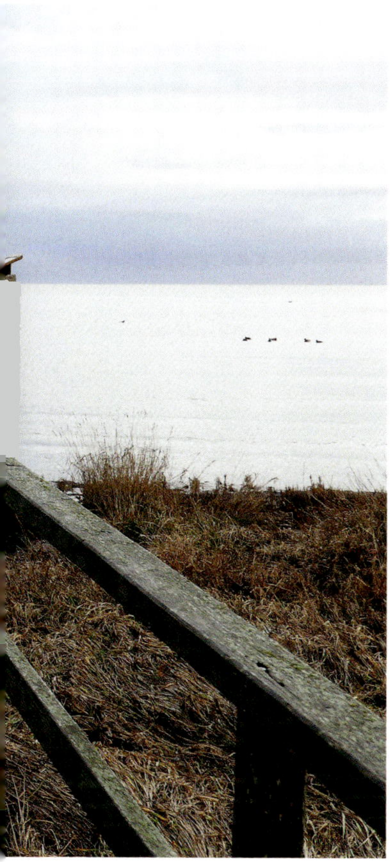

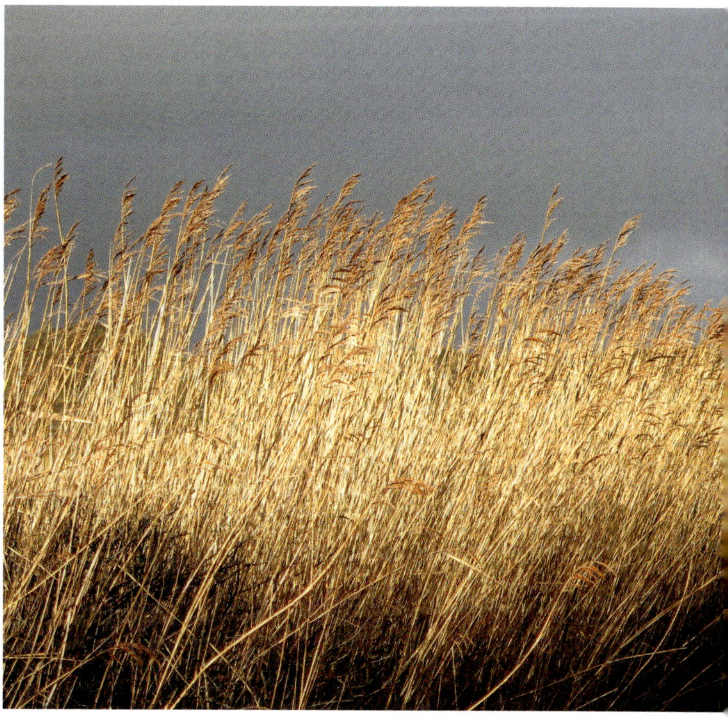

Naturschutzgebiet Amrum Odde

In den bis zu 40 Meter hohen Dünen ganz im Norden der Insel brüten viele gefährdete Seevogelarten. Daher herrscht Betretungsverbot. Die Ausnahme bildet das Vogelwärterhäuschen, zu dem auch eine tolle Aussichtsplattform gehört. Der zubringende Bohlenweg ist nach wenigen Minuten ab dem Fahrradständer erreicht. Zugänglich allerdings nur zu Führungszeiten: www.jordsand.de.

biet Richtung ❸ **Norddorf**. Dort leitet der Teerdeich direkt zur Odde, einem Dünengürtel, auf dem strengstes Betretungsverbot herrscht. Dass Wanderer den Brut- und Rastplätzen der Vögel bei der Insel-Umrundung nicht zu nahekommen, regelt ein Zaun. Weil er so dicht an der Küstenlinie steht, muss man bei Flut mit nassen Füßen rechnen. Das ist beinahe so abenteuerlich wie die Wattwanderung nach Föhr, die ebenfalls hier startet. Für normal gewachsene Menschen, ist es kein Problem, den Priel zu durchwaten, der zwischen den Inseln verläuft. Zwerge, auch Onerbäänke genannt, müssen dagegen per Boot pendeln. Drüben in Utersum, das man von hier aus sehen kann, gelangte dadurch ein Fährmann zu großem Reichtum. In einer stürmischen Nacht setzte er ganze Horden der kleinen Gesellen über. Dafür waren mehrere Touren nötig. Bei jeder verließen seine Passagiere in Amrum angekommen ohne ein Wörtchen des Dankes schleunigst das Boot. Das machte den Fährmann missmutig auf die Dauer. Als er dann endlich nach Hause kam, stieß er sich auch noch den Fuß an einem harten Gegenstand. Er war aber schnell besänftigt, als sich der Gegenstand als sein Hut entpuppte, prall gefüllt mit Goldstücken. Der Lohn der Onerbäänke reichte ihm bis zu seinem Lebensende. Apropos Ende: ein kiesbedeckter Landstreifen markiert die ❹ **Nordspitze** von Amrum.

Sylt vor den Augen Die Amrumer behaupten, Onerbäänke hätte es ursprünglich nur auf Föhr und Sylt gegeben. Die Insel der Schönen und Reichen scheint beim Rückweg auf der Brandungsseite gar nicht so weit entfernt, der Leuchtturm von Hörnum ist deutlich auszumachen. Einer alten Sage nach lag die Nachbarinsel früher noch viel näher. Amrum sei damals größer gewesen, heißt es, und von Sylt nur durch ei-

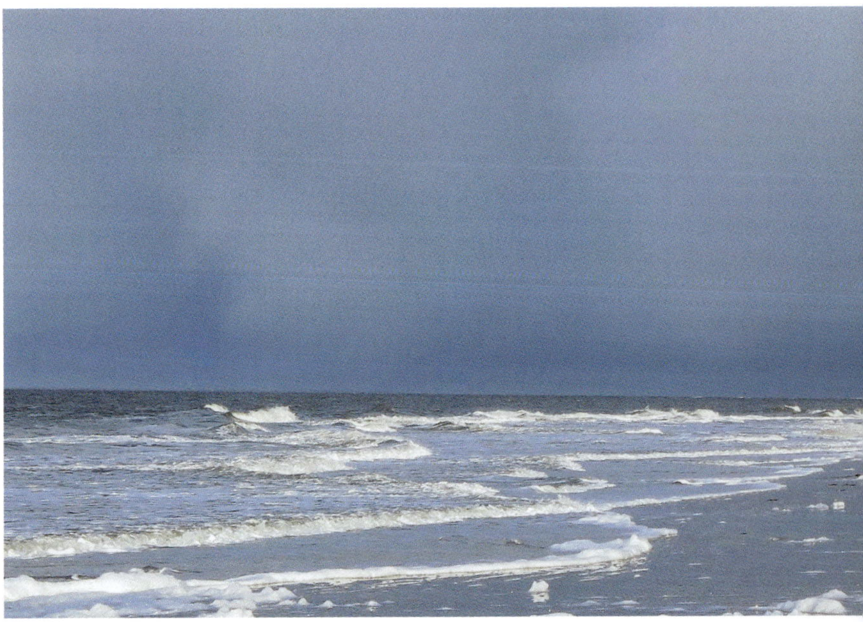

Dünen, Brandung und ein unendlicher Strand

nen schmalen Strom getrennt. Ein Pferdekopf diente als Trittstein und es brauchte nicht mehr als einen Doppelschritt von einer Insel zur anderen. Damals gab es auf Amrum noch keine Dünen. Heute ist der Kniepsand eine der größten Sandflächen Europas. Wie es dazu gekommen ist? Das ist schon wieder eine andere Geschichte.

Über den Kniepsand An ihrem langen Weststrand fanden die Amrumer einst einen Leichnam. Sie bestatteten den Mann, wie es Sitte war. Was sie nicht wussten: Es handelte sich um einen Wassermann, den das Meer mit aller Gewalt zurückforderte. Ein Sturm zog auf und wälzte ungeheure Sandberge auf die Insel. Das Toben wollte gar nicht aufhören. Erst als endlich einer auf die richtige Erklärung kam und man den Wassermann wieder ausgrub und der See zurückgab, legte sich das Unwetter. Das Dünengebirge und der Strand aber blieben. Und so kann man heute auf dem schönen festen Kniepsand bis nach Wittdün zurückwandern.

Strecke durch den Wald Alternativ lässt sich an der Aussichtsplattform ❺ **Himmelsleiter** auf einen Dünenlehrpfad wechseln. Auf Bohlenwegen geht es dann zur ❻ **Aussichtsdüne A Siatler**, dem höchsten Punkt der Insel. Der Weg nach Wittdün ist ausgeschildert und führt acht Kilometer durch herrlichsten Küstenwald bis zum Wahrzeichen der Insel, dem ❼ **Leuchtturm**. Falls es nun schon dämmert, heißt es, während der verbliebenen vier Kilometer aufzupassen. Auf den Bohlenwegen im Dünenwandertal könnte man einem Gonger begegnen. Den nordfriesischen Wiedergängern, ertrunkene Seeleute zumeist, darf man nicht die Hand reichen. Sie wird sonst schwarz und fällt ab. Am Schrecklichsten aber ist, dass Gonger einen betrüben, und man ist ja ohnehin ein bisschen wehmütig, wenn die ❽ **Obere Wandelbahn** von Wittdün das baldige Ende dieser Traumtour ankündigt. Auf dem Panoramaweg gelangt man zu schnell zum Ⓔ **Ausgangspunkt** zurück.

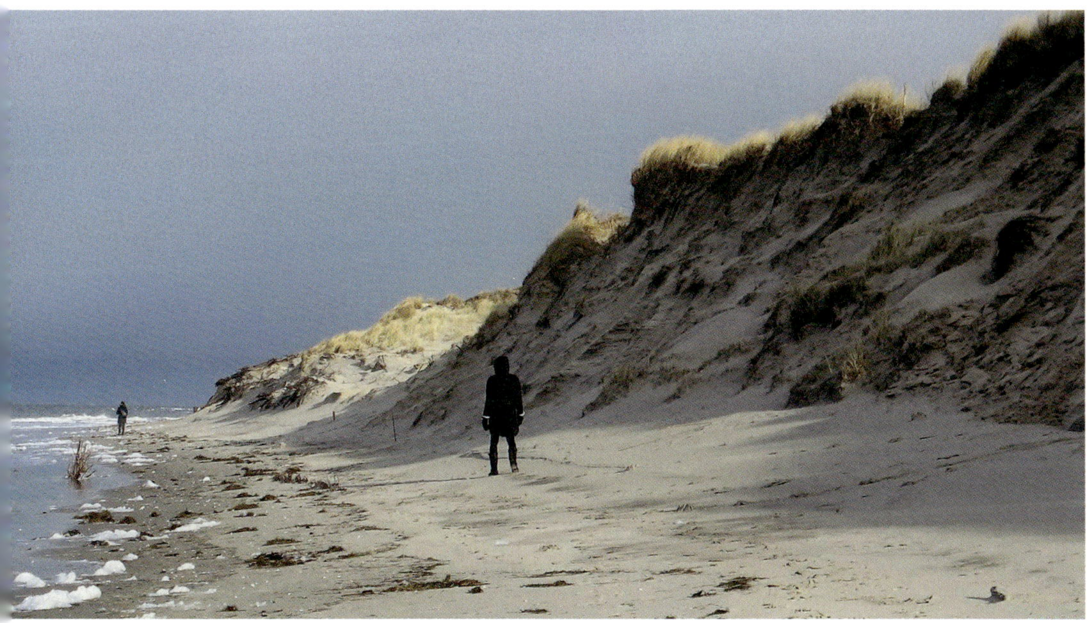

34

Schwimmende Träume

Die schönsten Seiten von Föhr

Mittel | 17 km | 16 m 17 m | 4 Std.

Tourencharakter
Strand- und Südküstentour in der »nordfriesischen Karibik« mit Abstecher zum schönsten aller Friesendörfer

Ausgangspunkt
Wanderparkplatz Hohemark in Oberursel

Endpunkt
Utersum

Anfahrt
Auto: Fähre ab Dagebüll
Bus & Bahn: Mit der Bahn über Niebüll nach Dagebüll, weiter per Fähre. Von Utersum mit dem Bus zurück nach Wyk

Einkehr
Das Strandrestaurant Treibholz punktet mit unbezahlbarem Blick. Montags Ruhetag

Karte
Kompass Wanderkarte 1:70 000, Nr. 3001, Nordfriesland, Sylt, Amrum, Föhr

Information
Föhr Tourismus, Tel. 04681/300, www.foehr.de

Hinweis
Die Wanderung ist zu jeder Jahreszeit ein Traum. Nur nicht, wenn ein Sturm die Sandkörner zu Geschossen werden lässt.

Föhr hat nur einen einzigen Strand. Der aber ist so herrlich, dass er schon Johann Strauß zu seinem Walzer »Nordseebilder« inspirierte. Mit 15 Kilometern hat er genau die richtige Länge, um auf einer ausgedehnten Strandwanderung dem Charme der familienfreundlichen Insel zu erliegen.

Inselhauptstadt Wyk Für diese Wanderung lohnt es sich unbedingt, früh aufzustehen und die erste Fähre nach Föhr zu nehmen. Dann liegt die Insel noch im Schlaf, wenn der Dampfer am Ⓐ **Fähranleger in Wyk** festmacht. Die beinahe menschenleere ❶ **Promenade** gleicht dem Parkett eines Freilufttheaters. In den Hauptrollen: die See, das zunehmende Licht und Langeness. »Schwimmende Träume« nannte Theodor Storm die Halligen treffend. Eine der kleinsten, Oland, hat schon auf der Schiffsreise verzaubert. Die Größte, Langeness eben, begleitet die Wanderer noch eine ganz Weile Richtung Süden. Derweil wandelt sich die Prome-

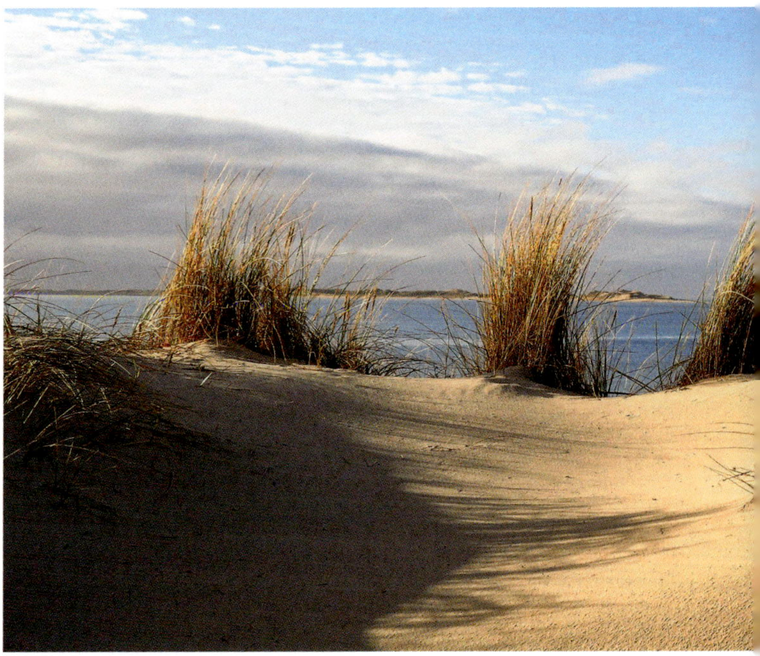

Blick auf Amrum vom Strand in Utersum, dem kleinsten Seebad auf Föhr

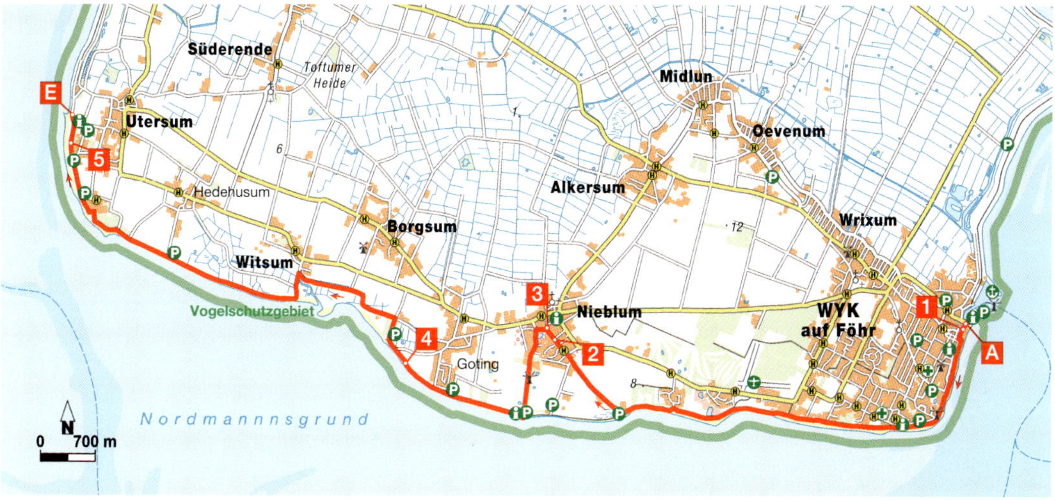

nade in einen schrägen Teerdeich und schließlich zum Bohlenweg. Wer will, kann natürlich auch am Wellensaum entlanglaufen. Nach 5,5 Kilometern markiert ein Strandparkplatz den Zubringer nach ❷ **Nieblum**. Über den Meetsweg ist die Dorfmitte nach einem weiteren guten Kilometer erreicht.

Dorfschönheit Nieblum Anfang des 17. Jahrhunderts begann auf den nordfriesischen Inseln das »Goldene Zeitalter« des Walfangs. Monatelang waren die Männer unterwegs auf ihren Reisen nach Grönland oder Spitzbergen. Längst nicht alle kamen zurück. Aber wer es schaffte, hatte oft ein Vermögen verdient. Davon zeugen die schmucken Kapitänshäuser im schönsten Friesendorf von allen. Der Ortskern sieht im Großen und Ganzen noch so aus wie 1634. Die erste urkundliche Erwähnung des Friesendoms, wie die ❸ **Kirche St. Johannis** auch genannt wird, datiert auf das Jahr 1100. So zurückhaltend die größte Dorfkirche Schleswig-Holsteins von außen wirkt, so prächtig ist ihr Innenraum. Und nirgends finden sich so viele »sprechende Grabsteine« wie auf Föhr. Einer Legende nach wollte ein

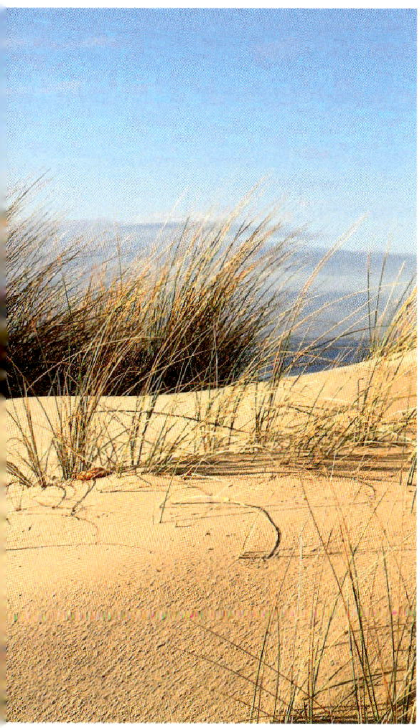

Museum Kunst der Westküste

In einem winzigen Dorf auf einer schwer erreichbaren Insel ein hochkarätiges Kunstmuseum zu eröffnen, darauf muss man auch erst einmal kommen. Seit 2009 gehört das Museum Kunst der Westküste zu den besten Häusern in ganz Schleswig-Holstein und ist für sich genommen schon die Anreise wert. Aktuelle Ausstellungen unter www.mkdw.de.

Diakon die Überlegenheit des katholischen Glaubens durch einen Ritt nach Amrum beweisen. Auf dem Rückweg fiel er vom Pferd und brach sich das Genick. Die Föhrer namens pragmatisch und wurden evangelisch.

Naturschätzchen Goting-Kliff Über den Heidweg geht es zurück an den Strand. Hier erhebt sich seit der Saale-Eiszeit die einzige Steilküste von Föhr. Mit maximal neun Metern Höhe ist das ❹ **Goting-Kliff** nicht gerade gewaltig. Gewaltig sind aber die Stürme und Gezeiten an dieser Stelle. Findlinge und Abbrüche zeugen vom ständigen Küstenrückgang. Beim Strandparkplatz, der dem Kliff-Café folgt, führt ein Pfad zu einem Radweg, der durch das Vogelschutzgebiet mäandert. Für Wiesenvögel, Limikolen und Seeschwalben ist das Gebiet rund um Föhrs einzigen Süßwasserfluss, die Godel, von herausragender Bedeutung. Nach Überquerung der Godel geht es zurück an den Strand, der bald wieder zu einer feinsandigen Angelegenheit wird.

Zwergenstaat Triibergem Nach nunmehr 14 Kilometern ist ❺ **Utersum** erreicht. Das einzige Dorf nördlich von Flensburg, das bei der Volksabstimmung 1920 für die Zugehörigkeit zu Dänemark stimmte, ist uralt. Einige unspektakuläre Erdhügel erwiesen sich als Hügelgräber aus der Bronzezeit. In ihnen hausten früher Zwerge. Sie waren nicht direkt unfreundlich zu nennen, aber man sollte sich auch nicht mit ihnen anlegen. Einmal fand ein Bauer das Messer eines Zwergs in der Nähe der Hügel und wollte es seinem kleinen Besitzer nur gegen einen Handel wiedergeben. Sein Wunsch war es, beim Pflügen in jeder Furche ein Goldstück zu finden. Und so geschah es. Doch hat es ihn am Ende das Leben gekostet. So groß wurde seine Goldgier, dass er Tag und Nacht pflügte, bis er tot zusammenbrach.

Unten: Nieblum gilt vielen als das schönste Dorf der nordfriesischen Inseln.

Rechts: Am Strand von Utersum

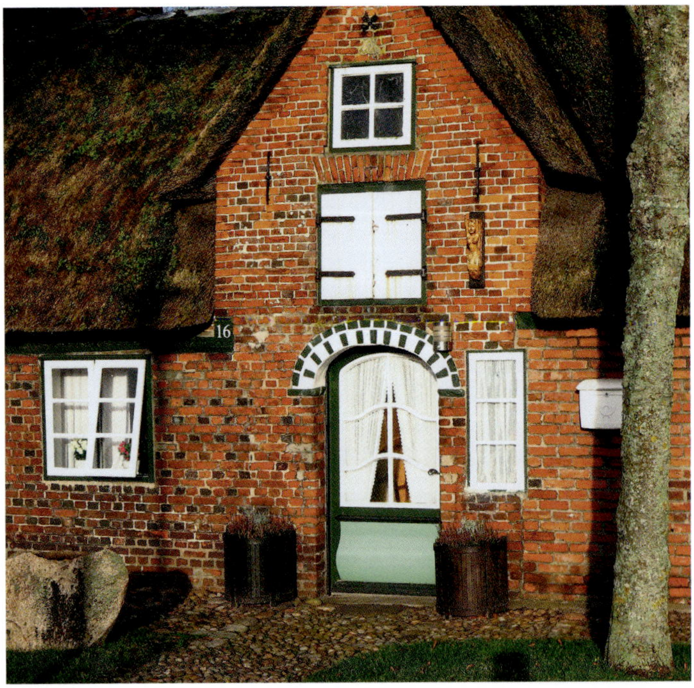

Schlussakkord Föhr liegt in vielerlei Hinsicht im Schatten der auffälligeren Schwestern Amrum und Sylt – auch im Windschatten. Es kann passieren, dass die Nordsee still und spiegelglatt den Strand von Utersum umspielt. Während man aus der Entfernung die Wellen an die Nordspitze von Amrum krachen hört und auf Sylt mal wieder ein Stück von der Hörnum Odde abbricht. Dann ist Föhr geradezu unwirklich schön. Und eines steht fest: Mit dem Dreiinselblick vom Ⓔ **Steg** am Strand von Utersum kann es keine andere Nordfriesin aufnehmen.

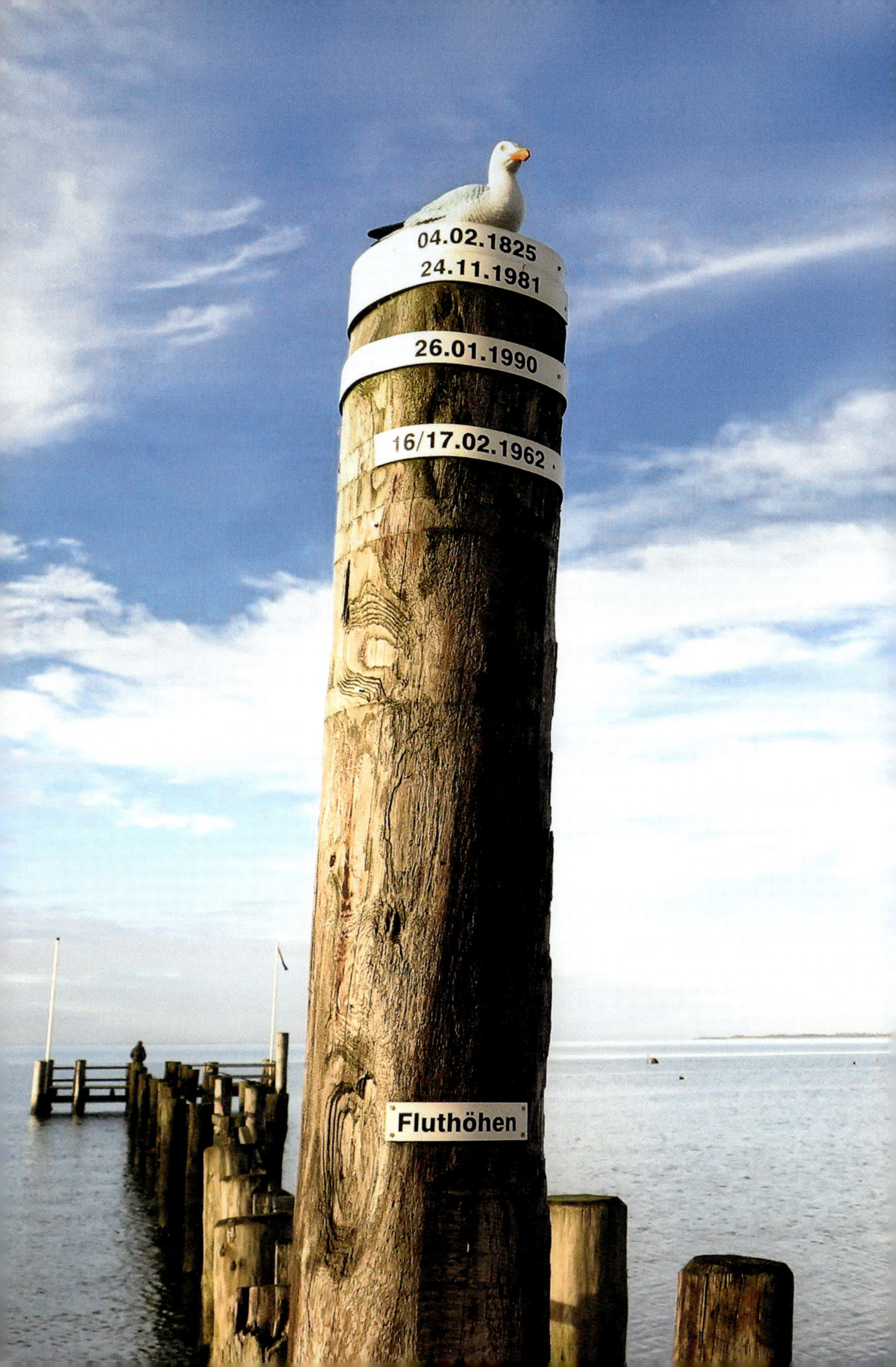
04.02.1825
24.11.1981
26.01.1990
16/17.02.1962
Fluthöhen

35

Der Pfad des Meermanns

Auf dem Wattuferweg von Hörnum nach Rantum

Leicht | 13 km | ↑24 m ↓23 m | 3.15 Std.

Tourencharakter
Naturnahe, gut ausgeschilderte Wanderung am Wattenmeer auf asphaltierten und sandigen Wegen, auf Pfaden durch Wiesen und Dünen und über kürzere Strandabschnitte

Ausgangspunkt
Hafen Hörnum

Endpunkt
Yachthafen Rantum

Anfahrt
Auto: Mit dem Autozug ab Niebüll nach Westerland, Ausschilderung nach Hörnum folgen
Bus & Bahn: DB nach Westerland, dort fährt die Buslinie 2 im 20-Minuten-Takt

Einkehr
In Hörnum und Rantum diverse Möglichkeiten. Auf der Strecke liegt die Sansibar.

Karte
Kompass Rad- und Wanderkarte Sylt, 1:40 000

Information
Tourismus Service Hörnum, Tel. 04651/962 60, www.hoernum.de

Hinweis
Der Sylter Süden ist ein Wanderparadies. Ebenfalls empfehlenswert sind die Runden um das Rantumbecken (13 km) und die Hörnum Odde (5,5 km).

Im Süden präsentiert sich Sylt als langgestreckte Dünenlandschaft. An der Brandungsseite zieht der 40 Kilometer lange Strand jede Menge Spaziergänger an. Die ruhigere Wattseite ist nicht ganz so bekannt und umso wunderbarer für Vögel und Wanderer.

Auf dem Wattuferweg Wie schon auf Amrum und Föhr wartet auch auf Sylt ein herrlicher Dreiinselblick, konkret im Ⓐ **Hörnumer Hafen**. Wobei es auf der größten nordfriesischen Insel schon klare Sicht braucht, um den Rest der Welt nicht aus den Augen zu verlieren. Spielt das Wetter nicht mit, ist es auch egal. Denn der Weg nach Rantum könnte gar nicht

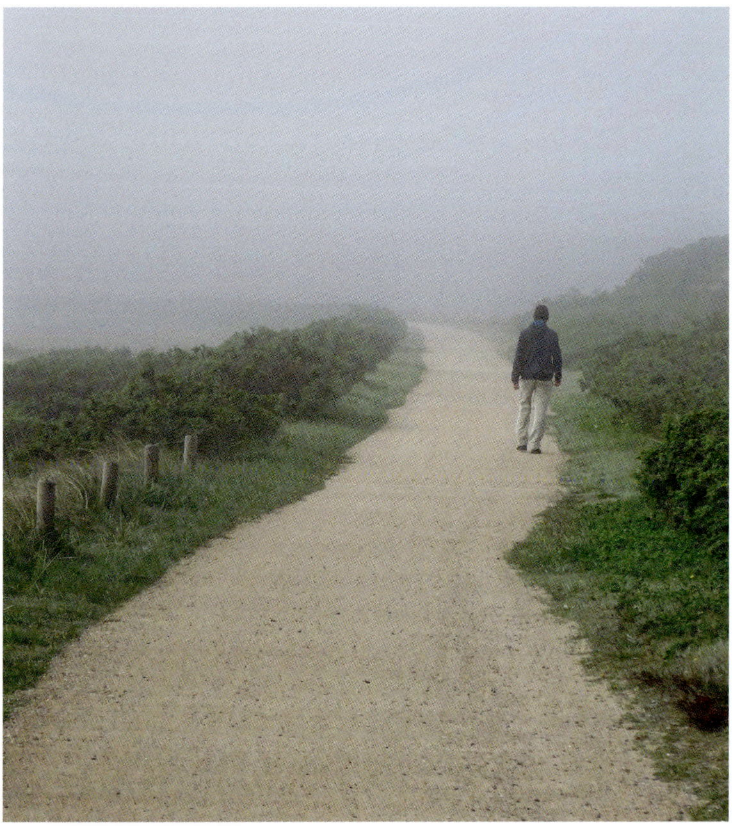

Links: Wenn der Nebel aus den Dünen steigt, haben Wanderer freie Bahn.

Rechts: Alle Wege führen nach Hörnum.

Sansibar oder der beste Grund

Von Hörnum gesehen ragt nach 7,7 Kilometern ein gigantischer Sendemast in die Höhe. Da lohnt es sich, dem nächsten Pfad durch die Dünen zu folgen. Er schlängelt sich direkt zum Parkplatz des legendären Strandlokals Sansibar. Im Winter kann man zur Mittagszeit durchaus mal ohne Reservierung einen Tisch ergattern. Im Sommer setzt man sich mit seinem Getränk in den Sand.

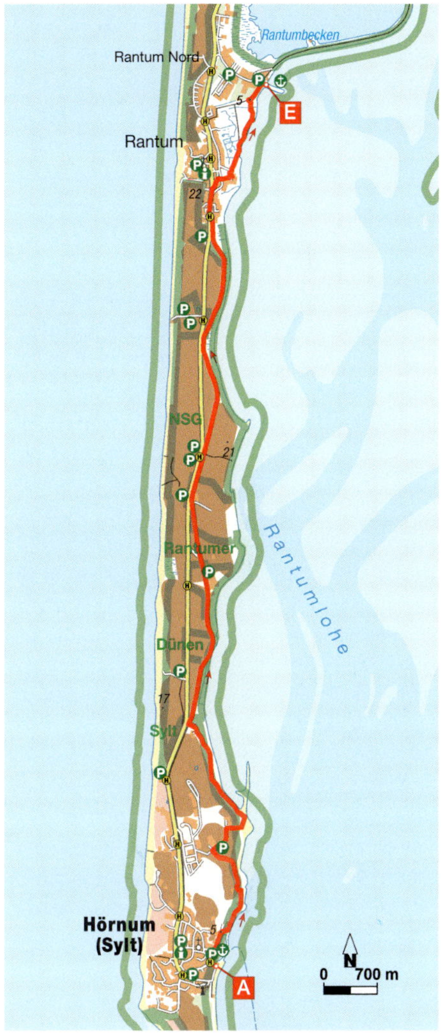

einfacher sein: Man halte sich einfach nah an der Wasserkante, wandere entlang der Kaianlagen bis zum Luxushotel Budersand, wo ein Weg am Rand des Golfplatzes zur Hörnumer Nehrung führt. Ab dann ist Schluss mit Zivilisation. Der Wattuferweg berührt bis Rantum höchstens mal ein Schullandheim oder den Radweg, der parallel zur Landstraße verläuft. Da kann es auch mal etwas lauter werden. Sylt ist im Süden nur ein schmaler Streifen aus Marschwiesen und Sanddünen. Der Wattuferweg führt aber stets rasch zurück ans Meer, wo es so still ist, dass man die Salzwiesen wachsen hört. Bei Flut glucksen leise die Wellen, bei Ebbe knistert es im Sandwatt. Dann kann man auch ein wenig auf dem Meeresboden hinausspazieren. Je mehr Zeit man sich für die Strecke bis zum **E Hafen von Rantum** nimmt, desto intensiver erlebt man den Wechsel der Gezeiten.

Herrin der Gezeiten In den weiten Heideflächen zwischen Hörnum und Rantum wimmelt es von Hexen, Zwergen, Unholden und Meerjungfrauen. Auf dem Wattuferweg warnt sogar ein Schild davor. Der Meermann, auf den nordfriesischen Inseln Ekke Nekkepenn genannt, hat hier einmal versucht, die schöne Inge von Rantum mit einem Zauber an sich zu binden. Es handelte sich eigentlich um eine Verwechselung – eine lange, komplizierte Geschichte, die an dieser Stelle zu weit führen würden. Und sowieso ging die Sache gut aus, weil Inge nicht nur schön, sondern auch schlau war und dem Meermann entkommen konnte. Aber Ekkes Frau, die Meeresgöttin Ran, hat nie vergessen, dass er sie gegen eine Jüngere eintauschen wollte. Bis heute entfesselt sie vor Hörnum Stürme, zieht Schiffbrüchige in ihre Netze und schleudert Schiffstrümmer an den Strand. Ob sich ihr Zorn nicht nur gegen die Nebenbuhlerin, sondern auch gegen Ekke Nekkepenn richtet, ist nicht bekannt.

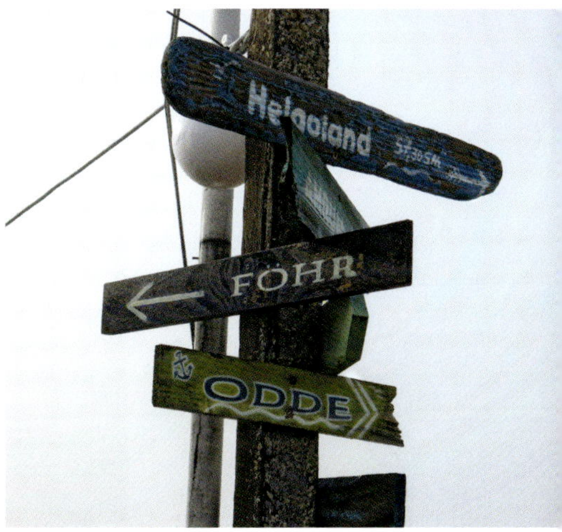

36

Sylter Legenden

Mythos Kampen

Mittel | 14 km | 147 m 148 m | 3.30 Std.

Tourencharakter
Bei dieser außerordentlich vielfältigen Rundwanderung um das Dorf Kampen lernt man alle Landschaftsformen kennen, die Sylt zu bieten hat.

Ausgangs-/Endpunkt
Kaamp-Hüs, Kampen-Mitte

Anfahrt
Auto: Mit dem Autozug ab Niebüll nach Westerland oder mit der Fähre vom dänischen Rømø. Ausschilderung nach Kampen folgen.
Bus & Bahn: DB nach Westerland, weiter Buslinie 1

Einkehr
Im Sommer ist es beinahe unmöglich, ohne Reservierung einen Tisch zu ergattern. Im Winter haben viele Restaurants geschlossen. Vorher also am besten das Internet befragen.

Karte
Kompass Rad- und Wanderkarte Sylt, 1:40 000

Information
Insel Sylt Tourismus Service, Tel. 04651/998 00, www.insel-sylt.de

Die Exklusivität von Sylt zu kritisieren ist leicht. Kampen zu lieben aber auch. Es waren Künstler, die das kleine Dorf zuerst für sich entdeckten. Seitdem hat sich viel verändert. Doch die Natur ist so eindrucksvoll wie kaum irgendwo sonst in Norddeutschland.

Spektakuläre Aussichten Erstbesucher, die gegenüber vom Ⓐ **Kaamp-Hüs** in den Strönwai einbiegen, mögen fast ein wenig enttäuscht sein. Denn so besonders wirkt sie gar nicht, die berühmte Whisky-Meile – eine breite Straße bloß mit einer Handvoll Restaurants und Luxus-Geschäften; nicht einmal besonders charmant. Wenn sich an ihrem Ende die weite Dünenlandschaft auftut, sieht die Sache dann schon anders aus. Ein Pfad führt leicht links zum höchsten Punkt der Insel. Und spätestens auf der Aussichtsplattform der 52,5 Meter hohen ❶ **Uwe-Düne** wird

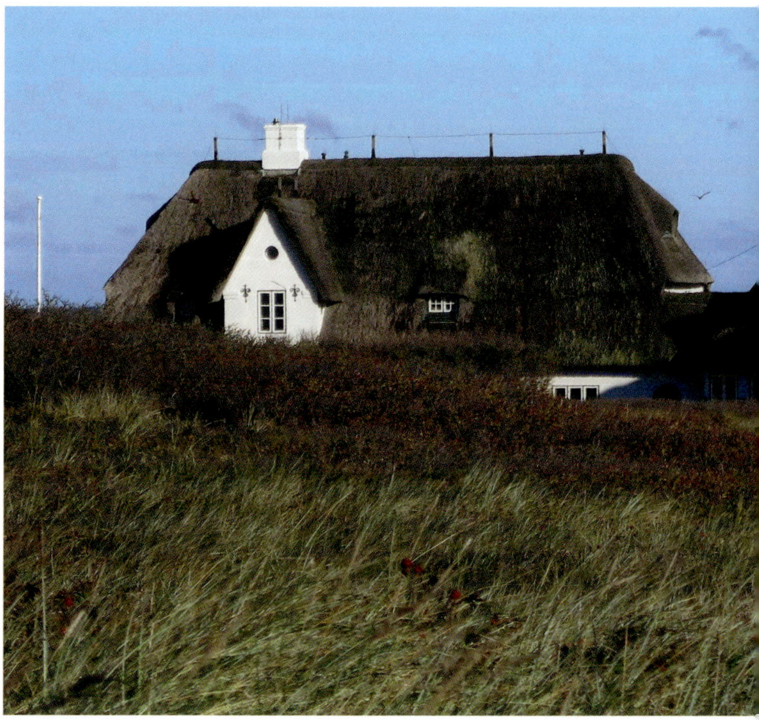

Das Anwesen »Kliffende« markiert das Ende des Roten Kliffs in Kampen.

klar: Landschaftlich ist Kampen atemberaubend. Das muss man sich einfach aus der Nähe ansehen, zunächst das ❷ **Rote Kliff**. Der Dünenpfad leitet zum Klippenweg. Er verläuft teilweise recht nah an der bis zu 30 Meter hohen Abbruchkante. So könnte man etwa vier Kilometer bis nach Wenningstedt laufen. Für einen ersten Eindruck reicht aber auch einer – bis zum nächsten Strandrestaurant. Und dann runter zur tosenden Brandung.

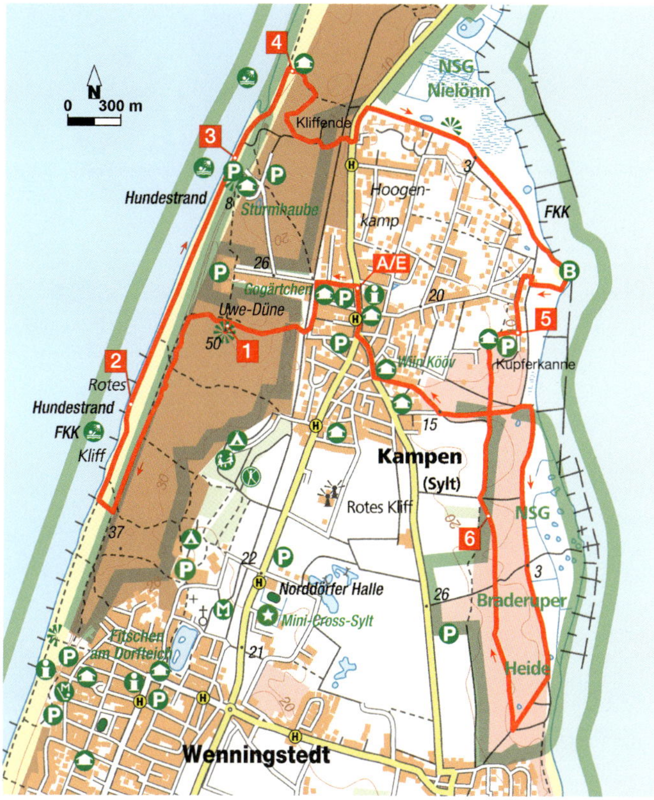

Mythos Kampen Künstler wie die Malerin Anita Rée und ihr Kollege Emil Nolde kamen wegen des unvergleichlichen Lichts. Schriftsteller von Thomas Mann bis Max Frisch ließen sich hier den Kopf freipusten. Filmstars wie Brigitte Bardot und reiche Lebemänner wie Gunther Sachs, der auch ambitioniert foto-

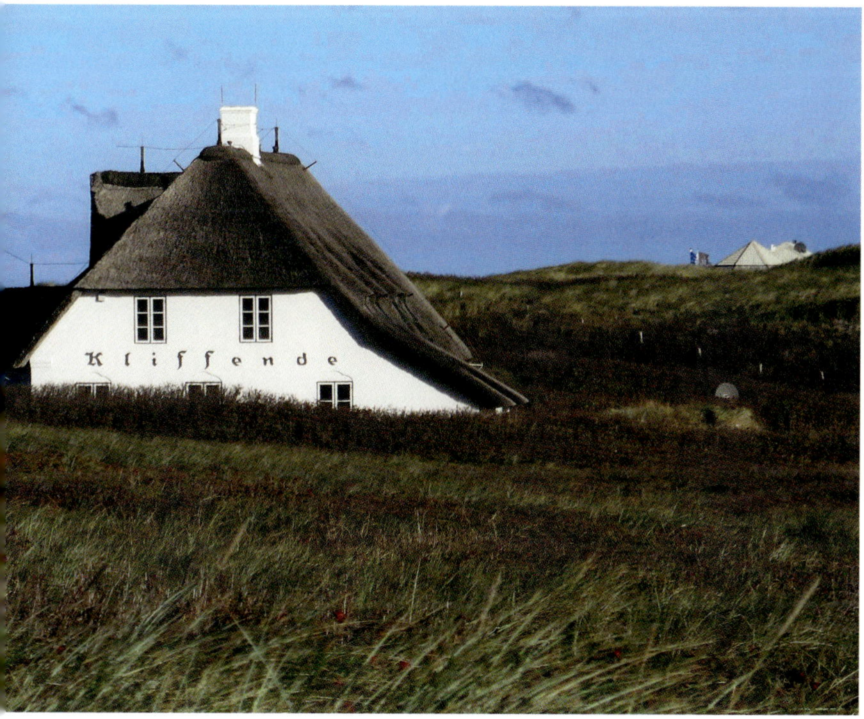

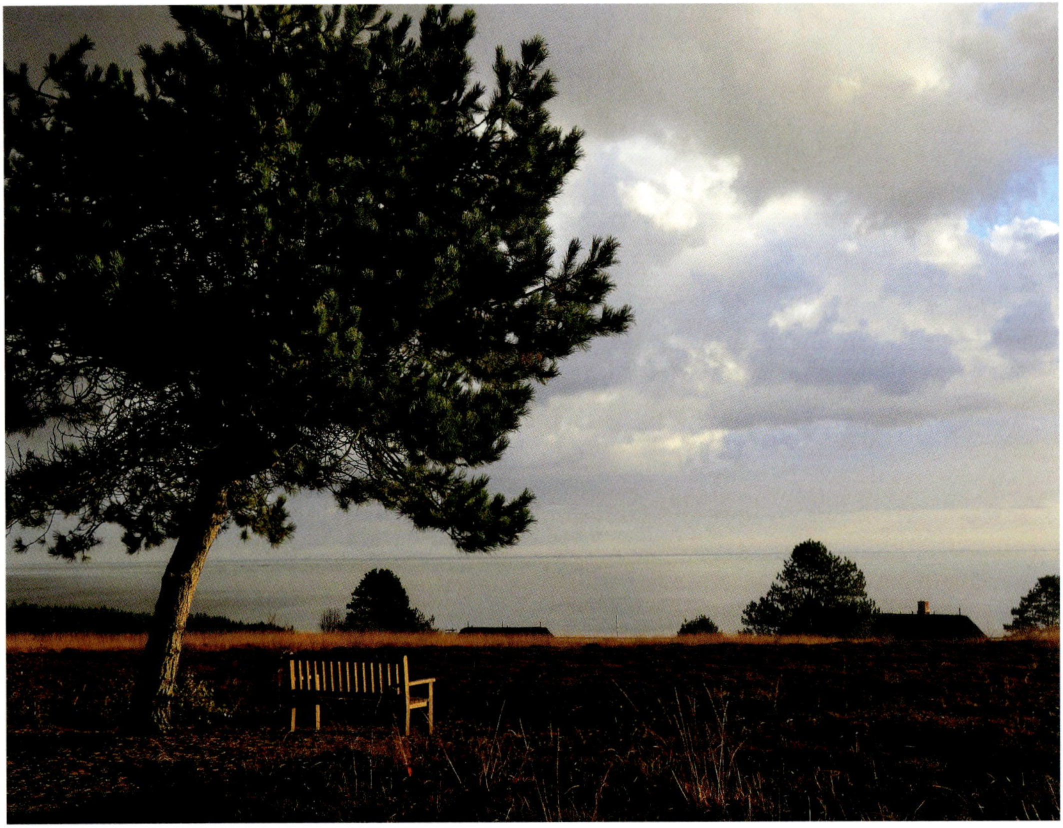

Panoramablick beim Lokal Kupferkanne

grafierte, prägten den Jet-Set-Mythos. Die Liste der mit Kampen verbundenen Künstler ist so endlos wie der Weststrand. Nur sechs Kilometer gehören offiziell zu Kampen, beginnend mit dem Abschnitt unter der ❸ **Sturmhaube**, einem einstigen It-Restaurant. Auf der hölzernen Plattform stehen selbst im Winter Strandkörbe. Es gibt kaum einen besseren Platz, um sich in der Betrachtung der wilden Nordsee zu verlieren. Einige hundert Meter weiter geht es beim Kaamps 7 zum ❹ **Quermarkenfeuer**, einem stillgelegten Leuchtturm von 1912. Von hier wäre es nur ein kleiner Spaziergang nach Norden zur legendären Beachbar Buhne 16 und der historischen Vogelkoje. Doch das muss bis zum nächsten Mal warten.

Mystische Vergangenheit Wenige Gegenden in Deutschland weisen derart viele Grabanlagen aus der Jungstein-, Bronze- und Wikingerzeit auf wie Sylt. Etliche befinden sich in den Dünen, durch die der Pfad sich nun zur Hauptstraße schlängelt. Jenseits verläuft am Ortsausgang ein Fußweg nah am Wattenmeer zu fünf besonders bekannten Hünengräbern. Das Vorland steht unter Naturschutz. Einzig nach etwa 1,2 Kilometern gibt es eine Möglichkeit, auf einem kleinen Rundkurs durch das Schilf zu stromern und die Stille der Wattseite auf sich wirken zu lassen. Im Anschluss geht es über einen schmalen Stichweg zwischen den Häusern links auf den Quellenweg, rechts auf den Wattweg und sofort wieder rechts auf den Pfad, der sich durch die ❺ **Stapelhooger Gräber** windet. Zur Wikinger-

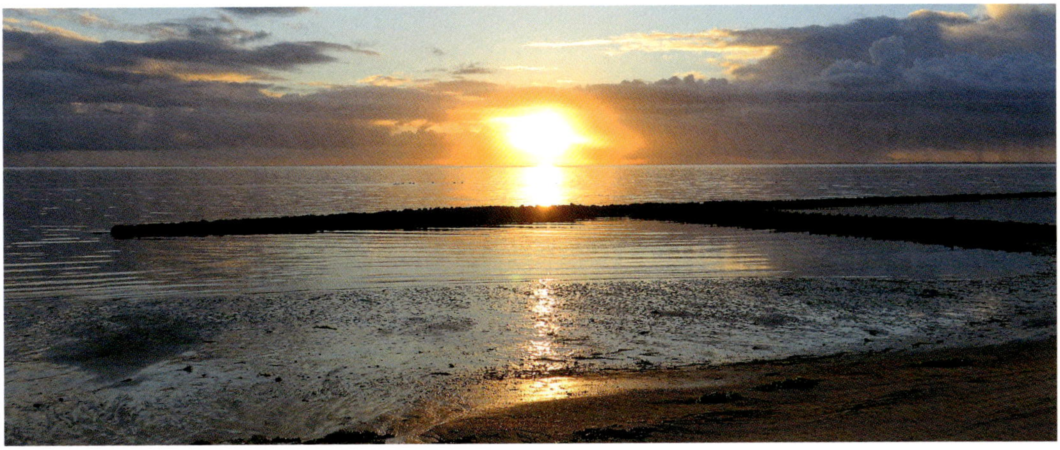

zeit wurden hier Häuptlinge beigesetzt und heilige Handlungen vorgenommen. Die Nazis bauten die Gräber zu einem Bunker um. Wie sie überhaupt viele alte Grabstätten schändeten oder gleich ganz zerstörten. Nach dem Zweiten Weltkrieg quartierte man Flüchtlinge ein, unter ihnen den Kapitän und Bildhauer Günther Rieck. Er verwandelte die weitverzweigte Anlage zunächst in ein Atelier, dann in das legendäre Lokal Kupferkanne. Jeder Kuchen auf der Karte, jeder Raum der Hobbithöhle, jedes grüne Separee der Parkanlage ist ein Genuss für sich. Die Kuchenstücke fallen groß aus – sie mit jemandem zu teilen ist keine schlechte Idee.

Zurück in die Steinzeit

Unter Federführung das Vereins Söl'ring Foriining sind drei Thementouren zu archäologisch spannenden Orten entstanden. Die HünenKulTouren eignen sich für Ausflüge zu Fuß oder auf dem Rad. Die Standorte sind mit Infotafeln ausgestattet. Flyer werden auf www.insel-sylt.de zum Download bereitgestellt.

Sonnenaufgang an der Wattseite

Der Duft von Dünenheide Über den Parkplatz der Kupferkanne gelangt man in die ❻ **Braderuper Heide** – für eingeschworene Sylt-Fans eines der schönsten Gebiete der Insel und streng geschützt. Darum gilt es, auf dem Pfad zu bleiben, der sich durch die empfindliche Landschaft bis zu einer Holztreppe schlängelt. Hier geht es an die Wasserkante hinunter. Dem Fennenweg folgend könnte man über Braderup und Munkmarsch nach Keitum laufen, aber das ist schon wieder einen eigenen Spaziergang wert. Als Appetizer soll ein guter Kilometer reichen, bis der Weg sich leicht ansteigend vom Strand entfernt. Die nächste Abzweigung geht rechter Hand quer durch die Heide zurück zur Holztreppe. Links führt der Pfad zum Wuldeweg, wo die Ausdruckstänzerin Valeska Gert den skandalösen Ziegenstall betrieb. Das Haus wurde 1981 abgerissen. Leider gibt es nur noch wenige alte Gebäude in Kampen. Zu ihnen gehört der Dorfkrug. Vom Ende des Wuldewegs ist er rechts nach wenigen Schritten erreicht. Das Gasthaus markiert den historischen Kern des bekanntesten Dorfs von Deutschland, in dem – und das ist die verstörende Seite von Kampen – nicht einmal 500 Menschen leben. Der größte Teil der Häuser ist nur wenige Wochen im Jahr bewohnt. Darüber mag man noch lange den Kopf schütteln. Der Ⓔ **Ausgangs- und Endpunkt** dieser Wanderung ist schnell über Braderuper Weg und Hauptstraße erreicht.

37

Ein Land vor unserer Zeit

Panoramarundweg Morsum-Kliff

Leicht | 3,5 km | ↑19 m ↓19 m | 1 Std.

Tourencharakter
Ausgeschilderte Rundwanderung auf Holzbohlen, Pfaden und unbefestigten Wegen mit vielen interessanten Informationen

Ausgangs-/Endpunkt
Morsum-Kliff, Besucherparkplatz

Anfahrt
Auto: Mit dem Autozug ab Niebüll nach Westerland, Ausschilderung nach Morsum folgen
Bus & Bahn: DB nach Westerland, dort fährt die Buslinie 4

Einkehr
Das Landhaus Severins ist hochpreisig, punktet aber mit einer Aussichtsterrasse.

Karte
Kompass Rad- und Wanderkarte Sylt, 1:40 000

Information
Insel Sylt Tourismus Service, Tel. 04651/998 00, www.insel-sylt.de

Zehn Millionen Jahre Geschichte in zehn Minuten, dazu ein beeindruckender Panoramaweg auf Holzbohlen, verschlungene Pfade durch die Heide, Wüstensand und Wattenmeer. Das alles verspricht die kleine Rundwanderung durch eines der ältesten Naturschutzgebiete Deutschlands.

Auf dem Morsum-Kliff Gemessen an den atemberaubenden Landschaften der Insel scheint der Osten von Sylt auf den ersten Blick unspektakulär. Die Anfahrt zum Ⓐ **Parkplatz Nösistich** führt durch flaches Marschgebiet. Doch wer die ausführlichen Informationstafeln studiert erfährt, dass hier ein einzigartiges Naturschutzgebiet wartet. So bedeutend und bedroht, dass Besucher aufgefordert sind, auf dem ausgeschilderten Spazierweg zu bleiben. Er schlängelt sich durch die Heide zu einer hölzernen ❶ **Aussichtsplattform.** Von dort erweist sich der Panoramarundweg unvermutet imposant: Weit reicht der Blick

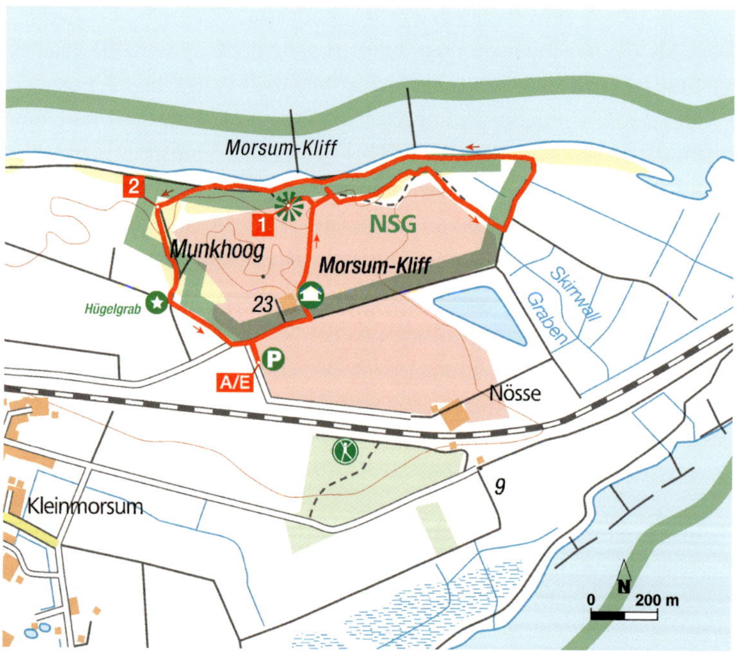

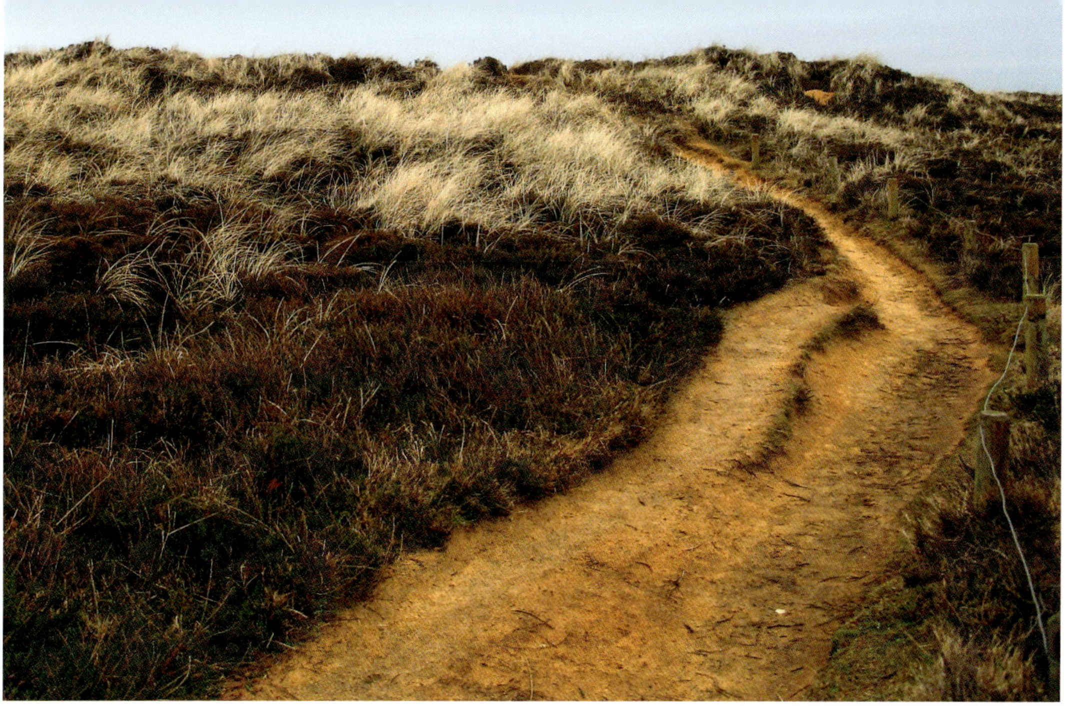

über das Wattenmeer bis nach List. Dort leuchtet in der Ferne die letzte Wanderdüne Deutschlands. Auf Holzbohlen und sandigen Pfaden geht es an der Kliffkante noch ein wenig weiter nach Osten, wo die Insel in den Hindenburgdamm ausläuft. Bei seinem Bau gab es Pläne, die Steilküste abzutragen und als Baumaterial zu verwenden. Privatinitiativen erwirkten, dass das Morsum-Kliff 1923 unter Schutz gestellt wurde. Es ist eines der ältesten Naturschutzgebiete Deutschlands. Das freut natürlich auch die Vogelwelt und ihre Beobachter, auch Freunde seltener Pflanzen kommen auf ihre Kosten.

Morsum und die Wikinger

Auf den Inseln entstanden zu Beginn der Wikingerzeit Grabhügelfelder, so auch in Morsum. Das ursprünglich aus 30 Hügeln bestehende Feld ist noch zu erkennen und liegt nur einen kleinen Abstecher entfernt. Alles, was man wissen muss, steht auf den Infotafeln am Parkplatz.

Unter dem Morsum-Kliff Im Jahr 2006 erhielten 77 »Gebilde der unbelebten Natur, die Einblicke in die Erdgeschichte vermitteln« die Auszeichnung »Nationales Geotop«. Vier davon befinden sich in Schleswig-Holstein. Hier wandert man gleich zwischen zweien, dem Wattenmeer und dem Morsum-Kliff. Der Weg kann durchaus matschig und rutschig werden – also aufgepasst, wo man hintritt, auch wenn das farbintensive Kliff gefangen nimmt. Geologisch gesehen ist es einzigartig in Europa. Die Gesteinsschichten lagern nicht übereinander, sondern nebeneinander. Gletscher haben das Land quasi gefaltet. Kaolinsand neben Glimmerfeinsand neben Limonitsandstein in einer unfassbaren Farbintensität. Wo der Fußweg sich gabelt, geht es hinauf nach ❷ **»Klein Afrika«**. Das Dünental mit ungewöhnlich feinem roten Sand weist aufgrund von Windverwirbelungen oft erstaunlich hohe Temperaturen auf. Bis zu 50° Celsius heiß kann es werden. Der Panoramrundweg ist in der kalten Jahreszeit besonders zu empfehlen. Dann hat man die urwüchsige Landschaft manchmal ganz für sich allein.

Das Morsum-Kliff ist ein nationales Geotop.

38 Großes Herz, weiter Horizont

Rundwanderung um den Ellenbogen

Mittel | 14 km | ↑136 m ↓128 m | 3.30 Std.

Tourencharakter
Unberechenbare Strandwanderung, in der Wind, Wetter und Gezeiten Regie führen

Ausgangs-/Endpunkt
Parkplatz Weststrand List

Anfahrt
Auto: Mit dem Autozug ab Niebüll nach Westerland. Ausschilderung nach List folgen. Oder mit der Fähre vom dänischen Rømø, ab Anleger über Hafenstraße/Dünenstraße
Bus & Bahn: DB nach Westerland, weiter Buslinie 1

Einkehr
Wonnemeyers Weststrandhalle am Ausgangspunkt. Auf der Strecke nichts

Karte
Kompass Rad- und Wanderkarte Sylt, 1:40 000

Information
Kurverwaltung List auf Sylt, Tel. 04651/952 00, www.list.de

Ist diese Wanderung der Grund, warum Schleswig-Holstein regelmäßig den ersten Platz im Deutschen Glücksatlas belegt? Möglich wäre es. Denn die Nordspitze von Sylt gibt sich exakt so, wie die Nordlichter ihre Heimat in der offiziellen Hymne besingen: meerumschlungen.

Rüm Hart, Klaar Kiming Unzählige Wanderer, die der geteerten Straße vom Ⓐ **Weststrandparkplatz** hinauf in die Dünen des List-Landes folgten, waren schon hingerissen vom ersten Blick auf den unendlichen ❶ **Weststrand**. Ob sturmumtost oder im Karibik-Look, ob nebelgrau oder von dramatischen Wolkenformationen gekrönt, ganz oben ist Deutschland wirklich sagenhaft schön. Da kann man gar nicht schnell genug hinunter bis zur Brandung laufen. Doch wer sich an die Umrundung der Nordspitze macht, sollte wissen: Hier lässt man die Zivilisation in gewisser Weise hinter sich. Zwar mag man im Sommer den Weg mit etlichen Mitstreitern teilen. Doch ein Kiosk oder auch

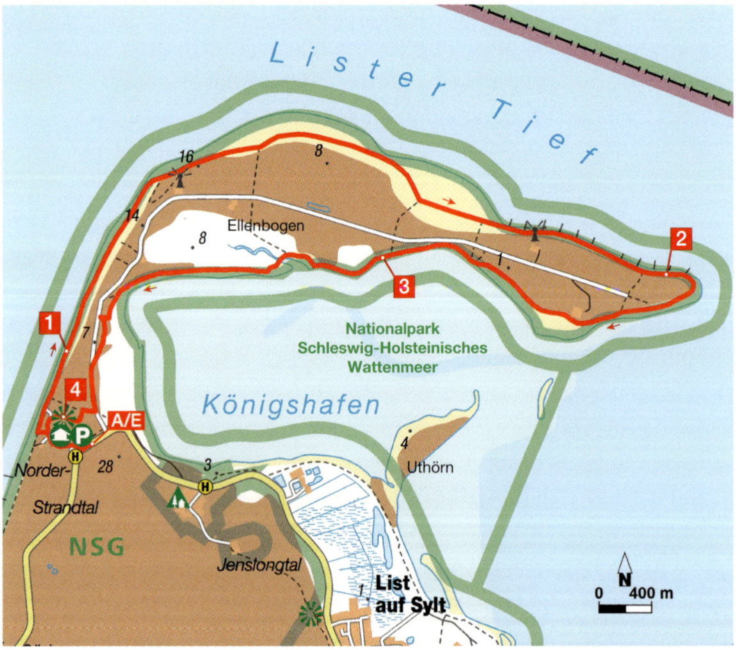

Der Sylter Ellenbogen markiert den nördlichsten Punkt Deutschlands.

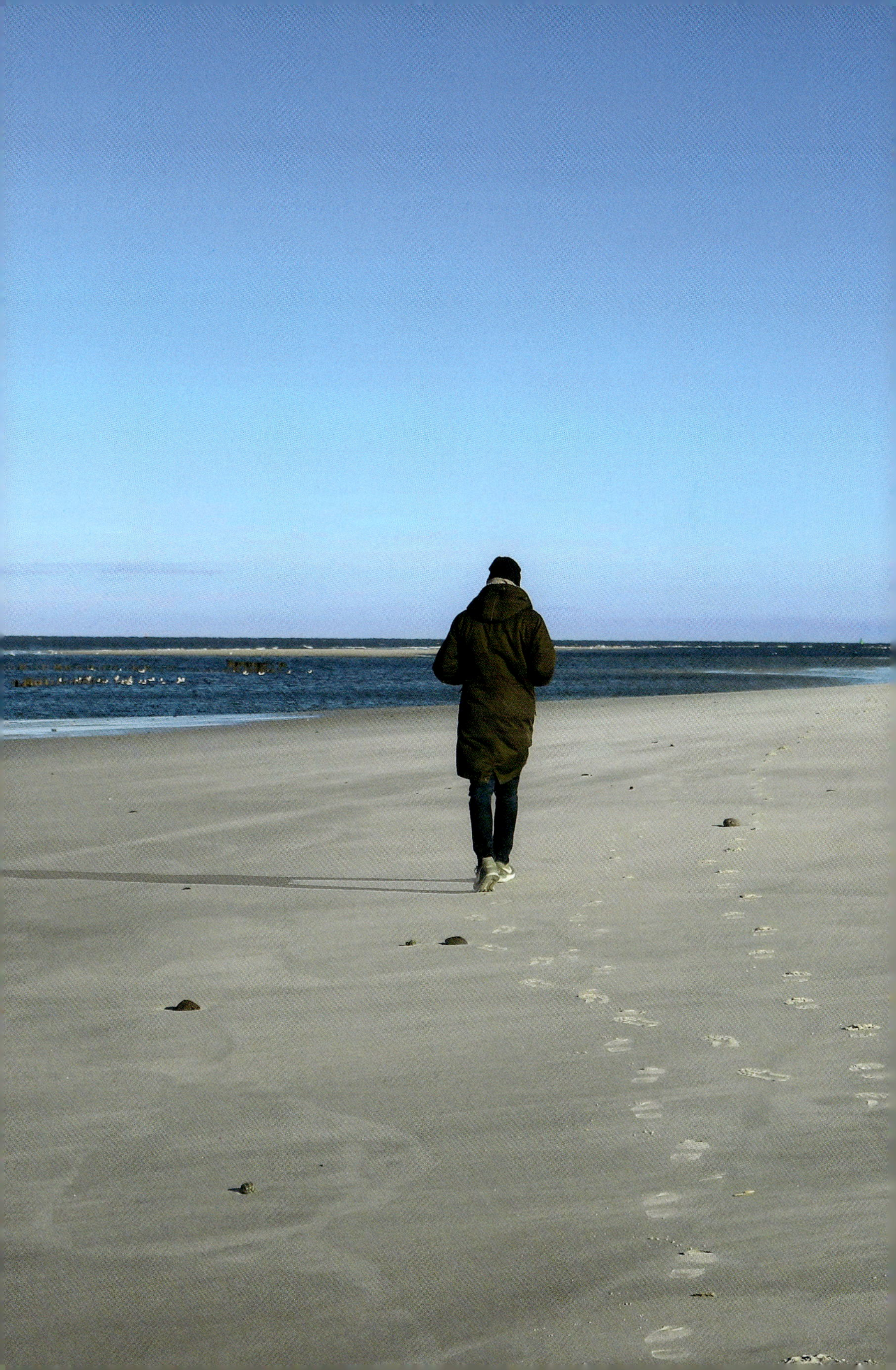

Im nördlichsten Hafen

Wer richtig gut zu Fuß ist, kann diese Tour auch schon im Hafen von List beginnen. Der Rad- und Fußweg am Wattenmeer schlägt mit weiteren 5 km zu Buche, einfache Strecke. Alle anderen nehmen das Auto oder den Bus. Ein Fischbrötchen in der Urzelle von Jürgen Goschs Imperium gehört natürlich zum Pflichtprogramm.

nur die Möglichkeit, sich bei Regen irgendwo unterzustellen, existiert nicht. Es gibt nur Dünen. Und den Leuchtturm von List-West nach etwa 2,5 Kilometern sowie den Leuchtturm List-Ost nach knapp sechs Kilometern. Aber das ist ja gerade das Besondere am Ellenbogen. In dieser langgestreckten, urwüchsigen Landschaft ist man den Elementen ausgeliefert und ganz auf sich gestellt. Da kann man sich glatt wie ein friesischer Seefahrer fühlen. Für deren Leitspruch Rüm Hart, Klaar Kiming bestehen verschiedene Auslegungen. Die geläufigste lautet: »Großes Herz – weiter Horizont«. Das meint Mitgefühl mit anderen, Weltoffenheit und die Hoffnung auf eine sichere Heimkehr.

Lever duad üs Slav »Lieber tot als Sklave« haben die Nordfriesen sich auf ihre Fahne geschrieben. Wenn man nach guten sieben Kilometern Strandwanderung die ❷ **Ellenbogenspitze** erreicht, kann man ihren sprichwörtlichen Drang nach Freiheit nachvollziehen. Denn hier stoßen Touristen hinzu, die bequem mit dem Auto gekommen sind und längst nicht alle verhalten sich respektvoll. Manche lassen ihren Müll fallen, wo sie gehen. Andere klettern für das perfekte Selfie über die Absperrung an der äußersten Spitze. Vergebens wird auf Schildern darum gebeten, 200 Meter Abstand zu den häufig hier rastenden Robben zu halten. Da möchte man wirklich weit weg segeln, alles hinter sich lassen. So wie Jens Lüng aus List, Großvater des friesischen Freiheitskämpfers Pidder Lüng. In Sagen und Balladen wird beiden der politische Wahlspruch zugeschrieben. Er findet sich aber auch auf dem Festland,

Die Dünen türmen sich im Listland

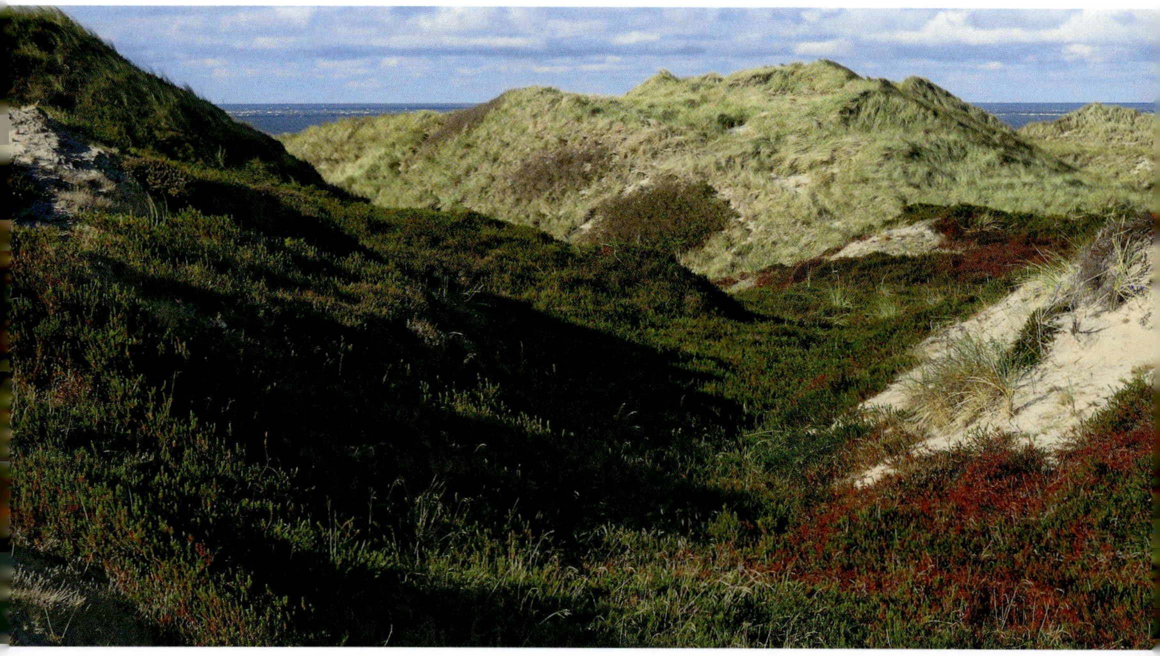

von den Niederlanden über Ostfriesland bis in die Wesermarsch. Schon seit der Weimarer Republik haben sich immer wieder Nazis die Worte unter den Nagel gerissen. Manchmal kann man sich nur kopfschüttelnd abwenden.

Up ewig ungedeelt An der weitaus ruhigeren Seite geht es nun zurück Richtung ❸ **Königshafen**. Ob man den Weg entlang der Wasserkante wählt oder den Pfaden durch die Salzwiesen folgt, ist eine Frage von Ebbe und Flut. Je nachdem teilt man die Landschaft bald nur noch mit wenigen Menschen, dafür aber mit Schwärmen von Seevögeln oder friedlich grasenden Schafen. Der Naturhafen gehörte lange Zeit zu den Enklaven des Königreichs Dänemark. Bis heute befindet man sich hier geografisch gesehen eigentlich in Skandinavien. List liegt nördlich der dänischen Grenze. Eben dort wurde 1460 im Vertrag von Ripen festgelegt, dass die Herzogtümer Schleswig und Holstein fest miteinander verbundene Staaten sind. Auf ewig ungeteilt. Die Umsetzung war dann ein wenig komplizierter und von etlichen kriegerischen Auseinandersetzungen begleitet. Was für ein Luxus der heutige Frieden im längst versandeten Königshafen ist! Seit auch die Bundeswehr ihre Schießübungen auf dem Ellenbogen eingestellt hat, kämpft man hier nur noch für die Natur. Auch auf dem ehemals militärisch genutzten Gebiet sollte man den gut erkennbaren Pfad nutzen. Er führt quer durch die Salzwiesen und erreicht die Straße an der schmalsten Stelle des Nehrungshakens. Er misst hier nur 300 Meter. Beim Maut-Häuschen geht es rechter Hand auf den ❹ **Ellenbogenberg** hinauf. Auf dem Gipfel der 27,9 Meter hohen Düne befindet sich eine Info-Station des Whale-Watching-Trails. Mehr Hintergründe zum ersten Walschutzgebiet Europas warten beim nächsten Info-Point am Strandübergang, ganz in der Nähe vom Ausgangspunkt dieser Tour, die wirklich rundherum glücklich macht.

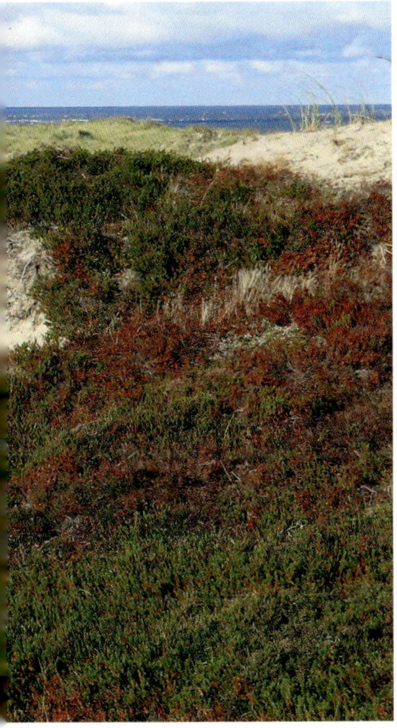

Kleine Hürde im flachen Land

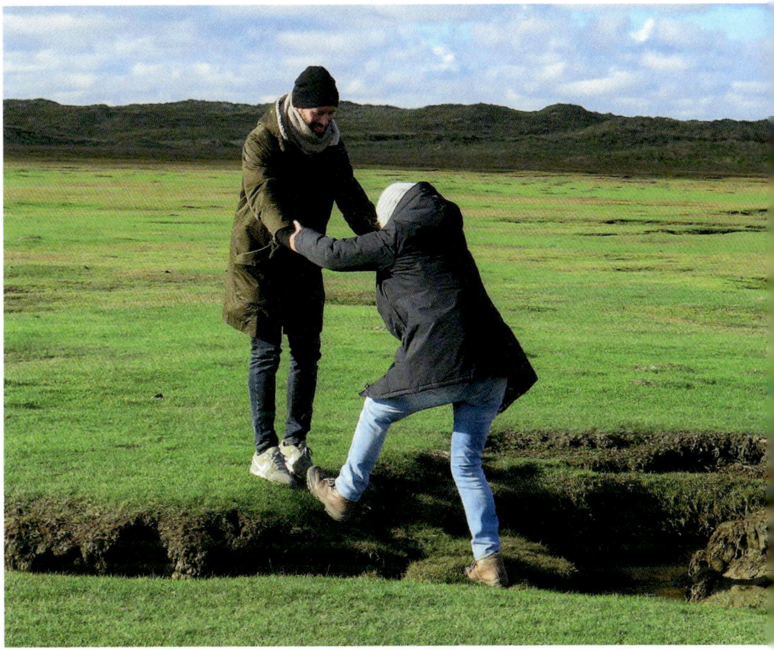

Für jeden Tag die richtige Tour

Nr.		Tour	km	Höhenmeter	Zeit									
1	●	Flensburger Innenförde	22 km	↑120↓128	5:45 h	●	●	●	●	●	●	●	●	
2	●	Flensburger Außenförde	16,5 km	↑30↓48	4:30 h	●	●	●	●	●	●	●	●	●
3	●	Habernis Huk	12 km	↑35↓26	3 h	●	●		●	●	●	●	●	
4	●	Geltinger Bucht	9,5 km	↑21↓22	2:30 h	●	●		●	●	●	●	●	
5	●	Schleimündung	9,5 km	↑11↓13	2:30 h	●	●	●	●	●		●	●	●
6	●	Rabelsund	7 km	↑16↓19	1:45 h		●	●	●	●		●	●	
7	●	Kappeln–Arnis	10,5 km	↑25↓17	2:30 h	●	●	●	●	●		●	●	●
8	●	Danewerk–Haithabu	19 km	↑55↓58	5 h	●	●	●	●	●	●	●	●	
9	●	Dänischer Wohld	14,5 km	↑76↓67	3:45 h	●	●	●	●	●	●	●	●	
10	●	Schwentinetal	17 km	↑45↓14	4:30 h	●	●	●	●		●		●	●
11	●	Lanker See	17,5 km	↑32↓38	4:30 h	●	●	●	●	●	●	●	●	
12	●	Schmoel	12 km	↑22↓22	3 h	●	●	●	●	●	●	●	●	
13	●	Gut Panker	13 km	↑104↓114	3:30 h	●	●	●	●		●		●	
14	●	Großer Plöner See	14 km	↑20↓22	3:30 h	●	●	●	●	●	●	●	●	●
15	●	Kellersee	19,5 km	↑29↓29	5 h	●	●	●	●		●	●	●	●
16	●	Großer Eutiner See	9 km	↑22↓22	2:30 h	●	●	●	●		●	●	●	●
17	●	Heiligenhafen	11,5 km	↑17↓15	3 h	●	●	●	●	●		●	●	
18	●	Dahmeshöved	11,5 km	↑11↓11	2:45 h	●	●	●	●	●	●	●	●	
19	●	Priwall	11,5 km	↑6↓4	2:45 h	●	●	●	●	●	●	●	●	●

Nr.		Tour	Länge	Höhenunterschied	Gehzeit	Einkehr	kindergeeignet	Sehenswürdigkeit	wintergeeignet	viel Sonne	schattiger Weg	Bademöglichkeit	ÖPNV	Schiff
20	●	Nord-Ostsee-Kanal	17 km	↑26↓29	4 h	●	●	●	●	●	●	●	●	●
21	●	Friedrichskoog-Spitze	14 km	↑13↓10	4:30 h	●	●	●	●	●		●	●	
22	●	Speicherkoog	16 km	↑6↓7	4 h	●	●	●	●	●		●		
23	●	Eidermündung, Katinger Watt	22 km	↑8↓4	5:30 h	●	●	●	●	●	●	●	●	
24	●	St. Peter-Dorf–Böhl	5 km	↑5↓8	1:15 h	●	●	●	●	●		●	●	
25	●	St. Peter-Ording	10,5 km	↑16↓16	2:30 h	●	●	●	●	●		●	●	
26	●	Westerhever	6,5 km	↑9↓14	2 h	●	●	●	●	●		●	●	
27	●	Simonsberg	10 km	↑8↓11	2:30 h	●	●	●	●	●		●	●	
28	●	Nordstrand	4 km	↑8↓9	1 h	●	●		●	●		●	●	
29	●	Beltringharder Koog	5,3 km	↑8↓10	1:30 h	●	●		●	●				
30	●	Helgoland	6 km	↑75↓31	1:45 h	●	●	●	●	●				●
31	●	Düne	3 km	↑10↓6	0:45 h	●	●		●	●		●		●
32	●	Pellworm	18 km	↑8↓8	4:30 h	●	●	●	●	●		●		●
33	●	Amrum	31 km	↑26↓25	7:30 h	●		●	●	●	●	●	●	●
34	●	Föhr	17 km	↑6↓7	4 h	●	●	●	●	●		●	●	●
35	●	Hörnum, Sylt	13 km	↑24↓23	3:15 h	●	●		●	●		●	●	●
36	●	Kampen, Sylt	14 km	↑47↓48	3:30 h	●	●	●	●	●		●	●	●
37	●	Morsum, Sylt	3,5 km	↑19↓19	1 h	●	●	●	●	●		●	●	●
38	●	Ellenbogen, Sylt	14 km	↑36↓28	3:30 h	●	●	●	●	●		●	●	●

Piktogramme erleichtern den Überblick

- Gehzeit
- Länge
- Höhenunterschied
- Einkehr
- kindergeeignet
- Sehenswürdigkeit
- wintergeeignet
- viel Sonne
- schattiger Weg
- Bademöglichkeit
- ÖPNV
- Schiff

PS:

Manche Momente sind magisch, selbst wenn man sie mit vielen teilt. Etwa das Biikebrennen, ein Feuerbrauch, der am 21. Februar vor allem in Nordfriesland gefeiert wird. Die Biikefeuer wurden schon im Mittelalter entzündet, um böse Geister zu vertreiben. Und es sind gerade die langen Fackelzüge zu den Feuerplätzen, die den Abend zu einem besonderen Erlebnis machen. Auch in den Naturschutzgebieten ist man höchstens noch bei sehr ungünstigen Wetterbedingungen allein. Der Besuch lohnt sich dennoch.

Windflüchter im Gespensterwald

Wo der Wind konstant aus einer bestimmten Richtung weht, wachsen Bäume häufig schief, scheinen quasi vor ihm zu flüchten. So auch die verkrümmten Eichen im Gespensterwald Beveroe auf der Geltinger Birk. Das Naturschutzgebiet reckt sich in die Ostsee, wo die Flensburger Förde ins offene Meer übergeht. Verschiedene Wanderwege und ein Radweg laden ein, die urwüchsige Landschaft zu erkunden, die von Wildpferden, Hochlandrindern, Ziegen und Schafen in Schuss gehalten wird.

Schwarze Sonne am deutsch-dänischen Deich

Am nordwestlichsten Punkt des deutschen Festlands bilden der deutsche Rickelsbüller Koog und der dänische Margrethe Kog gemeinsam das größte Übernachtungsgebiet für Stare in ganz Europa. Schwärme mit bis zu einer halben Million Vögel legen hier während der Züge eine Rast ein. In der Abenddämmerung steigen sie wie auf geheimes Kommando aus den Wiesen, fliegen gewagte Manöver, bilden pulsierende Wolken, agieren wie ein einziger Organismus. Schwarze Sonne, auf dänisch Sort Sol, wird dieses Schauspiel genannt. Es dauert höchstens eine halbe Stunde. Dann lassen sich die Stare mit ohrenbetäubendem Lärm zur Nachtruhe nieder. Alle paar Tage suchen sich die Vögel einen neuen Schlafplatz. Die Tourismus-Zentralen in der Grenzregion geben gern Auskunft.

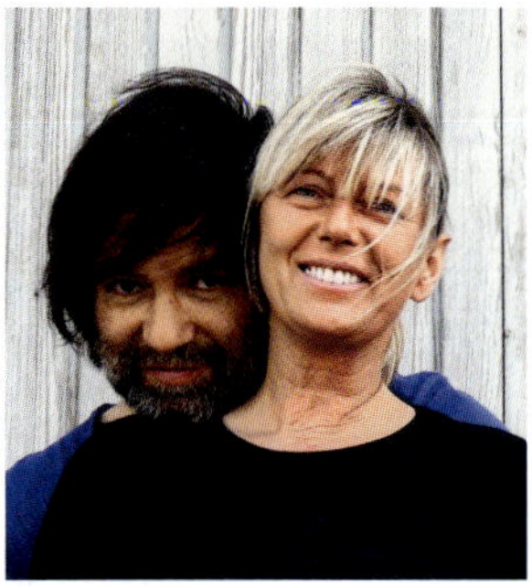

Stefanie Sohr und Volko Lienhardt

Ihre

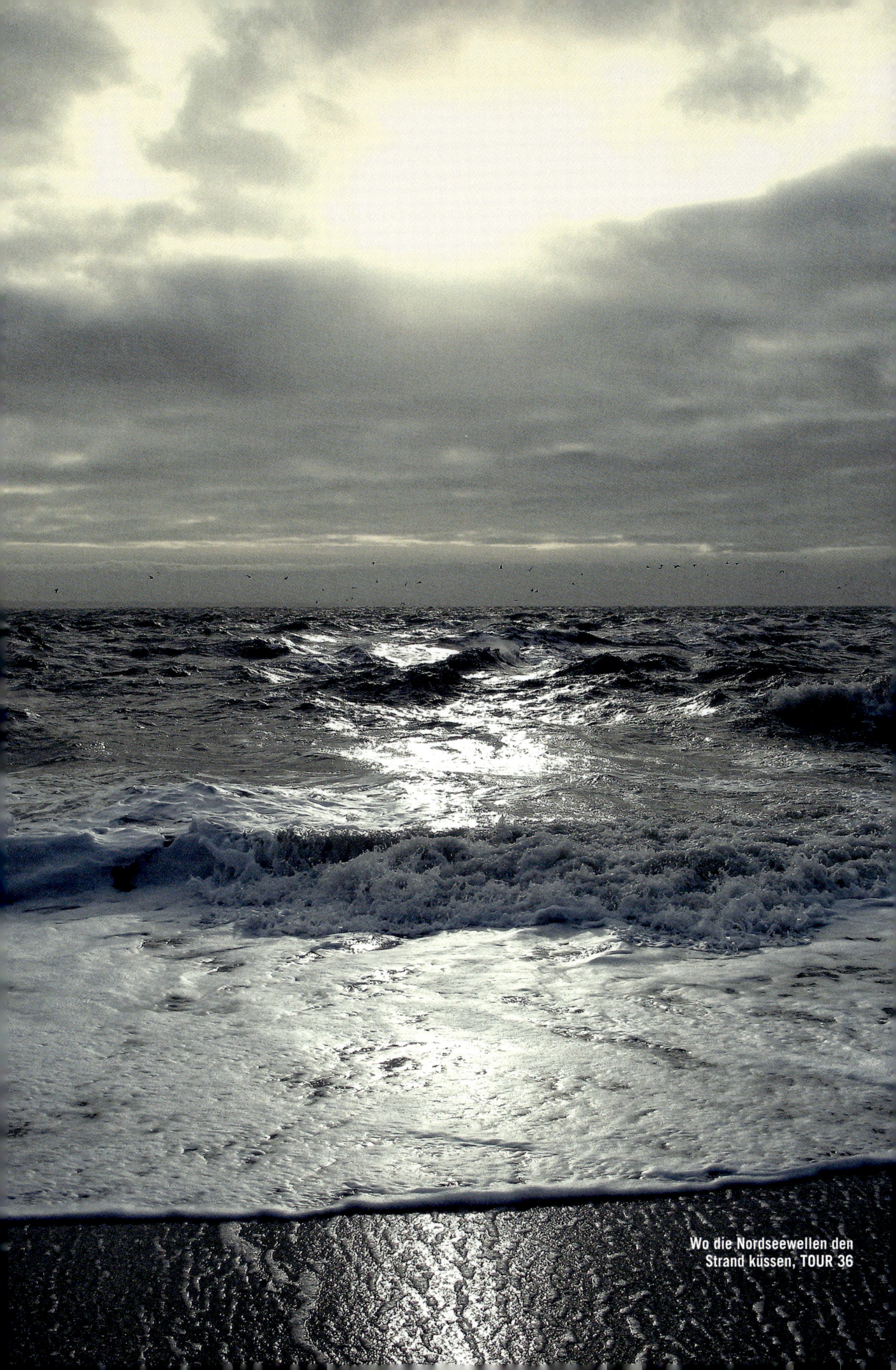
Wo die Nordseewellen den
Strand küssen, TOUR 36

Rabelsund an der Schlei, TOUR 6

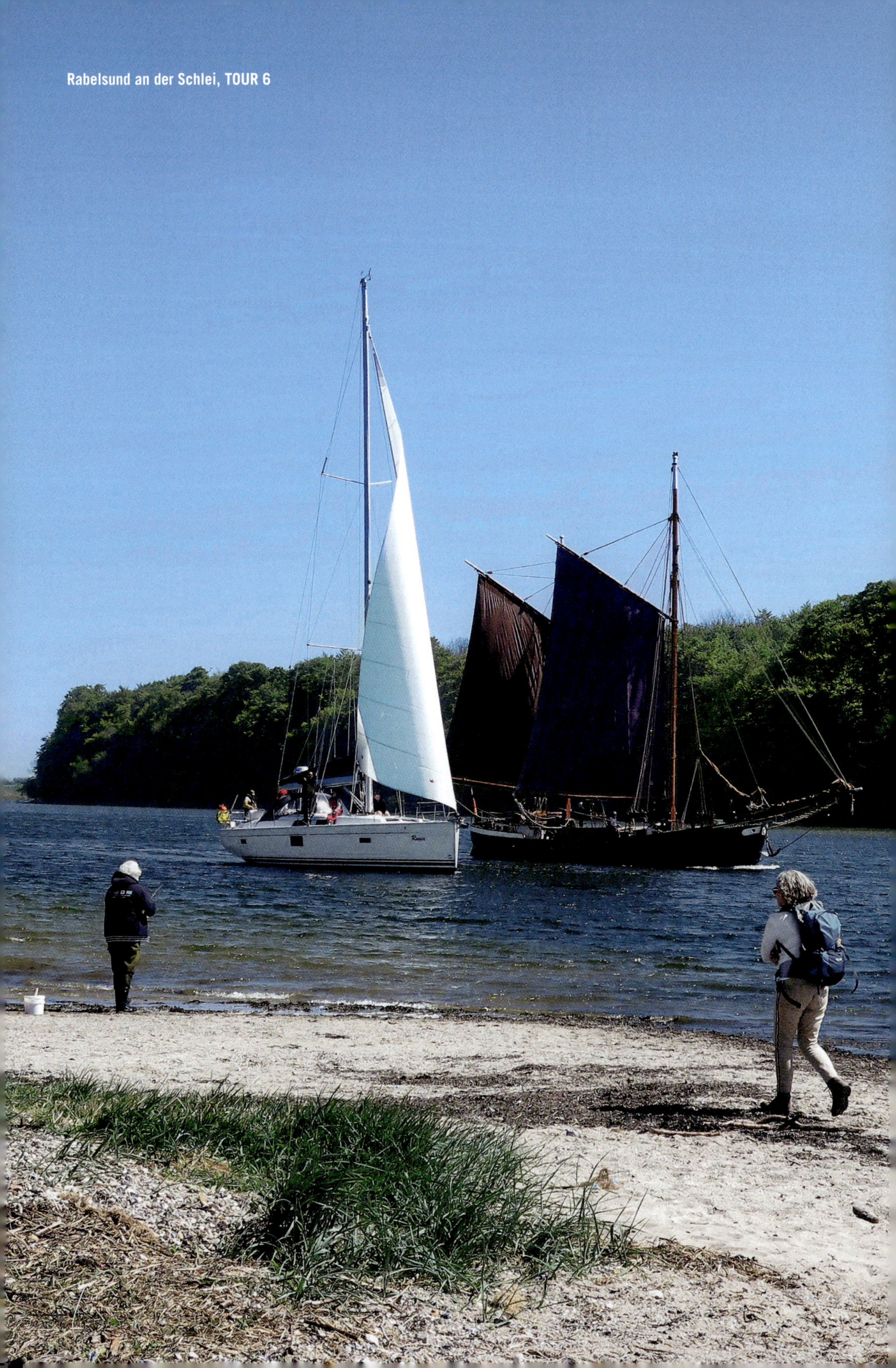

Register

Impressum

Verantwortlich: Stefanie Krüger
Redaktion und Lektorat: Britta Mentzel
Layout: Tanja Clauss, Octaviz Studios
Umschlaggestaltung: Rudi Stix
Repro: Cromika
Kartografie: Bruckmann Verlag GmbH, Heidi Schmalfuß
Herstellung: Stephanie Schlemmer / Alexander Knoll
Printed in Slovenia by Florjancic

★★★★★

Sind Sie mit diesem Titel zufrieden? Dann würden wir uns über ihre Weiterempfehlung freuen.
Erzählen Sie es im Freundeskreis, berichten Sie Ihrem Buchhändler, oder bewerten Sie beim Onlinekauf.
Und wenn Sie Kritik, Korrekturen, Aktualisierungen haben, freuen wir uns über Ihre Nachricht an Bruckmann Verlag, Postfach 40 02 09, D-80702 München oder per E-Mail an lektorat@verlagshaus.de.

Unser komplettes Programm finden Sie unter www.bruckmann.de

Alle Angaben dieses Werkes wurden von den Autoren sorgfältig recherchiert und auf den neuesten Stand gebracht sowie vom Verlag geprüft. Für die Richtigkeit der Angaben kann jedoch keine Haftung übernommen werden, weshalb die Nutzung auf eigene Gefahr erfolgt. Insbesondere bei GPS-Daten können Abweichungen nicht ausgeschlossen werden. Sollte dieses Werk Links auf Webseiten Dritter enthalten, so machen wir uns die Inhalte nicht zu eigen und übernehmen für die Inhalte keine Haftung.

In diesem Buch wird aus Gründen der besseren Lesbarkeit das generische Maskulinum verwendet. Weibliche und anderweitige Geschlechteridentitäten werden dabei ausdrücklich mitgemeint, soweit es für die Aussage erforderlich ist.

Empfehlung der Redaktion
Sie sind auf der Suche nach weiterführender Literatur? Dann empfehlen wir Ihnen die Titel »Schleswig-Holstein Nordseeküste – Zeit für das Beste« und »Schleswig-Holstein Ostseeküste – Zeit für das Beste« von Christine Lendt und Ottmar Heinze.

Bildnachweis: Alle Bilder im Innenteil und auf dem Umschlag stammen von Volko Lienhardt.
Umschlagvorderseite: Wittmoor
Umschlagrückseite: Geltinger Bucht

Die Deutsche Nationalbibliothek verzeichnet diese Publikation in der Deutschen Nationalbibliografie; detaillierte bibliografische Daten sind im Internet über http://dnb.d-nb.de abrufbar.

2. aktualisierte Auflage

ISBN: 978-3-7343-1333-2